Caro leitor

Independência, competência e saber escutar: desde sempre, o Guia Vermelho fez destes valores o núcleo central do seu serviço aos leitores.

Para o Guia Vermelho, a independência é a dos seus inspectores que visitam os hotéis e restaurantes, pagando todas as contas para manter o anonimato mais completo e a do próprio Guia que rejeita qualquer tipo de publicidade nas suas páginas.

A competência do Guia Vermelho passa pela dos seus inspectores, uns profissionais apaixonados pelo seu trabalho que, durante todo o ano, exploram, comprovam, provam e avaliam, como qualquer outro viajante especialmente alerta.

Cúmplice e conselheiro ao mesmo tempo, o Guia Vermelho mantém-se permanentemente à escuta do público. Anualmente recebe numerosos comentários sobre hotéis e restaurantes que são outros tantos testemunhos de valor que orientarão o conteúdo da próxima edição.

Desta forma, o Guia Vermelho pode propor sempre a os seus leitores uma selecção fiável, actualizada e adaptada a todas as bolsas.

Descubra-o agora na página www.michelin-travel.com

O Guia Vermelho vive e evolui por e para si : escreva-nos !

Sumário

- 3 *Como utilizar este guia*
- 10 *Os mapas de arredores*
- 37 *Os vinhos e as especialidades regionais*
- 42 *Mapa dos hotéis e restaurantes agradáveis, isolados, e muito calmos, boas mesas classificadas por estrelas e* **"Bib Gourmand"**
- 44 *Nomenclatura das localidades*
- 181 *Léxico*
- 191 *Distâncias*
- 193 *Atlas : principais estradas e Pousadas*
- 195 *Indicativos telefónicos internacionais*
- 197 *Principais marcas de automóveis*
- 199 *O Euro*

MICHELIN - COMPANHIA LUSO PNEU, LDA
Av. Severiano Falcão, Nº 6/6A
Zona Industrial do Prior Velho
2686-402 PRIOR VELHO
Tél. : (21) 940 49 00 - Fax : (21) 941 12 90

A escolha de um hotel, de um restaurante

*Este Guia propõe uma selecção de hotéis e restaurantes para servir o automobilista de passagem.
Os estabelecimentos classificados, segundo o seu conforto, estão indicados por ordem de preferência dentro de cada categoria.*

Classe e conforto

🏨🏨🏨	XXXXX	*Grande luxo e tradição*
🏨🏨	XXXX	*Grande conforto*
🏨	XXX	*Muito confortável*
🏨	XX	*Confortável*
🏠	X	*Simples, mas confortável*
⌂		*Simples, mas aceitável*
	sem rest.	*O hotel não tem restaurante*
	com qto	*O restaurante tem quartos*

Atractivos e tranquilidade

*A estadia em certos hotéis torna-se por vezes particularmente agradável ou repousante.
Isto deve-se, por um lado às características do edifício, à decoração original, à localização, ao acolhimento e aos serviços prestados, e por outro lado à tranquilidade dos locais.
Tais estabelecimentos distinguem-se no Guia pelos símbolos a vermelho que abaixo se indicam.*

	*Hotéis agradáveis*
XXXXX ... X	*Restaurantes agradáveis*
« Parque »	*Elemento particularmente agradável*
	Hotel muito tranquilo, ou isolado e tranquilo
⊱	*Hotel tranquilo*
≤ mar	*Vista excepcional*
≤	*Vista interessante ou ampla*

*As localidades que possuem hotéis e restaurantes agradáveis ou muito tranquilos encontram-se nos mapas nas páginas 42 e 43.
Consulte-as para a preparação das suas viagens e dê-nos as suas impressões quando regressar.
Assim facilitará a mossa seleção.*

A instalação

Os quartos dos hotéis que lhe recomendamos têm em geral quarto de banho completo. No entanto pode acontecer que certos quartos, nas categorias 🏠 e ⚘, não o tenham.

30 qto	Número de quartos
|$|	Elevador
▭	Ar condicionado
TV	Televisão no quarto
♿	Quartos de fácil acesso para deficientes físicos
🌴	Refeições servidas no jardim ou no terraço
🏋	Fitness club
🏊 🏊	Piscina ao ar livre ou coberta
⛱ 🌿	Praia equipada – Jardim de repouso
🎾	Ténis
⛳18	Golfe e número de buracos
👥 25/150	Salas de conferências : capacidade mínima e máxima das salas
🚗	Garagem (geralmente a pagar)
[P]	Parque de estacionamento reservado aos clientes
🚫🐕	Proibido a cães : em todo ou em parte do estabelecimento
Fax	Transmissão de documentos por telecópias
maio-outubro	Período de abertura comunicado pelo hoteleiro
temp.	Abertura provável na estação, mas sem datas precisas. Os estabelecimentos abertos todo o ano são os que não têm qualquer menção
✉ 1 200 ✉ 4 150-130	Código postal

A mesa

As estrelas

Entre os numerosos estabelecimentos recomendados neste guia, alguns merecem ser assinalados pela qualidade da sua cozinha.
Nós classificamo-los por **estrelas***.*
Indicamos, para esses estabelecimentos, três especialidades culinárias que poderão orientar-vos na escolha.

ಜಿಜ **Uma mesa excelente, merece um desvio**
Especialidades e vinhos seleccionados : deve estar preparado para uma despesa em concordância.

ಜಿ **Uma muito boa mesa na sua categoria**
A estrela marca uma boa etapa no seu itinerário. Mas não compare a estrela dum estabelecimento de luxo com preços elevados com a estrela duma casa mais simples onde, com preços moderados, se serve também uma cozinha de qualidade.

O "Bib Gourmand"

Refeições cuidadas a preços moderados
Deseja por vezes encontrar refeições mais simples a preços moderados, por isso nós selecionamos restaurantes propondo por um lado uma relação qualidade-preço particularmente favorável, por outro uma refeição cuidada frequentemente de tipo regional.
Estes restaurantes estão sinalizados por o **"Bib Gourmand"** 😊 Refeição*.*
Exemplo : Refeição 2800/3500*.*

Consulte os mapas com estrelas : ಜಿಜ, ಜಿ
e com **"Bib Gourmand"** *:* 😊 *, páginas 42 e 43.*

Os vinhos : ver páginas 37 e 38.

Os preços

Os preços indicados neste Guia foram estabelecidos no Verão de 2000. Podem portanto ser modificados, nomeadamente se se verificarem alterações no custo de vida ou nos preços dos bens e serviços.
Em Portugal, o I.V.A. (12 %) está incluído.

Em algumas cidades, por ocasião de manifestações comerciais ou turísticas os preços pedidos pelos hotéis poderão sofrer aumentos consideráveis.

Quando os hotéis e restaurantes figuram em carácteres destacados, significa que os hoteleiros nos deram todos os seus preços e se comprometeram sob a sua própria responsabilidade, a aplicá-los aos turistas de passagem, portadores do nosso Guia.

Entre no hotel ou no restaurante com o Guia na mão e assim mostrará que ele o conduziu com confiança.

Refeições

Preço fixo

Refeição 2 300

Preço da refeição servida às horas normais

Refeições à lista

lista 2 500 a 4 700

O primeiro preço corresponde a uma refeição simples, mas esmerada, compreendendo : entrada, prato do dia guarnecido e sobremesa. O segundo preço, refere-se a uma refeição mais completa (com especialidade), compreendendo : dois pratos e sobremesa.

Quartos

qto 5 500/8 700 — *Preço para um quarto de uma pessoa / Preço para um quarto de duas pessoas em plena estação*

qto ☕ 6 800/9 000 — *O preço do pequeno almoço está incluído no preço do quarto*

Suites, apartamentos — *Consulte o hoteleiro*

☕ 800 — *Preço do pequeno almoço*

Pensão

PA 3 600 — *Preço das refeições (almoço e jantar). Este preço deve juntar-se ao preço do quarto individual (pequeno almoço incluído) para se obter o custo da pensão completa por pessoa e por dia. É indispensável um contacto antecipado com o hotel para se obter o custo definitivo.*

O sinal

Alguns hoteleiros pedem por vezes o pagamento de um sinal. Trata-se de um depósito de garantia que compromete tanto o hoteleiro como o cliente.

Cartões de crédito

AE ⓘ Ⓜ️Ⓒ
VISA JCB

Principais cartões de crédito aceites no estabelecimento : American Express – Diners Club – MasterCard (Eurocard) Visa – Japan Credit Bureau

As cidades

2200	Código postal
✉ 7800 Beja	Código postal e nome do Centro de Distribuição Postal
℗	Capital de distrito
940 M 27	Mapa Michelin e coordenada
24 000 h.	População
alt. 175	Altitude da localidade
🚠 3	Número de teleféricos ou telecabinas
🎿 7	Número de teleskis ou telecadeiras
AX A	Letras determinando um local na planta
⛳ 18	Golfe e número de buracos
※ ≤	Panorama, vista
✈	Aeroporto
🚗	Localidade com serviço de transporte de viaturas em caminho-de-ferro. Informações pelo número de telefone indicado
⛴	Transportes marítimos
🚤	Transportes marítimos só de passageiros
🛈	Informação turística

As curiosidades

Interesses

★★★	De interesse excepcional
★★	Muito interessante
★	Interessante

Localização

Ver	Na cidade
Arred.	Nos arredores da cidade
Excurs.	Excursões pela região
Norte, Sul, Este, Oeste	A curiosidade está situada : a Norte, a Sul, a Este, a Oeste
①, ④	Chega-se lá pela saída ① ou ④, assinalada pelo mesmo sinal na planta
6 km	Distância em quilómetros

O automóvel, os pneus

Marcas de automóveis

No final do Guia existe uma lista das principais marcas de automóveis. Em caso de avaria, o endereço do mais próximo agente da marca pretendida ser-lhe-á comunicado se ligar para o número de telefone indicado.

Velocidade : límites autorizados

Auto-estrada	*Estrada*	*Localidade*
120 km/h	*90/100 km/h*	*50 km/h*

O uso do cinto de segurança é obrigatório para todos os ocupantes do veículo.

Os seus pneus

Para qualquer assunto relacionado com os seus pneus Michelin, dirija-se à Direcção Comercial Michelin em Prior Velho (Lisboa).

O endereço e o número de telefone da agência Michelin figura no texto de Lisboa.

A nossa agência está ao seu dispôr para lhe facultar todas as informações necessárias a uma óptima utilização dos seus pneumáticos.

Automóvel clubes

ACP *Automóvel Club de Portugal*

Ver no texto da maior parte das grandes cidades, a morada e o número de telefone das delegações do ACP.

Os mapas de arredores

Não esqueça de consultá-los

Se busca um bom estabelecimento, por exemplo, nos arredores de Lisboa, consulte o mapa que acompanha a planta da cidade.

No "mapa de arredores" (página do lado) aparecem todas as localidades citadas no Guia que se encontram nas proximidades da cidade escolhida, principalmente situadas num raio de 40 km (limite de côr).

Os "mapas de arredores" permitem localizar rápidamente todos os estabelecimentos seleccionados no Guia perto das metrópoles regionais.

Anotação :

Quando uma localidade aparece num "mapa de arredores", a metrópole da qualesta pertence, está impressa na côr AZUL *na linha de distâncias entre cidades.*

Exemplo :

CASCAIS será indicado no "mapa de arredores" de LISBOA.

CASCAIS 2750 Lisboa 940 P 1 – 29 882 h. – Praia.
Arred. : Estrada de Cascais a Praia do Guincho★ – Sudoeste : Boca do inferno★ (precipício★) AY – Praia do Guincho★ por ③ : 9 km.
🛈 Alameda Combatentes da Grande Guerra 25
✉ 2750-326 ℘ (21) 486 82 04.
Lisboa 30 ② – Setúbal 72 ② – Sintra 16 ④

Todos os "mapas de arredores" estão indicados os mapas temáticos paginas 42 e 43.

As plantas

□ ● *Hotéis*
■ ● *Restaurantes*

Curiosidades

Edifício interessante
Edifício religioso interessante

Vias de circulação

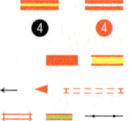

Auto-estrada, estrada com faixas de rodagem separadas
❹   ❹ *- número do nó de acesso : completo-parcial*
Grande via de circulação
← ◀ ≡≡≡≡≡ *Sentido único – Rua impraticável, regulamentada*
Via reservada aos peões – Eléctrico
Carmo 🅿 🅿 *Rua comercial – Parque de estacionamento*
Porta – Passagem sob arco – Túnel
Estação e via férrea
Funicular – Teleférico, telecabine
△ 🅱 *Ponte móvel – Barcaça para automóveis*

Diversos símbolos

🛈 *Posto de Turismo*
Mesquita – Sinagoga
Torre – Ruínas – Moinho de vento – Mãe d'água
Jardim, parque, bosque – Cemitério – Cruzeiro
Golfe – Hipódromo – Arena de praça de touros
Estádio – Piscina ao ar livre, coberta
Vista – Panorama
Monumento – Fonte – Fábrica – Centro Comercial
Porto de abrigo – Farol
✈ *Aeroporto – Estação de metro – Estação de autocarros*
Transporte por barco :
  passageiros e automóveis, só de passageiros
③ *Referência comum às plantas e aos mapas Michelin detalhados*
Correio principal com posta-restante – Telefone
✚ *Hospital – Mercado coberto*
Edifício público indicado por letra :
D   H   G *- Conselho provincial – Câmara municipal – Governo civil*
J *- Tribunal*
M   T *- Museu – Teatro*
U *- Universidade, Grande Escola*
POL. *- Polícia (nas cidades principais : esquadra central)*
GNR *Guarda Nacional Republicana*

Dear Reader

With the principal aim of providing a service to our readers, the strength of The Red Guide has always been our independence, expertise and appreciation.

The independence of The Red Guide is unquestionable:
Firstly, our inspectors visit anonymously and always settle their own bills. Secondly, the Guide retains its impartiality by refusing to include any form of publicity.

The Guide relies on the expertise of our inspectors; dedicated professionals who spend every year travelling inconspicuously around the country seeking out, testing and digesting a wide range of accommodation and cuisine.

And as much as the Guide is written for you, it is also influenced by you. Every year we receive thousands of comments, recommendations and appreciations, all of which contribute to the following year's edition.

These key values mean that every year The Red Guide gives you a reliable, accurate and up-to-date selection to suit every occasion and every pocket.

Look out for us on-line at www.michelin-travel.com.

The Red Guide is influenced by you and is developed for your benefit, which is all the more reason to send us your comments!

Contents

- **15** *How to use this guide*
- **22** *Local maps*
- **37** *Wines and regional specialities*
- **42** *Map of star-rated restaurants, the* **"Bib Gourmand"** *and pleasant, secluded and very quiet hotels and restaurants*
- **44** *Towns*
- **181** *Lexicon*
- **191** *Distances*
- **193** *Atlas: main roads and Pousadas*
- **195** *International dialling codes*
- **197** *Main car manufacturers*
- **199** *The Euro*

Choosing a hotel or restaurant

This guide offers a selection of hotels and restaurants to help motorists on their travels. In each category establishments are listed in order of preference according to the degree of comfort they offer.

Categories

🏨🏨🏨🏨	XXXXX	*Luxury in the traditional style*
🏨🏨🏨	XXXX	*Top class comfort*
🏨🏨	XXX	*Very comfortable*
🏨🏨	XX	*Comfortable*
🏨	X	*Quite comfortable*
🏚		*Simple comfort*
	sem rest.	*The hotel has no restaurant*
	com qto	*The restaurant also offers accommodation*

Peaceful atmosphere and setting

Certain establishments are distinguished in the guide by the red symbols shown below.

Your stay in such hotels will be particularly pleasant or restful, owing to the character of the building, its decor, the setting, the welcome and services offered, or simply the peace and quiet to be enjoyed there.

🏨🏨🏨🏨 ... 🏚	*Pleasant hotels*
XXXXX ... X	*Pleasant restaurants*
« Parque »	*Particularly attractive feature*
	*Very quiet or quiet, secluded hotel*
	Quiet hotel
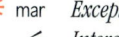 mar	*Exceptional view*
≤	*Interesting or extensive view*

The maps on pages 42 and 43 indicate places with such peaceful, pleasant hotels and restaurants.

By consulting them before setting out and sending us your comments on your return you can help us with our enquiries.

Hotel facilities

In general the hotels we recommend have full bathroom and toilet facilities in each room. This may not be the case, however, for certain rooms in categories 🏠 and ♇.

30 qto	Number of rooms
💲	Lift (elevator)
≡	Air conditioning
TV	Television in room
♿	Rooms accessible to disabled people
🌴	Meals served in garden or on terrace
⌨	Exercise room
⚊ ⚋	Outdoor or indoor swimming pool
🏖 🌿	Beach with bathing facilities – Garden
✂ ⛳18	Tennis court – Golf course and number of holes
🏛 25/150	Equipped conference hall (minimum and maximum capacity)
🚗	Hotel garage (additional charge in most cases)
P	Car park for customers only
🚫🐕	Dogs are excluded from all or part of the hotel
Fax	Telephone document transmission
maio-outubro	Dates when open, as indicated by the hotelier
temp.	Probably open for the season – precise dates not available.
	Where no date or season is shown, establishments are open all year round.
✉ 1 200 ✉ 4 150-130	Postal number

Cuisine

Stars

Certain establishments deserve to be brought to your attention for the particularly fine quality of their cooking. **Michelin stars** *are awarded for the standard of meals served.*

For such restaurants we list three culinary specialities to assist you in your choice.

ॐॐ **Excellent cooking, worth a detour**
Specialities and wines of first class quality. This will be reflected in the price.

ॐ **A very good restaurant in its category**
The star indicates a good place to stop on your journey. But beware of comparing the star given to an expensive « de luxe » establishment to that of a simple restaurant where you can appreciate fine cuisine at a reasonable price.

The "Bib Gourmand"

Good food at moderate prices

You may also like to know of other restaurants with less elaborate, moderately priced menus that offer good value for money and serve carefully prepared meals, often of regional cooking. In the guide such establishments bear the **"Bib Gourmand"** Refeição *just before the price of the menu, for example* Refeição 2800/3500.

Please refer to the map of star-rated restaurants : ॐॐ, ॐ *and the* **"Bib Gourmand"**: , *on pp 42 and 43.*

Wines : see pp 37 and 39.

Prices

Prices quoted are valid for summer 2000. Changes may arise if goods and service costs are revised. The rates include service charge. In Portugal, the V.A.T. (12 %) is included.

In some towns, when commercial or tourist events are taking place, the hotel rates are likely to be considerably higher.

Hotels and restaurants in bold type have supplied details of all their rates and have assumed responsibility for maintaining them for all travellers in possession of this guide.

Your recommendation is self-evident if you always walk into a hotel, Guide in hand.

Meals

Set meals

Refeição 2 300 — *Price for set meal served at normal hours*

« A la carte » meals

lista 2 500 a 4 700 — *The first figure is for a plain meal and includes hors-d'œuvre, main dish of the day with vegetables and dessert*
The second figure is for a fuller meal (with speciality) and includes two main courses and dessert

Rooms

qto 5 500/8 700 — *Price for a single room / Price for a double in the season*

qto 🛏 6 800/9 000 — *Price includes breakfast*

Suites, apartamentos — *Ask the hotelier*

🛏 800 — *Price of continental breakfast*

Full board

PA 3 600 — *Price of the « Pension » (breakfast, lunch and dinner). Add the charge for the « Pensión » to the room rate to give you the price for full board per person per day. To avoid any risk of confusion it is essential to agree terms in advance with the hotel.*

Deposits

Some hotels will require a deposit, which confirms the commitment of customer and hotelier alike. Make sure the terms of the agreement are clear.

Credit cards

Credit cards accepted by the establishment:
AE ⓘ Ⓜ︎ — *American Express – Diners Club – MasterCard (Eurocard)*
VISA JCB — *Visa – Japan Credit Bureau*

Towns

2200	Postal number
✉ 7800 Beja	Postal number and name of the post office serving the town
P	Provincial capital
940 M 27	Michelin map number and co-ordinates
24 000 h.	Population
alt. 175	Altitude (in metres)
🚠 3	Number of cable-cars
🎿 7	Number of ski and chair-lifts
AX A	Letters giving the location of a place on the town plan
⛳18	Golf course and number of holes
✳ ≤	Panoramic view, viewpoint
✈	Airport
🚗	Place with a motorail connection; further information from telephone number listed
⛴	Shipping line
⛵	Passenger transport only
🛈	Tourist Information Centre

Sights

Star-rating

★★★	Worth a journey
★★	Worth a detour
★	Interesting

Location

Ver	Sights in town
Arred.	On the outskirts
Excurs.	In the surrounding area
Norte, Sul, Este, Oeste	The sight lies north, south, east or west of the town
①. ④	Sign on town plan and on the Michelin road map indicating the road leading to a place of interest
6 km	Distance in kilometres

Car, tyres

Car manufacturers

A list of the main Car Manufacturers is to be found at the end of the Guide.

In case of an accident the address of the nearest agent for that marque can be obtained by telephoning the number given.

Maximum speed limits

Motorways	All other roads	Built-up areas
120 km/h	90/100 km/h	50 km/h

The wearing of seat belts is compulsory in the front and rear of vehicles.

Your tyres

For any information concerning Michelin tyres, get in touch with the Michelin Head Office in Prior Velho (Lisbon).

Addresse and phone number of Michelin Agencie are listed in the text of Lisbon.

The staff at our depot will be pleased to give advice on the best way to look after your tyres.

Motoring organisations

ACP   *Automóvel Club de Portugal*

The address and telephone number of the motoring organisation is given in the text of most of the large towns.

Local maps

May we suggest that you consult them

Should you be looking for a hotel or restaurant not too far from Lisbon, for example, you can now consult the map along with the town plan.

The local map (opposite) draws your attention to all places around the town or city selected, provided they are mentioned in the Guide.

Places located within a range of 40 km are clearly identified by the use of a different coloured background.

The various facilities recommended near the different regional capitals can be located quickly and easily.

Note:

Entries in the Guide provide information on distances to nearby towns.

Whenever a place appears on one of the local maps, the name of the town or city to which it is attached is printed in BLUE.

Example:

CASCAIS 2750 Lisboa 940 P 1 – 29 882 h. – Praia.
Arred. : Estrada de Cascais a Praia do Guincho★ – Sudoeste : Boca do inferno★ (precipício★) AY – Praia do Guincho★ por ③ : 9 km.
🖹 Alameda Combatentes da Grande Guerra 25 ✉ 2750-326 ✆ (21) 486 82 04.
Lisboa 30 ② – Setúbal 72 ② – Sintra 16 ④

CASCAIS is to be found on the local map LISBOA.

All the local maps are indicated on the thematic maps on pages 42 and 43.

Town plans

□ ● Hotels
■ ● Restaurants

Sights

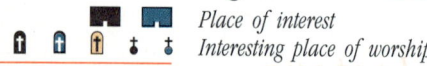

Place of interest
Interesting place of worship

Roads

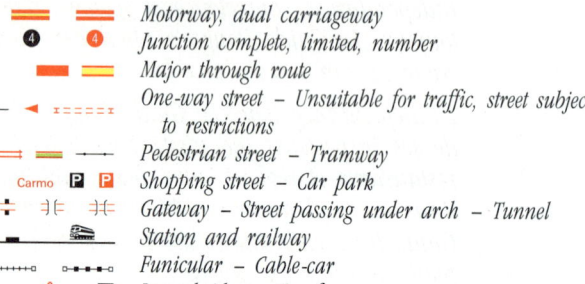

Motorway, dual carriageway
Junction complete, limited, number
Major through route
One-way street – Unsuitable for traffic, street subject to restrictions
Pedestrian street – Tramway
Shopping street – Car park
Gateway – Street passing under arch – Tunnel
Station and railway
Funicular – Cable-car
Lever bridge – Car ferry

Various signs

🖹   Tourist Information Centre
☪ ✡   Mosque – Synagogue
◉ ⊙ ∴ ✹ ⊼   Tower – Ruins – Windmill – Water tower
▭ 🌳 †† ✝   Garden, park, wood – Cemetery – Cross
⛳ 🏇 🦌   Golf course – Racecourse – Bullring
◯ ≋ 🏊   Stadium – Outdoor or indoor swimming pool
≼ ≽   View – Panorama
■ ◉ ✿ 🛒   Monument – Fountain – Factory – Shopping centre
⚓ 🗼   Pleasure boat harbour – Lighthouse
✈ ⊙ 🚌   Airport – Underground station – Coach station
🛳 🛥 🚐   Ferry services:
  - passengers and cars, passengers only
③   Reference number common to town plans and Michelin maps
📧 ✉ 📮 ☎   Main post office with poste restante and telephone
✚ ⛃   Hospital – Covered market
▨ 🟧   Public buildings located by letter:
D H J   - Provincial Government Office – Town Hall – Law Courts
G   - District government office
M T   - Museum – Theatre
U   - University, College
POL.   - Police (in large towns police headquarters)
GNR   Portuguese National Police

Ami lecteur

Indépendance, compétence et écoute : depuis toujours Le Guide Rouge a placé ces valeurs au cœur de son service aux lecteurs.

L'indépendance pour Le Guide Rouge, c'est celle de ses inspecteurs qui visitent les hôtels et les restaurants et règlent toutes leurs additions, dans un total anonymat. C'est aussi celle du Guide lui-même qui refuse toute forme de publicité dans ses pages.

La compétence du Guide Rouge passe par celle de ses inspecteurs, professionnels passionnés, qui toute l'année explorent, testent, goûtent, apprécient, comme de simples voyageurs particulièrement attentifs.

À la fois complice et conseiller, Le Guide Rouge est continuellement à votre écoute. Des milliers d'appréciations sur les hôtels et les restaurants sont ainsi reçues chaque année et constituent autant de témoignages précieux qui viendront orienter la prochaine édition.

C'est de cette façon que Le Guide Rouge peut vous proposer une sélection toujours fiable, actualisée et adaptée à tous les budget. Retrouvez-la aujourd'hui sur le site www.michelin-travel.com.

Le Guide Rouge vit et progresse pour vous et grâce à vous : écrivez-nous !

Sommaire

- 27 *Comment se servir du guide*
- 34 *Les cartes de voisinage*
- 37 *Les vins et les spécialités régionales*
- 42 *Carte des bonnes tables à étoiles, des* **"Bib Gourmand"** *et des établissements agréables, isolés, très tranquilles*
- 44 *Nomenclature des localités*
- 181 *Lexique*
- 191 *Distances*
- 193 *Atlas : principales routes, Pousadas*
- 195 *Indicatifs téléphoniques internationaux*
- 197 *Principales marques automobiles*
- 199 *L'Euro*

Le choix d'un hôtel, d'un restaurant

Ce guide vous propose une sélection d'hôtels et restaurants établie à l'usage de l'automobiliste de passage. Les établissements, classés selon leur confort, sont cités par ordre de préférence dans chaque catégorie.

Catégories

🏨🏨🏨	XXXXX	*Grand luxe et tradition*
🏨🏨🏨	XXXX	*Grand confort*
🏨🏨	XXX	*Très confortable*
🏨🏨	XX	*De bon confort*
🏨	X	*Assez confortable*
⛺		*Simple mais convenable*
	sem rest.	*L'hôtel n'a pas de restaurant*
	com qto	*Le restaurant possède des chambres*

Agrément et tranquillité

Certains établissements se distinguent dans le guide par les symboles rouges indiqués ci-après.
Le séjour dans ces hôtels se révèle particulièrement agréable ou reposant.
Cela peut tenir d'une part au caractère de l'édifice, au décor original, au site, à l'accueil et aux services qui sont proposés, d'autre part à la tranquillité des lieux.

🏨🏨🏨 ... 🏨 	*Hôtels agréables*
XXXXX ... X	*Restaurants agréables*
« Parque »	*Élément particulièrement agréable*
	Hôtel très tranquille ou isolé et tranquille
	Hôtel tranquille
⇐ mar	*Vue exceptionnelle*
⇐	*Vue intéressante ou étendue.*

Les localités possédant des établissements agréables ou très tranquilles sont repérées sur les cartes pages 42 et 43.
Consultez-les pour la préparation de vos voyages et donnez-nous vos appréciations à votre retour, vous faciliterez ainsi nos enquêtes.

L'installation

Les chambres des hôtels que nous recommandons possèdent, en général, des installations sanitaires complètes. Il est toutefois possible que dans les catégories 🏠 et 🏚, certaines chambres en soient dépourvues.

30 qto	Nombre de chambres
🛗	Ascenseur
▭	Air conditionné
TV	Télévision dans la chambre
♿	Chambres accessibles aux handicapés physiques
🌿	Repas servis au jardin ou en terrasse
🏋	Salle de remise en forme
🏊 🏊	Piscine : de plein air ou couverte
⛱ 🌳	Plage aménagée – Jardin de repos
🎾 ⛳18	Tennis – Golf et nombre de trous
🛎 25/150	Salles de conférences : capacité des salles
🚗	Garage dans l'hôtel (généralement payant)
P	Parking réservé à la clientèle
🚫🐕	Accès interdit aux chiens (dans tout ou partie de l'établissement)
Fax	Transmission de documents par télécopie
maio-outubro	Période d'ouverture, communiquée par l'hôtelier
temp.	Ouverture probable en saison mais dates non précisées. En l'absence de mention, l'établissement est ouvert toute l'année.
✉ 1 200	
✉ 4 150-130	Code postal

La table

Les étoiles

*Certains établissements méritent d'être signalés
à votre attention pour la qualité de leur cuisine.
Nous les distinguons par les étoiles de bonne table.*

*Nous indiquons, pour ces établissements, trois
spécialités culinaires qui pourront orienter votre choix.*

ಭಿಭಿ **Table excellente, mérite un détour**
*Spécialités et vins de choix...
Attendez-vous à une dépense en rapport.*

ಭಿ **Une très bonne table dans sa catégorie**
*L'étoile marque une bonne étape sur votre itinéraire.
Mais ne comparez pas l'étoile d'un établissement
de luxe à prix élevés avec celle d'une petite maison
où à prix raisonnables, on sert également une cuisine
de qualité.*

Le "Bib Gourmand"

Repas soignés à prix modérés

*Vous souhaitez parfois trouver des tables
plus simples, à prix modérés ; c'est pourquoi
nous avons sélectionné des restaurants proposant,
pour un rapport qualité-prix particulièrement
favorable, un repas soigné, souvent de type régional.
Ces restaurants sont signalés par le* **"Bib Gourmand"**
 Refeição.
Ex. **Refeição** 2800/3500.

Consultez les cartes des établissements à étoiles : ಭಿಭಿ, ಭಿ
et des **"Bib Gourmand"** *: , pages 42 e 43.*

Les vins : voir pages 37 et 40.

Les prix

Les prix que nous indiquons dans ce guide ont été établis en été 2000. Ils sont susceptibles de modifications, notamment en cas de variations des prix des biens et services.
Ils s'entendent service compris.

Au Portugal, la T.V.A. (12 %) est comprise dans les prix.

Dans certaines villes, à l'occasion de manifestations commerciales ou touristiques, les prix demandés par les hôteliers risquent d'être considérablement majorés.

Les hôtels et restaurants figurent en gros caractères lorsque les hôteliers nous ont donné tous leurs prix et se sont engagés, sous leur propre responsabilité, à les appliquer aux touristes de passage porteurs de notre guide.

Entrez à l'hôtel le Guide à la main, vous montrerez ainsi qu'il vous conduit là en confiance.

Repas

Menu à prix fixe :
Prix du menu servi aux heures normales

Refeição 2 300

Repas à la carte
Le premier prix correspond à un repas normal comprenant : hors-d'œuvre, plat garni et dessert.
Le 2ᵉ prix concerne un repas plus complet (avec spécialité) comprenant : deux plats et dessert

lista 2 500 a 4 700

Chambres

qto 5 500/8 700

qto ⇋ 6 800/9 000

Suites, apartamentos

⇋ 800

*Prix pour une chambre d'une personne /
Prix pour une chambre de deux personnes
en haute saison
Prix des chambres petit déjeuner compris
Se renseigner auprès de l'hôtelier
Prix du petit déjeuner*

Pension

PA 3 600

*Prix de la « Pension » (petit déjeuner
et les deux repas), à ajouter à celui de la chambre
individuelle pour obtenir le prix de la pension
complète par personne et par jour.
Il est indispensable de s'entendre par avance
avec l'hôtelier pour conclure un arrangement définitif.*

Les arrhes

*Certains hôteliers demandent le versement d'arrhes.
Il s'agit d'un dépôt-garantie qui engage l'hôtelier
comme le client. Bien faire préciser les dispositions
de cette garantie.*

Cartes de crédit

AE ⓓ ⓜⓒ
VISA JCB

*Cartes de crédit acceptées par l'établissement :
American Express – Diners Club – MasterCard (Eurocard)
Visa – Japan Credit Bureau*

Les villes

2200	Numéro de code postal
✉ 7800 Beja	Numéro de code postal et nom du bureau distributeur du courrier
P	Capitale de Province
940 M 27	Numéro de la Carte Michelin et carroyage
24 000 h.	Population
alt. 175	Altitude de la localité
🚠 3	Nombre de téléphériques ou télécabines
🎿 7	Nombre de remonte-pentes et télésièges
AX A	Lettres repérant un emplacement sur le plan
⛳ 18	Golf et nombre de trous
❋ ≤	Panorama, point de vue
✈	Aéroport
🚗	Localité desservie par train-auto. Renseignements au numéro de téléphone indiqué
⛴	Transports maritimes
⛵	Transports maritimes pour passagers seulement
🛈	Information touristique

Les curiosités

Intérêt

★★★	Vaut le voyage
★★	Mérite un détour
★	Intéressant

Situation

Ver	Dans la ville
Arred.	Aux environs de la ville
Excurs.	Excursions dans la région
Norte, Sul, Este, Oeste	La curiosité est située : au Nord, au Sud, à l'Est, à l'Ouest
①, ④	On s'y rend par la sortie ① ou ④ repérée par le même signe sur le plan du Guide et sur la carte
6 km	Distance en kilomètres

La voiture, les pneus

Marques automobiles

Une liste des principales marques automobiles figure en fin de Guide.
En cas de panne, l'adresse du plus proche agent de la marque vous sera communiquée en appelant le numéro de téléphone indiqué.

Vitesse : limites autorisées

Autoroute   Route   Agglomération
120 km/h   90/100 km/h   50 km/h

Le port de la ceinture de sécurité est obligatoire à l'avant et à l'arrière des véhicules.

Vos pneumatiques

En tout ce qui concerne vos pneus Michelin, adressez-vous à la Division Commerciale Michelin à Prior Velho (Lisbonne).

L'adresse et le numéro de téléphone de l'agence Michelin figurent au texte de Lisboa.

Dans notre agence, nous nous faisons un plaisir de donner à nos clients tous conseils pour la meilleure utilisation de leurs pneus.

Automobile clubs

ACP   *Automóvel Club de Portugal*

Voir au texte de la plupart des grandes villes, l'adresse et le numéro de téléphone de l'ACP.

Les cartes de voisinage

Avez-vous pensé à les consulter ?

Vous souhaitez trouver une bonne adresse, par exemple, aux environs de Lisbonne ? Consultez la carte qui accompagne le plan de la ville.

La "carte de voisinage" (ci-contre) attire votre attention sur toutes les localités citées au Guide autour de la ville choisie, et particulièrement celles situées dans un rayon de 40 km (limite de couleur).

Les "cartes de voisinage" vous permettent ainsi le repérage rapide de toutes les ressources proposées par le Guide autour des métropoles régionales.

Nota :

Lorsqu'une localité est présente sur une "carte de voisinage", sa métropole de rattachement est imprimée en BLEU *sur la ligne des distances de ville à ville.*

Exemple :

CASCAIS 2750 Lisboa 940 P 1 – 29 882 h. – Praia.
Arred. : Estrada de Cascais a Praia do Guincho★ – Sudoeste : Boca do inferno★ (precipício★) AY – Praia do Guincho★ por ③ : 9 km.

Vous trouverez CASCAIS sur la "carte de voisinage" de LISBOA.

🛈 Alameda Combatentes da Grande Guerra 25
✉ 2750-326 ✆ (21) 486 82 04.
Lisboa 30 ② – Setúbal 72 ② – Sintra 16 ④

Toutes les « cartes de voisinage » sont localisées sur les cartes thématiques pages 42 et 43.

Les plans

□ ● Hôtels
■ ● Restaurants

Curiosités

Bâtiment intéressant
Édifice religieux intéressant

Voirie

Autoroute, route à chaussées séparées
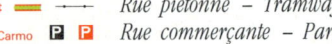 échangeur : complet, partiel, numéro
Grande voie de circulation
Sens unique – Rue impraticable, réglementée
Rue piétonne – Tramway
Carmo Ⓟ Ⓟ Rue commerçante – Parc de stationnement
Porte – Passage sous voûte – Tunnel
Gare et voie ferrée
Funiculaire – Téléphérique, télécabine
Pont mobile – Bac pour autos

Signes divers

Information touristique
Mosquée – Synagogue
Tour – Ruines
Moulin à vent – Château d'eau
Jardin, parc, bois – Cimetière – Calvaire
Golf – Hippodrome – Arènes
Stade – Piscine de plein air, couverte
Vue – Panorama
Monument – Fontaine – Usine – Centre commercial
Port de plaisance – Phare
Aéroport – Station de métro – Gare routière
Transport par bateau :
  passagers et voitures, passagers seulement
③ Repère commun aux plans et aux cartes Michelin détaillées
Bureau principal de poste restante – Téléphone
Hôpital – Marché couvert
Bâtiment public repéré par une lettre :
D H J - Conseil provincial – Hôtel de ville – Palais de justice
G - Gouvernement du district
M T - Musée – Théâtre
U - Université, grande école
POL. - Police (commissariat central)
GNR Gendarmerie

Os vinhos
Wines
Les vins

① Vinhos Verdes
②, ③ Porto e Douro, Dão
④ Bairrada
⑤ a ⑧ Bucelas, Colares, Carcavelos, Setúbal
⑨ a ⑫ Lagoa, Lagos, Portimão, Tavira
⑬ a ⑮ Borba, Redondo, Reguengos
⑯ Madeira

Vinhos e especialidades regionais

Portugal possui uma tradição vitivinícola muito antiga. A diversidade das regiões vinícolas tem determinado a necessidade de regulamentar os seus vinhos com Denominações de Origem, indicadas no mapa correspondente.

Regiões e localização no mapa	Características dos vinhos	Especialidades regionais
Minho, Douro Litoral, Trás-Os-Montes, Alto Douro ① e ②	**Tintos** *encorpados, novos, ácidos* **Brancos** *aromáticos, suaves, frutados, delicados, encorpados* **Portos** *(Branco, Tinto, Ruby, Tawny), ricos em álcool*	*Caldo verde, Lampreia, Salmão, Bacalhau, Presunto, Cozido, Feijoada, Tripas*
Beira Alta, Beira Baixa, Beira Litoral ③ e ④	**Tintos** *aromáticos, suaves, aveludados, equilibrados, encorpados* **Brancos** *cristalinos, frutados, delicados, aromáticos*	*Queijo da Serra, Papos de Anjo, Mariscos, Caldeiradas, Ensopado de enguias, Leitão assado, Queijo de Tomar, Aguardentes*
Estremadura, Ribatejo ⑤ a ⑧	**Tintos** *de cor rubí, persistentes, secos, encorpados* **Brancos** *novos, delicados, aromáticos, frutados, elevada acidez* **Moscatel de Setúbal**, *rico em álcool, de pouca acidez*	*Amêijoas à bulhão pato, Mariscos, Caldeiradas, Queijadas de Sintra, Fatias de Tomar*
Algarve ⑨ a ⑫	**Tintos** *aveludados, suaves, frutados* **Brancos** *suaves*	*Peixes e mariscos na cataplana, Figos, Amêndoas*
Alentejo ⑬ a ⑮	**Tintos** *robustos e elegantes*	*Migas, Sericaia, Porco à Alentejana, Gaspacho, Açordas, Queijo de Serpa*
Madeira ⑯	*Ricos em álcool, secos, de subtil aroma*	*Espetadas (carne, peixe), Bolo de mel*

Wines and regional specialities

Portugal has a very old wine producing tradition. The diversity of the wine growing regions made it necessary to regulate those wines by the Appellation d'Origine (Denominações de Origem) indicated on the corresponding map.

Regions and location on the map	Wine's characteristics	Regional Specialities
Minho, Douro Litoral, Trás-Os-Montes, Alto Douro ① and ②	**Reds** *full bodied, young, acidic* **Whites** *aromatic, sweet, fruity, delicate, full bodied* **Port** *(White, Red, Ruby, Tawny), strong in alcohol*	Caldo verde (Cabbage soup), Lamprey, Salmon, Codfish, Ham, Stew, Feijoada (Pork and bean stew), Tripes
Beira Alta, Beira Baixa, Beira Litoral ③ and ④	**Reds** *aromatic, sweet, velvety, well balanced, full bodied* **Whites** *crystal-clear, fruity, delicate, aromatic*	Serra Cheese, Papos de Anjo (Cake), Seafood, Fishsoup, Ensopado de enguias (Eel stew), Roast pork, Tomar Cheese, Aguardentes (distilled grape skins and pips)
Estremadura, Ribatejo ⑤ to ⑧	*Ruby coloured* **reds,** *big, dry, full bodied* **Young whites** *delicate, aromatic, fruity, acidic* **Moscatel from Setúbal,** *strong in alcohol, slightly acidic*	Clams with garlic, Seafood, Fishsoup, Queijadas (Cheesecake) from Sintra, Fatias (Sweet bread) from Tomar
Algarve ⑨ to ⑫	*Velvety* **reds,** *light, fruity* *Sweet* **whites**	Fish and Seafood « na cataplana », Figs, Almonds
Alentejo ⑬ to ⑮	*Robust elegant* **reds**	Migas (Fried breadcrumbs), Sericaia (Cake), Alentejana pork style, Gaspacho (Cold tomato and onion soup), Açordas (Bread and garlic soup), Serpa Cheese
Madeira ⑯	*Strong in alcohol, dry with a delicate aroma*	Kebab (Meat, Fish), Honey cake

Vins et spécialités régionales

La tradition viticole portugaise remonte aux temps les plus anciens. La diversité des régions rendit nécessaire la réglementation de ses vins. Les Appelations d'Origine (Denominações de Origem), sont indiquées sur la carte.

Régions et localisation sur la carte	Caractéristiques des vins	Spécialités régionales
Minho, Douro Litoral, Trás-Os-Montes, Alto Douro ① et ②	**Rouges** *corsés, jeunes, acidulés* **Blancs** *aromatiques, doux, fruités, délicats, corsés* **Portos** *(Blanc, Rouge, Ruby, Tawny), riches en alcool*	Caldo verde (Soupe aux choux), Lamproie, Saumon, Morue, Jambon, Pôt-au-feu, Feijoada (Cassoulet au lard), Tripes
Beira Alta, Beira Baixa, Beira Litoral ③ et ④	**Rouges** *aromatiques, doux, veloutés, équilibrés, corsés* **Blancs** *cristalins, fruités, délicats, aromatiques*	Fromage de Serra, Papos de Anjo (Gâteau), Fruits de mer, Bouillabaisse, Ensopado de enguias (Bouillabaisse d'anguilles), Cochon de lait rôti, Fromage de Tomar, Eaux de vie
Estremadura, Ribatejo ⑤ à ⑧	**Rouges** *de couleur rubis, amples, secs, corsés* **Blancs** *jeunes, délicats, aromatiques, fruités, acidulés* **Moscatel de Setúbal**, *riche en alcool, faible acidité*	Palourdes à l'ail, Fruits de mer, Bouillabaisse, Queijadas de Sintra (Gâteau au fromage), Fatias de Tomar (Pain perdu)
Algarve ⑨ à ⑫	**Rouges** *veloutés, légers, fruités* **Blancs** *doux*	Poissons et fruits de mer « na cataplana », Figues, Amandes
Alentejo ⑬ à ⑮	**Rouges** *robustes et élégants*	Migas (Pain et lardons frits), Sericaia (Gâteau), Porc à l'Alentejana, Gaspacho (Soupe froide à la tomate et oignons), Açordas (Soupe au pain et ail), Fromage de Serpa
Madeira ⑯	Riches en alcool, secs, arôme délicat	Brochettes (viande, poissons), Gâteau au miel

CIDADES
TOWNS – VILLES

✸✸ *As estrelas*
 ✸ *The stars*
   Les étoiles

 "Bib Gourmand"
Refeição 2800/3500
 Refeições cuidadas a preços moderados
 Good food at moderate prices
 Repas soignés à prix modérés

 *Atractivos e tranquilidade*
 Peaceful atmosphere and setting
 L'agrément

● *Citade com mapa de arredores*
 Town with a local map
 Carte de voisinage : voir à la ville choisie

ABRANTES 2200 Santarém 940 **N 5** – 19 410 h. alt. 188.
Ver : Sítio★.
🛈 Esplanada 1º de Maio ☏ (241) 36 25 55 Fax (241) 37 16 61.
Lisboa 142 – Santarém 61.

De Turismo, Largo de Santo António ☏ (241) 36 12 61, Fax (241) 36 52 18, ≤ Abrantes e vale do Tejo, 🎱, ※ – 🍴 TV P. AE ① MC VISA JCB. ※
Refeição 3300 – **40 qto** ☐ 12500/15000 – PA 6200.

AFIFE 4900 Viana do Castelo 940 **G 3**.
Lisboa 393 – Braga 66 – Porto 88 – Vigo 70.

Mariana, Lugar de São Roque, ✉ 4900-011, ☏ (258) 98 13 27 – AE MC VISA. ※
fechado 3ª feira – **Refeição** lista 3850 a 5900.

AGUADA DE CIMA Aveiro – ver Águeda.

ÁGUAS SANTAS Porto – ver Porto.

ÁGUEDA 3750 Aveiro 940 **K 4** – 6 726 h.
🛈 Largo Dr. João Elísio Sucena ☏ (234) 60 14 12.
Lisboa 250 – Aveiro 22 – Coimbra 42 – Porto 85.

em Aguada de Cima Sudeste : 9,5 km – ✉ 3750 Águeda :

Adega do Fidalgo, Almas da Areosa ☏ (234) 66 62 26, Fax (234) 66 72 26, « Rest. típico » – AE MC VISA. ※
Refeição - grelhados - lista 3100 a 4400.

ALANDROAL 7250 Évora 940 **P 7** – 7 346 h.
Lisboa 192 – Badajoz 53 – Évora 56 – Portalegre 86 – Setúbal 160.

A Maria, Rua João de Deus 12 ☏ (268) 43 11 43, Fax (268) 44 93 37, « Decoração regional » – 🍴. AE ① MC VISA JCB. ※
fechado do 16 ao 31 de agosto e 2ª feira – **Refeição** lista 3000 a 4200.

ALBUFEIRA 8200 Faro 940 **U 5** – 4 324 h. – Praia.
Ver : Sítio★.
📍 Vale Parra, Oeste : 8,5 km Golf Salgados ☏ (289) 59 11 11 Fax (289) 59 11 12.
🛈 Rua 5 de Outubro ☏ (289) 58 52 79.
Lisboa 326 – Faro 36 – Lagos 52.

Alísios, Av. Infante Dom Henrique 83 ☏ (289) 58 92 84, Fax (289) 58 92 88, ≤, 🏊 – 🛗 🍴 TV P. AE ① MC VISA. ※
Refeição - só jantar - 3950 – **112 qto** ☐ 18000/20000, 3 suites.

Cerro Alagoa, Rua do Município, ✉ 8200-916, ☏ (289) 58 31 00, cerro.alagoa@mail.telepac.pt, Fax (289) 58 31 99, 🛁, 🎱, 🏊 – 🛗 🍴 TV 🅿 – 🅿 – 🏊 25/140. AE ① MC VISA. ※
Refeição - só jantar - 3900 – **295 qto** ☐ 22000/29350, 15 suites.

O Cabaz da Praia, Praça Miguel Bombarda 7 ☏ (289) 51 21 37, Fax (289) 51 21 37, ≤, 🍽 – 🍴. AE MC VISA. ※
fechado 3 janeiro-15 fevereiro e 5ª feira – **Refeição** lista 4350 a 6500.

em Areias de São João Este : 2,5 km – ✉ 8200 Albufeira :

Ondamar, ✉ 8200-918, ☏ (289) 58 67 74, info@ondamarhotel.com, Fax (289) 58 86 16, 🛁, 🎱, 🏊 – 🛗 🍴 TV ⚒ 🚗 🅿 – 🏊 25/50. AE ① MC VISA JCB. ※
Refeição 2500 – **92 apartamentos** ☐ 25000/33000 – PA 5000.

Três Palmeiras, Av. Infante D. Henrique 51 ☏ (289) 51 54 23, Fax (289) 51 54 23 – 🍴 P. AE MC VISA. ※
fechado janeiro e domingo – **Refeição** lista aprox. 5600.

em Sesmarias Oeste : 4 km – ✉ 8200 Albufeira :

O Marinheiro, ☏ (289) 59 23 50, Fax (289) 59 11 49, 🍽 – 🍴 P. AE MC VISA. ※
fechado 15 janeiro-15 fevereiro – **Refeição** - só jantar salvo domingo - lista 2750 a 5100.

na Praia da Galé Oeste : 6,5 km – ✉ 8200 Albufeira :

Vila Galé Praia, ✉ 8200-917, ☏ (289) 59 01 80, vilagalepraia@mail.telepac.pt, Fax (289) 59 01 88, 🎱, ※ – 🛗 🍴 TV P. AE ① MC VISA. ※
Refeição - só jantar salvo verão - 3800 – **40 qto** ☐ 23250/30200.

ALBUFEIRA

XXXX **Vila Joya** ⚫ com qto, ℘ (289) 59 17 95, *Fax (289) 59 12 01*, 🍴, « Vila
✿✿ elegante com belo jardim, 🏊 cimatizada e o mar de frente » – 🅿. 🆎 ⓘ ⓜ
🆅🅸🆂🅰
fechado 17 novembro-janeiro – **Refeição** lista 9000 a 14500 – **15 qto** ⇌ 58000/88000,
2 suites
Espec. Parfait de fígado de pato e ganso com uvas marinhadas em vinagre. Costeleta de
vitela e cabeça em fatias com trufas negras, puré de batata e aipo. Ananás acaramelado
com tarte de banana e gelado de coco.

na Praia da Falésia *Este : 10 km* – ✉ *8200 Albufeira* :

🏨 **Sheraton Algarve** ⚫, ✉ 8200-909, ℘ (289) 50 01 00, *Fax (289) 50 19 50*,
≤ mar e campo de golfe, 🍴, « No alto de uma falésia rodeado de zonas
verdes », 🎾, 🏊, 🏊, 🐎, ♨, ✂, 📞 – 📶 🍽 📺 ♿ 🅿. – 🅰 25/230. 🆎 ⓘ ⓜ
🆅🅸🆂🅰, ✂
Além-Mar : **Refeição** lista 7000 a 8800 – *O Pescador* (peixes e mariscos, fechado outubro-
maio, domingo e 2ª feira noite) **Refeição** lista 7200 a 8600 – **182 qto** ⇌ 68000/73000,
33 suites.

ALCABIDECHE *Lisboa* 🟦🟦🟦 **P 1** – *25 178 h*. – ✉ *2765 Estoril*.

Lisboa 29 – Cascais 4 – Sintra 12.

na estrada de Sintra – ✉ *2765 Estoril* :

🏨 **Atlantis Sintra-Estoril,** junto ao autódromo - Nordeste : 2 km ℘ (21) 469 07 20,
Fax (21) 469 07 40, ≤, 🎾, 🏊, ♨, ✂ – 📶 🍽 📺 ♿ 🅿. – 🅰 25/250. 🆎 ⓘ ⓜ 🆅🅸🆂🅰
🆓🅲🅱, ✂
Refeição 3500 – **185 qto** ⇌ 21700/27100, 2 suites.

✂ **Mesón Andaluz,** Centro Comercial Cascaishopping-Loja 66 A-2° - Este : 1 km ℘ (21)
460 06 59, *Fax (21) 460 28 09*, « Decoração típica andaluza » – 🍽. 🆎 ⓘ ⓜ
🆅🅸🆂🅰, ✂
Refeição - cozinha espanhola - lista 3900 a 4550.

ALCÁCER DO SAL *7580 Setúbal* 🟦🟦🟦 **Q 4** – *14 391 h*.

🅱 *Rua da República 66* ℘ *(265) 61 00 70 Fax (265) 61 00 79*.
Lisboa 97 – Beja 94 – Évora 75 – Setúbal 55 – Sines 70.

🏨 **Pousada D. Afonso II** ⚫, Castelo de Alcácer ℘ (265) 61 30 70, *enatur@mail.tele
pac.pt, Fax (265) 61 30 74*, ≤, Museu Arqueológico. Igreja, « Antigo castelo-convento
numa colina com o rio Sado ao fundo », 🏊 – 📶 🍽 📺 ♿ 🅿. – 🅰 25/100. 🆎 ⓘ ⓜ
🆅🅸🆂🅰, ✂
Refeição lista 4600 a 6500 – **33 qto** ⇌ 29800/31900, 2 suites.

na Barrosinha *Sudeste : 2,5 km* – ✉ *7580 Alcácer do Sal* :

🏨 **Albergaria da Barrosinha,** ✉ 7580-091, ℘ (265) 61 20 32, *Fax (265) 61 28 33*, 🏊
– 📶 🍽 📺 🚗 🅿. 🆎 ⓘ ⓜ 🆅🅸🆂🅰 🆓🅲🅱. ✂
Refeição lista aprox. 3000 – **17 qto** ⇌ 7000/12000.

ALCOBAÇA *2460 Leiria* 🟦🟦🟦 **N 3** – *11 093 h. alt. 42*.

Ver : *Mosteiro de Santa Maria*★★ : *Igreja*★★ (*túmulo de D. Inês de Castro*★★, *túmulo de
D. Pedro*★★), *edifícios da abadia*★★.
🅱 *Praça 25 de Abril* ℘ *(262) 58 23 77*.
Lisboa 110 – Leiria 32 – Santarém 60.

🏨 **Santa Maria** sem rest, Rua Dr. Francisco Zagalo 20 ℘ (262) 59 01 60, *Fax (262) 59 01 61*
– 📶 🍽 📺 🚗 – 🅰 25/400. 🆎 ⓜ 🆅🅸🆂🅰
78 qto ⇌ 10500/15000.

🏨 **Challet Fonte Nova** ⚫ sem rest, Rua da Fonte Nova ℘ (262) 59 83 00, *challet@m
ail.telepac.pt, Fax (262) 59 84 30*, « Elegante casa senhorial » – 📶 🍽 📺 🅿. 🆎 ⓜ
🆅🅸🆂🅰, ✂
10 qto ⇌ 16000/20000.

pela estrada da Nazaré *Noroeste : 3,5 km* – ✉ *2461-901 Alcobaça* :

🏨 **Termas da Piedade** ⚫, ℘ (262) 58 20 65, *hoteltermaspiedade@hoteltermaspied
ade.com, Fax (262) 59 69 71*, 🏊, ✂ – 📶 🍽 📺 🅿 – 🅰 25/250. 🆎 ⓘ ⓜ 🆅🅸🆂🅰
🆓🅲🅱, ✂
Refeição 2250 – **60 qto** ⇌ 8000/13000, 3 suites – PA 4500.

ALCOBAÇA

em Aljubarrota Nordeste : 6,5 km :

Casa da Padeira sem rest, Estrada N 8, ✉ 2460-711, ✆ (262) 50 52 40, *casadapadeira@mail.telepac.pt*, Fax (262) 50 52 41, « Situado no campo com ≤ », ⊼ – 🅿. 🆎 ⓜ️ VISA. ✄
8 qto ⌘ 11000/14000.

Casa da Sofía, Rua Misericórdia 8, ✉ 2460-601, ✆ (262) 50 86 45 – 🖃. 🆎 ⓘ ⓜ️ VISA. ✄
fechado 2ª feira – **Refeição** lista aprox. 3800.

ALCOCHETE 2890 Setúbal 🟨🟨🟨 P 3.

🅱 Largo da Misericórdia ✆ (21) 234 26 31 Fax (21) 234 26 31.
Lisboa 59 – Évora 101 – Santarém 81 – Setúbal 29.

Al Foz, Av. D. Manuel I, ✉ 2890-014, ✆ (21) 234 11 79, Fax (21) 234 11 90 – 🛗 🖃 📺 ♿ 🚗 – 🕍 25/50. 🆎 ⓘ ⓜ️ VISA. ✄
Refeição - ver rest. **Al Foz** – **32 qto** ⌘ 13000/15000.

Al Foz - Hotel Al Foz, Av. D. Manuel I, ✉ 2890-014, ✆ (21) 234 19 37, Fax (21) 234 21 32, ≤, 🍴 – 🖃 🅿. 🆎 ⓘ ⓜ️ VISA. ✄
fechado 2ª feira – **Refeição** lista 4150 a 5850.

ALDEIA DA SERRA Évora – ver Redondo.

ALDEIA DAS DEZ 3400 Coimbra 🟨🟨🟨 L 6 – alt. 450.

Lisboa 286 – Coimbra 81 – Guarda 93.

Quinta da Geia ⚘, Largo do Terreiro do Fundo do Lugar, ✉ 3400-214, ✆ (238) 67 00 10, Fax (238) 67 00 19, ≤ vale e Serra da Estrela, « Conjunto arquitectónico do século XVII de traça rústica », ⊼ – 📺 ♿ 🅿. – 🕍 25. 🆎 ⓜ️ VISA. ✄
Refeição 3000 – **15 qto** ⌘ 13700/17500, 5 apartamentos – PA 5000.

ALFERRAREDE Santarém 🟨🟨🟨 N 5 – 4 302 h. – ✉ 2200 Abrantes.

Lisboa 145 – Abrantes 2 – Santarém 79.

Cascata, Rua Manuel Lopes Valente Junior 19-A-1º ✆ (241) 36 10 11, Fax (241) 36 10 11 – 🖃. ⓜ️ VISA. ✄
fechado domingo noite e 2ª feira – **Refeição** lista 2250 a 3450.

ALIJÓ 5070 Vila Real 🟨🟨🟨 I 7 – 2 829 h.

Lisboa 411 – Bragança 115 – Vila Real 44 – Viseu 117.

Pousada do Barão de Forrester, Rua Comendador José Rufino ✆ (259) 95 92 15, *enatur@mail.telepac.pt*, Fax (259) 95 93 04, 🍴, ⊼, 🏊, 🎾 – 🖃 📺 🅿. 🆎 ⓘ ⓜ️ VISA JCB.
Refeição lista aprox. 4450 – **21 qto** ⌘ 23500/25100.

Ribadouro sem rest, Av. Dr. Francisco Sá Carneiro 16, ✉ 5070-013, ✆ (259) 95 94 52, Fax (259) 95 99 37 – 🖃 📺. 🆎 ⓜ️ VISA. ✄
12 qto ⌘ 5500/7500.

ALJEZUR 8670 Faro 🟨🟨🟨 U 3 – 5 059 h.

Lisboa 249 – Faro 110.

no Vale da Telha Sudoeste : 7,5 km – ✉ 8670 Aljezur :

Vale da Telha ⚘ sem rest, ✆ (282) 99 81 80, Fax (282) 99 81 76, ⊼ – 📺 🅿. 🆎 ⓘ ⓜ️ VISA JCB. ✄
26 qto ⌘ 8000/10000.

ALJUBARROTA Leiria – ver Alcobaça.

ALMADENA Faro 🟨🟨🟨 U 3 – ✉ 8600 Lagos.

Lisboa 284 – Faro 92 – Lagos 9.

Belo Horizonte sem rest, Cerro dos Vales - Este : 1 km ✆ (282) 69 76 05, Fax (282) 69 76 05, 🏋, ⊼ – 📺 🅿. 🆎 ⓘ ⓜ️ VISA JCB
15 qto ⌘ 8000/9000.

O Celeiro, Estrada N 125 ✆ (282) 69 71 44 – 🖃 🅿. 🆎 ⓘ ⓜ️ VISA. ✄
fechado novembro e 2ª feira – **Refeição** lista aprox. 5100.

ALMANCIL 8135 Faro 940 U 5 – 5 945 h.

Ver : Igreja de S. Lourenço (azulejos★★).

🛏🛏 Vale do Lobo, Sudoeste : 6 km ✆ (289) 39 44 44 Fax (289) 39 47 13 – 🛏🛏 Quinta do Lago, ✆ (289) 39 07 00 Fax (289) 39 40 13.

Lisboa 306 – Faro 13 – Huelva 115 – Lagos 68.

XXX **Pequeno Mundo,** Pereiras - Oeste : 1,5 km, ✉ 8136-907, ✆ (289) 39 98 66, Fax (289) 39 98 67, « Antiga quinta » – 🍽 P. AE VISA. 🙅
fechado 15 novembro-dezembro e domingo – **Refeição** - cozinha francesa, só jantar - lista 6100 a 7900.

XX **O Tradicional,** Estrada da Fonte Santa ✆ (289) 39 90 93, Fax (289) 39 90 93, 🍽 – 🍽 P. AE MC VISA. 🙅
fechado janeiro e domingo – **Refeição** - só jantar - lista aprox. 6000.

XX **Aux Bons Enfants,** Estrada a Quinta do Lago - Sul : 1,5 km ✆ (289) 39 68 40, Fax (289) 39 68 40, 🍽, Instalado numa antiga casa – 🍽 P. MC VISA. 🙅
fechado 15 dezembro-15 janeiro e domingo – **Refeição** - cozinha francesa, só jantar - lista 4700 a 6500.

XX **Golfer's Inn,** Rua 25 de Abril 35 ✆ (289) 39 57 25, Fax (289) 50 25 83, 🍽 – 🍽 AE O MC VISA. 🙅
fechado do 1 ao 25 de dezembro, do 5 ao 31 de janeiro e domingo – **Refeição** - só jantar - lista 4200 a 6050.

X **Couleur France,** Rua da República 15, ✉ 8135-121, ✆ (289) 39 95 15, Fax (289) 39 95 15 – 🍽. AE O MC VISA. 🙅
fechado 23 junho-14 julho, 24 novembro-15 dezembro e sábado – **Refeição** - cozinha francesa, só menú ao almoço - lista 3600 a 5350.

X **Bistro des Z'Arts,** Rua do Calvário 69 ✆ (289) 39 51 14, Fax (289) 39 51 14, Bistro francês – 🍽. AE MC VISA. 🙅
fechado do 15 ao 30 de janeiro e domingo – **Refeição** lista aprox. 5000.

em Vale Formoso – ✉ 8100 Loulé :

XX **Henrique Leis,** Nordeste : 1,5 km ✆ (289) 39 34 38, Fax (289) 39 34 38, 🍽, « Terraço com ≤ » – 🍽 P. AE MC VISA. 🙅
fechado 15 novembro-15 dezembro e 5ª feira – **Refeição** - só jantar - lista 6100 a 7600
Espec. Sopa de peixes e crustáceos em crosta folhada. Medalhões de tamboril com sésamo, alho porro e molho de gengibre. Terrina de laranja e blini de alfarroba com sorvette de medronho.

XX **Jardim do Vale,** Nordeste : 1,8 km ✆ (289) 39 34 44, Fax (289) 39 37 84, 🍽, « Terraço com plantas » – 🍽 P. AE MC VISA. 🙅
fechado dezembro e domingo – **Refeição** - só jantar - lista 4240 a 6500.

ao Sudoeste – ✉ 8135 Almancil :

XXX **São Gabriel,** Estrada de Vale do Lobo a Quinta do Lago - 4 km, ✉ 8135-106, ✆ (289) 39 45 21, Fax (289) 39 64 08, 🍽, « Vila com terraço » – 🍽 P. AE MC VISA. 🙅
fechado dezembro-janeiro e 4ª feira – **Refeição** - só jantar - lista 6800 a 10700
Espec. Ravioli recheado com marisco e molho leve de manteiga. Camarões com molho picante de caril tailandês com ananás e arroz basmati. Sela de cordeiro no forno com ervas provençale, legumes e batatas gratinadas.

XX **Chez Angelo,** Corgo da Zorra - Estrada de Vale do Lobo - 4 km ✆ (289) 39 22 06, angelo@sdias.pt, Fax (289) 39 22 06 – 🍽 P. AE MC VISA. 🙅
fechado do 1 ao 26 de dezembro e domingo – **Refeição** - cozinha francesa, só jantar - lista 6400 a 7150.

XX **Mr. Freddie's,** Escanxinas - Estrada de Vale do Lobo - 2 km, ✉ 8135-117, ✆ (289) 39 36 51, 🍽 – 🍽 P. AE O MC VISA. 🙅
fechado dezembro – **Refeição** - só jantar - lista 2600 a 5850.

XX **Casa dos Pinheiros,** Corgo da Zorra - Estrada de Vale do Lobo - 3 km ✆ (289) 39 48 32, 🍽 – 🍽 P. AE MC VISA. 🙅
fechado dezembro e domingo – **Refeição** - peixes e mariscos, só jantar - lista 4400 a 7100.

em Vale do Lobo Sudoeste : 6 km – ✉ 8135 Almancil :

🏨 **Le Méridien Dona Filipa** 🍽, ✉ 8135-901, ✆ (289) 35 72 00, gm1298@forte-hotels.com, Fax (289) 35 72 01, ≤ pinhal, campo de golfe e mar, 🍽, 🏊 climatizada, 🐾, 🎾, 🎣 – 🛗 🍽 TV P. – 🎱 25/120. AE O MC VISA. 🙅
Refeição lista 4900 a 7300 - **141 qto** ⊇ 58000, 6 suites.

X **O Favo,** ✆ (289) 39 46 53, garcia-madeira@ip.pt, Fax (289) 39 46 53, 🍽 – 🍽. AE MC VISA. 🙅
fechado janeiro – **Refeição** lista 2970 a 6650.

ALMANCIL

em Vale do Garrão Sudoeste : 6 km – ✉ 8135 Almancil :

Ria Park, ✉ 8135-951, ℘ (289) 35 98 00, hotel@riaparkhotel.pt, Fax (289) 35 98 88, ≤, 斎, ［ර, ⊒, ≠ – ┆ ▤ TV ⅙ 巴 – 쥻 25/300. AE ① ⓜ VISA. ✲
fechado novembro-21 dezembro – **Refeição** – só jantar - 4200 – **175 qto** ☐ 38000/39000, 5 suites.

na Quinta do Lago Sul : 8,5 km – ✉ 8135-024 Almancil :

Quinta do Lago, ✉ 8135-024, ℘ (289) 35 03 50, reservations@quintadolagoh otel.com, Fax (289) 39 63 93, ≤ o Atlântico e ria Formosa, 斎, ［ර, ⊒ climatizada, ▤, ╔ₒ, ≠, ❊ – ┆ ▤ ▤ 巴 – 쥻 25/200. AE ① ⓜ VISA. ✲
Ca d'Oro (cozinha italiana, só jantar) **Refeição** lista 7350 a 8500 - **Navegadores : Refeição** lista 7350 a 8500 – **132 qto** ☐ 78000/85000, 9 suites.

Casa Velha, ℘ (289) 39 49 83, Fax (289) 59 15 86, 斎, « Antiga quinta com bela esplanada » – ▤ 巴. AE ⓜ VISA. JCB. ✲
fechado dezembro-janeiro e domingo – **Refeição** – só jantar, cozinha francesa - lista 7950 a 8500.

ALMEIDA 6350 Guarda **940** J 9 – 1 487 h.
Ver : Localidade★ – Sistema de fortificações★.
Lisboa 410 – Ciudad Rodrigo 43 – Guarda 49.

Pousada Senhora das Neves, ℘ (271) 57 42 90, enatur@mail.telepac.pt, Fax (271) 57 43 20, ≤ – ▤ TV 巴. AE ① ⓜ VISA. ✲
Refeição 3900 – **21 qto** ☐ 21400/23000.

ALMEIRIM 2080 Santarém **940** O 4 – 21 307 h.
Lisboa 88 – Santarém 7 – Setúbal 116.

O Novo Príncipe sem rest, Timor 1 ℘ (243) 57 06 00, Fax (243) 57 06 09 – ┆ ▤ TV ⅙ 巴. – 쥻 25/100. AE ⓜ VISA. ✲
40 qto ☐ 6500/9500.

ALMOUROL (Castelo de) Santarém **940** N 4.
Ver : Castelo★★ (sítio★★, ≤★).
Hotéis e restaurantes ver : **Abrantes** Este : 18 km.

ALPIARÇA 2090 Santarem **940** O 4.
Lisboa 93 – Fátima 68 – Santarém 11 – Setúbal 107.

A Casa da Emília, Rua Manuel Nunes Ferreira 101 ℘ (243) 55 63 16, 斎 – ▤. ✲
fechado do 1 ao 21 de novembro, 2ª feira e 3ª feira meio-dia – **Refeição** lista 2700 a 4450.

ALTE Faro **940** U 5 – ✉ 8100 Loulé.
Lisboa 314 – Albufeira 27 – Faro 41 – Lagos 63.

Alte H., Montinho - Nordeste : 1 km, ✉ 8100-012, ℘ (289) 47 85 23, altehotel@mail.t elepac.pt, Fax (289) 47 86 46, ≤, ⊒, ❊ – ┆ ▤ TV ⅙ 巴 – 쥻 25/150. AE ① ⓜ VISA. ✲
Refeição 2400 – **24 qto** ☐ 11000/14500, 2 suites – PA 4500.

ALTO DA SERRA Santarém – ver Rio Maior.

ALTURA Faro **940** U 7 – ✉ 8950 Castro Marim – Praia.
Lisboa 352 – Ayamonte 6,5 – Faro 47.

Azul Praia sem rest, Sítio da Alagoa - Sul : 1 km, ✉ 8950-437, ℘ (281) 95 68 71, Fax (281) 95 68 87, ⊒, ❊ – ┆ ▤ TV 巴. AE ① ⓜ VISA. ✲
27 qto ☐ 12600/15600.

O Infante, Estrada N 125 - Este : 1 km ℘ (281) 95 68 17 – ▤ 巴. AE ① ⓜ VISA. ✲
fechado do 15 ao 30 de março e 4ª feira – **Refeição** lista 2250 a 3250.

A Chaminé, Sítio da Alagoa - Sul : 1 km ℘ (281) 95 01 00, Fax (281) 95 01 02 – ▤. AE ① ⓜ VISA. ✲
fechado do 15 ao 30 de novembro e 3ª feira – **Refeição** lista 2530 a 3610.

Fernando, Sítio da Alagoa - Sul : 1 km ℘ (281) 95 64 55, 斎 – ▤ 巴. AE ⓜ VISA. ✲
fechado do 15 de janeiro e 2ª feira – **Refeição** lista aprox. 4200.

Ti-Zé, Estrada N 125, ✉ 8950-414, ℘ (281) 95 61 61, luis-846@elix.pt, 斎 – ▤. ⓜ VISA. ✲
fechado 16 outubro-novembro e 3ª feira – **Refeição** lista 2350 a 3730.

ALTURA

pela estrada da Manta Rota Sudoeste : 3 km – ✉ 8900 Vila Real de Santo António :

🏨 **Estalagem Oásis** ⚐, Praia da Lota ✆ (281) 95 16 60, estalagem.oasis@mail.telepac.pt, Fax (281) 95 16 44, ≤, 🛋 – 🗏 📺 🅿. 🖭 ⓞ ⓜ 🆅🆂🅰. ⚝
3 fevereiro-outubro – **Refeição** 2600 – **20 qto** ⚌ 20800/25800, 2 suites.

ALVITO 7920 Beja ₉₄₀ R 6 – 1 403 h.
Lisboa 161 – Beja 39 – Grândola 73.

🏯 **Pousada Castelo de Alvito** ⚐, Largo do Castelo ✆ (284) 48 53 43, enatur@mail.telepac.pt, Fax (284) 48 53 83, « Antigo castelo. Belo jardim con 🛋 » – 📶 🗏 📺 ♿ – 🅿 25/40. 🖭 ⓞ ⓜ 🆅🆂🅰. ⚝
Refeição lista 5300 a 5800 – **20 qto** ⚌ 29800/31900.

AMARANTE 4600 Porto ₉₄₀ I 5 – 10 738 h. alt. 100.
Ver : Localidade★, Igreja do convento de S. Gonçalo (órgão★) – Igreja de S. Pedro (tecto★).
Arred. : Travanca : Igreja (capitéis★) Noroeste : 18 km por N 15, Estrada de Amarante a Vila Real ≤★ Picão de Marão★★.
🛈 Rua Cândido dos Reis ✆ (255) 43 29 80 e Alameda Teixeira de Pascoaes ✆ (255) 43 22 59.
Lisboa 372 – Porto 64 – Vila Real 49.

🏨 **Navarras** sem rest, Rua António Carneiro, ✉ 4600-049, ✆ (255) 43 10 36, Fax (255) 43 29 91 – 📶 🗏 📺 🅿 – 🅿 25/150. 🖭 ⓞ ⓜ 🆅🆂🅰. ⚝
61 qto ⚌ 9800/11900.

🏨 **Albergaria Dona Margaritta** sem rest, Rua Cândido dos Reis 53 ✆ (255) 43 21 10, Fax (255) 43 79 77, ≤ – 📶 🗏 📺. ⚝
22 qto ⚌ 6500/9000.

na estrada N 15 Sudeste : 19,5 km – ✉ 4600 Amarante :

🏨 **Pousada de S. Gonçalo** ⚐, Serra do Marão - alt. 885, ✉ 4600-909, ✆ (255) 46 11 23, enatur@mail.telepac.pt, Fax (255) 46 13 53, ≤ Serra do Marão – 🗏 rest, 📺 🅿. 🖭 ⓞ ⓜ 🆅🆂🅰. ⚝
Refeição lista 3400 a 5400 – **15 qto** ⚌ 19800/21400.

AMARES 4720 Braga ₉₄₀ H 4.
Lisboa 371 – Braga 15 – Porto 64 – Vigo 99.

✕ **Tapada**, Largo Dom Gualdim Pais ✆ (253) 99 35 55, 🍽, « Conjunto rústico regional » – ⚝
fechado 2ª feira – **Refeição** lista 3100 a 3800.

APÚLIA Braga – ver Fão.

ARCOS DE VALDEVEZ 4970 Viana do Castelo ₉₄₀ G 4.
🛈 Av. Marginal ✆ (258) 51 60 01 Fax (258) 51 60 01.
Lisboa 416 – Braga 36 – Viana do Castelo 45.

🏨 **Costa do Vez**, Estrada de Monção, ✉ 4970-483, ✆ (258) 52 12 26, Fax (258) 52 11 57 – 🗏 📺 🅿. 🖭 ⓞ ⓜ 🆅🆂🅰. ⚝
Refeição - ver rest. **Grill Costa do Vez** – **15 qto** ⚌ 5000/9000.

✕ **Grill Costa do Vez** – Hotel Costa do Vez, Estrada de Monção, ✉ 4970-483, ✆ (258) 51 61 22, Fax (258) 52 11 57 – 🗏 🅿. 🆅🆂🅰. ⚝
fechado outubro e 2ª feira – **Refeição** - grelhados - lista 2700 a 4100.

AREIAS DE PORCHES Faro – ver Armação de Pêra.

AREIAS DE SÃO JOÃO Faro – ver Albufeira.

ARGANIL 3300 Coimbra ₉₄₀ L 5 – 3 163 h. alt. 115.
🛈 Av. das Forças Armadas - Casa Municipal da Cultura ✆ (235) 20 48 23 Fax (235) 20 48 23.
Lisboa 260 – Coimbra 60 – Viseu 80.

🏨 **De Arganil** sem rest, Av. das Forças Armadas, ✉ 3300-060, ✆ (235) 20 59 59, Fax (235) 20 51 23 – 📶 📺 – 🅿 25/150. 🖭 ⓞ ⓜ 🆅🆂🅰. ⚝
34 qto ⚌ 6500/9000.

🏨 **Canário** sem rest, Rua Oliveira Matos, ✉ 3300-062, ✆ (235) 20 24 57, Fax (235) 20 53 68 – 📶 🗏 📺. 🖭 ⓞ ⓜ 🆅🆂🅰. ⚝
24 qto ⚌ 6500/9000.

ARMAÇÃO DE PÊRA 8365 Faro 940 U 4 – 2 894 h. – Praia.

Ver : passeio de barco★★ : grutas marinhas★★.
🅿 Av. Marginal ℰ (282) 31 21 45.
Lisboa 315 – Faro 47 – Lagos 41.

Náutico, Vale do Olival ℰ (282) 31 00 00, vilagalemarina@mail.telepac.pt, Fax (282) 31 00 60, 🍴, ♨, ≋, ▭ – 🛗 ▭ 📺 ♿ ⇔ 🅿 – 🚗 25/140. AE ① ⑩ VISA. ※
Refeição 3900 – **189 qto** ⇌ 24900/29250, 22 suites – PA 6900.

Garbe, Av. Marginal ℰ (282) 31 51 87, hotelgarbe@mail.telepac.pt, Fax (282) 31 50 87, ≤, 🍴, ≋ climatizada – 🛗 ▭ 📺 🅿 AE ⑩ VISA. ※
Refeição 2900 – **152 qto** ⇌ 21000/36500 – PA 5800.

Algar sem rest, Av. Beira Mar, ✉ 8365-101, ℰ (282) 31 47 32, info@hotel-algar.com, Fax (282) 31 47 33, ≤, ♨ – 🛗 ▭ 📺 AE ⑩ VISA. ※
⇌ 1000 – **47 apartamentos** 18500/23000.

Levante H. ♨, Quindas Porches ℰ (282) 31 09 00, Fax (282) 31 09 99, ≤, ≋ – 🛗 ▭ 📺 🅿 AE ⑩ VISA. ※
Refeição - só buffet - 4000 – **81 qto** ⇌ 26500/33000.

Santola, Largo da Fortaleza ℰ (282) 31 23 32, Fax (282) 31 36 51, ≤, 🍴 – AE ① ⑩ VISA JCB. ※
Refeição lista 3200 a 4500.

ao Oeste – ✉ 8365 Armação de Pêra :

Vila Vita Parc ♨, Alporchinhos - 2 km, ✉ 8365-911, ℰ (282) 31 01 00, reservas @vilavitaparc.com, Fax (282) 31 53 33, ≤, 🍴, Serviços de terapêutica, « Conjunto em bela harmonia rodeado de jardins junto ao mar », ♨, ≋ climatizada, ▭, 🐎, ※, 🎾 – 🛗 ▭ 📺 ♿ ⇔ 🅿 – 🚗 25/500. AE ① ⑩ VISA. ※
Aladin Grill (só jantar) Refeição lista 5050 a 9850 - **Atlántico** (só jantar, fechado novembro-20 dezembro e 3 janeiro-Fevereiro) Refeição lista 6850 a 10150 - **Bela Vita** (só jantar salvo novembro-fevereiro, fechado 6ª feira noite) Refeição lista 5800 a 8000 – **151 qto** ⇌ 55400/69200, 19 suites, 24 apartamentos.

Sofitel Vilalara Thalasso ♨, Praia das Gaivotas - 2,5 km ℰ (282) 32 00 00, h2987@a ccor-hotels.com, Fax (282) 31 49 56, Serviços de talassoterapia, « Num complexo de luxo rodeado de magníficos jardins floridos junto ao mar », ♨, ≋ climatizada, ▭, 🐎, ※ – 📺 ⇔ 🅿 AE ① ⑩ VISA. ※
Refeição 6000 – **89 qto** ⇌ 36000/52000, 2 suites, 68 apartamentos – PA 12000.

Albergaria N. Senhora da Rocha sem rest, Praia Nossa Senhora da Rocha - 3 km ℰ (282) 31 57 52, Fax (282) 31 57 54 – 🛗 ▭ 📺 ⇔ 🅿 AE ① ⑩ VISA. ※
fechado 15 novembro-25 dezembro – **30 qto** ⇌ 15000/20000.

Casa Bela Moura sem rest, Estrada de Porches - 2 km ℰ (282) 31 34 22, garcialuis @net.sapo.pt, Fax (282) 31 30 25, ≋ – 🅿. ※
fechado novembro-dezembro – **13 qto** ⇌ 10500/13500.

em Areias de Porches Noroeste : 4 km – ✉ 8400 Lagoa :

Albergaria D. Manuel, ✉ 8400-452, ℰ (282) 31 38 03, Fax (282) 31 32 66, 🍴, ≋ – ▭ 📺 ♿ 🅿 AE ① ⑩ VISA. ※
Refeição (fechado dezembro, janeiro e 3ª feira) 2200 – **43 qto** ⇌ 12000/13500 – PA 4000.

ARRAIOLOS 7040 Évora 940 P 6 – 3 479 h.

Lisboa 125 – Badajoz 102 – Évora 22 – Portalegre 103 – Setubal 94.

Pousada Nossa Senhora da Assunção ♨, Quinta dos Loios - Norte : 1 km, ✉ 7044-909, ℰ (266) 41 93 40, enatur@mail.telepac.pt, Fax (266) 41 92 80, « Antigo convento dos Loios decorado num estilo alentejano em pleno campo », ≋, ※ – 🛗 ▭ 📺 🅿 – 🚗 25/120. AE ① ⑩ VISA. ※
Refeição lista 4650 a 6250 – **30 qto** ⇌ 29800/31900, 2 suites.

AVEIRO 3800 🅿 940 K 4 – 39 079 h.

Ver : Bairro dos canais★ (canal Central, canal de São Roque) Y – Antigo Convento de Jesus★★ : Igreja★★ (capela-mor★★, coro baixo★, túmulo da princesa Santa Joana★★), Museu★★ (retrato da princesa Santa Joana★) Z.
Arred. : Ria de Aveiro★.
🚙 ℰ (234) 42 44 85.
🅿 Rua João Mendonça 8 ✉ 3800-200 ℰ (234) 42 36 80 Fax (234) 42 83 26 – **A.C.P.** Av. Dr. Lourenço Peixinho 89 - D ✉ 3800-165 ℰ (234) 42 25 71 Fax (234) 42 52 20.
Lisboa 252 ② – Coimbra 56 ② – Porto 70 ① – Vila Real 170 ① – Viseu 96 ①

AVEIRO

Antónia Rodrigues (R.)	Y	3
Apresentação (Largo da)	Y	4
Belém do Pará	Y	6
Bourges (Rua de)	X	7
Capitão Sousa Pizarro (R.)	Z	9
Clube dos Galitos (R.)	Y	10
Coimbra (R.)	Y	12
Comb. da Grande Guerra (R.)	Z	13
Dr Francisco Sá Carneiro (R.)	X	14
Dr Lourenço Peixinho (Av.)		
Eça de Queirós (R.)	Z	15
Eng. Adelino Anaro da Costa (R.)	X	16
Eng. Pereira da Silva (R.)	Y	17
Gustavo F.P.-Basto (R.)	Z	18
Hintze Ribeiro (R.)	Y	19
Humberto Delgado (Praça)	Y	21
Jorge de Lencastre (R.)	Y	22
José Estêvão (R.)	Y	24
José Luciano de Castro (R.)	X	25
José Rabumba (R.)	Y	27
Luís de Magalhães (R. do C.)	Y	28
Mario Sacramento (R.)	X	30
Marquês de Pombal (Praça)	Z	31
Milenário (Praça do)	Z	33
República (Praça da)	Y	34
Sá (Rua de)	X	36
Santa Joana (Rua)	Y	37
Santo António (Largo de)	Z	39
Viana do Castelo (R.)	Y	40
5 de Outubro (Av.)	Y	42
14 de Julho (Praça)	Y	

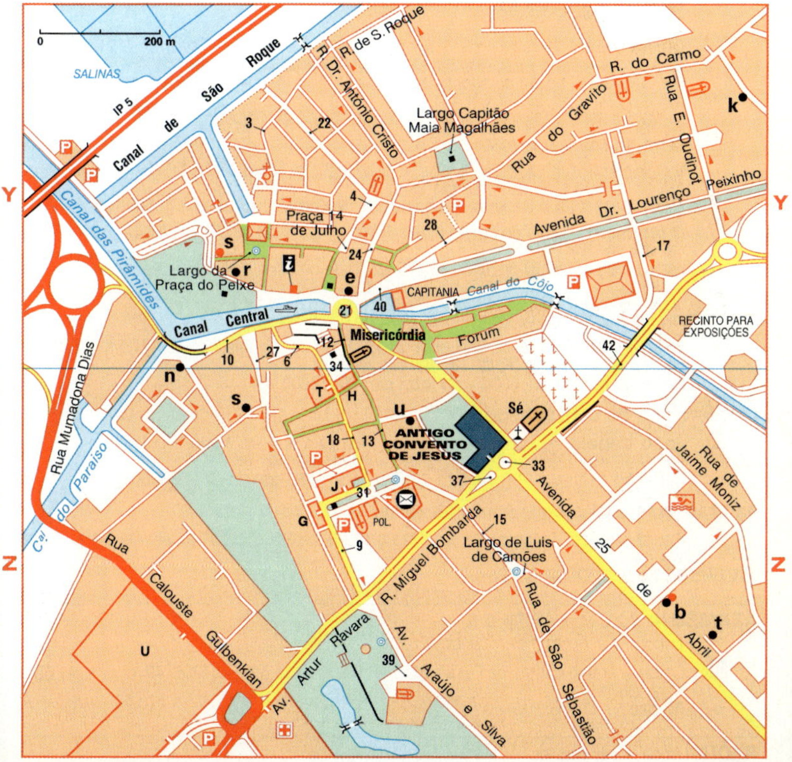

AVEIRO

Imperial, Rua Dr. Nascimento Leitão, ✉ 3810-108, ☎ (234) 38 01 50, *hotel.imperial @mail.telepac.pt*, Fax *(234) 38 01 51* – 📶 🍽 📺 ♿ 🅿 – 🍴 25/250. AE ① ⓂⓈ VISA JCB. ❄ rest   Z u
Refeição 3200 – **103 qto** 🛏 11500/14800, 4 suites.

Afonso V ⚜, Rua Dr. Manuel das Neves 65, ✉ 3810-101, ☎ (234) 42 51 91, *afonsov@ciberguia.pt*, Fax *(234) 38 11 11* – 📶 🍽 📺 🚗 – 🍴 25/450. AE ⓂⓈ VISA   Z b
Refeição - ver rest. *A Cozinha do Rei* – **76 qto** 🛏 9550/13350, 4 suites.

Moliceiro sem rest, Rua Barbosa de Magalhães 15, ✉ 3800-154, ☎ (234) 37 74 00, *hotelmoliceiro@hotelmoliceiro.com*, Fax *(234) 37 74 01* – 📶 🍽 📺 ♿. AE ① ⓂⓈ VISA. ❄
20 qto 🛏 12000/15000.   Y r

As Américas ⚜ sem rest, Rua Eng. Von Hafe 20, ✉ 3800-176, ☎ (234) 38 46 40, Fax *(234) 38 42 58* – 📶 🍽 📺 ♿ 🚗 – 🍴 25/150. AE ① ⓂⓈ VISA. ❄   Y k
68 qto 🛏 11900/15200, 2 suites.

Mercure Aveiro sem rest, Rua Luís Gomes de Carvalho 23, ✉ 3808-211, ☎ (234) 40 44 00, *r2934@accor.botcis.com*, Fax *(234) 40 44 01* – 📶 🍽 📺 ♿ 🚗. AE ① ⓂⓈ VISA
45 qto 🛏 14000/17000.   X d

Jardim Afonso V ⚜, Praceta D. Afonso V, ✉ 3810-094, ☎ (234) 42 65 42, *afonsovjardim@ciberguia.pt*, Fax *(234) 42 41 33* – 📶 🍽 📺 🚗 – 🍴 25/70. AE ⓂⓈ VISA   Z t
Refeição - ver rest. *A Cozinha do Rei* – **48 qto** 🛏 9750/12950.

Arcada sem rest, Rua Viana do Castelo 4, ✉ 3800-275, ☎ (234) 42 30 01, Fax *(234) 42 18 86* – 📶 📺. AE ① ⓂⓈ VISA   Y e
43 qto 🛏 8900/10600, 6 suites.

Do Alboi sem rest, Rua da Arrochela 6, ✉ 3810-052, ☎ (234) 38 03 90, *alboi@mail.ciberguia.pt*, Fax *(234) 38 03 91* – 📺. AE ① ⓂⓈ VISA   Z s
22 qto 🛏 7500/9800.

Hotelaria do Albôi sem rest, Rua da Liberdade 10, ✉ 3810-126, ☎ (234) 40 41 90, Fax *(234) 40 41 91* – 📺   YZ n
18 qto 🛏 7000/9500.

Olaria, Centro Cultural e de Congressos de Aveiro, ✉ 3810-200, ☎ (234) 38 42 21, *ria-anima@netc.pt*, Fax *(234) 38 41 39*, 🌿 – 🍽. AE ① ⓂⓈ VISA. ❄   X a
fechado do 15 ao 31 de agosto e domingo – **Refeição** lista 2450 a 3800.

A Cozinha do Rei - *Hotéis Afonso V e Jardim Afonso V*, Rua Dr. Manuel das Neves 66, ✉ 3810-101, ☎ (234) 42 68 02, Fax *(234) 42 88 20* – 🍽. VISA   Z b
Refeição lista aprox. 3950.

Salpoente, Rua Canal São Roque 83, ✉ 3800, ☎ (234) 38 26 74, Fax *(234) 42 52 10*, Antigo armazém de sal – 🍽. ⓂⓈ VISA. ❄   X b
fechado do 1 ao 6 de janeiro e domingo – **Refeição** lista 2400 a 4900.

O Moliceiro, Largo do Rossio 6, ✉ 3800, ☎ (234) 42 08 58, Fax *(234) 42 08 58* – 🍽. ① ⓂⓈ VISA. ❄   Y s
fechado do 15 ao 30 de junho, do 15 ao 30 de outubro e 5ª feira – **Refeição** lista 2050 a 3350.

em Cacia pela estrada N 16 : 7 km – ✉ 3800-507 Aveiro :

João Padeiro, Rua da República ☎ (234) 91 13 26, Fax *(234) 91 27 51*, « Elegante decoração » – 📶 📺 🅿. AE ① ⓂⓈ VISA. ❄
Refeição lista aprox. 6000 – **27 qto** 🛏 5800/8800.

pela estrada de Cantanhede N 335 por ② : 8 km – ✉ 3810 Costa do Valado :

João Capela ⚜, Quinta do Picado (saída pela Rua Dr. Mario Sacramento) ☎ (234) 94 15 97, Fax *(234) 94 19 70*, 🏊, ❄ – 📺 🅿. ⓂⓈ VISA. ❄
Refeição *(fechado 2ª feira)* lista 2150 a 3350 – **30 qto** 🛏 6000/8500.

na Praia da Barra por ④ : 9 km – ✉ 3830-753 Gafanha da Nazaré :

Farol sem rest, Largo do Farol ☎ (234) 39 06 00, Fax *(234) 39 06 06* – 📶 📺 ♿. AE ⓂⓈ VISA. ❄
12 qto 🛏 12500, 3 suites.

AZAMBUJA 2050 Lisboa 940 O 3.

Lisboa 51 – Évora 134 – Santarém 28.

Gaibéu, Antigo Campo da Feira - E.N.3 ☎ (263) 40 16 41, Fax *(263) 40 17 47* – 🍽 📺 🅿 – 🍴 25/150
40 qto.

AZÓIA *Lisboa – ver Colares.*

AZURARA Porto – ver Vila do Conde.

BARCELOS 4750 Braga 940 **H 4** – 9 689 h. alt. 39.

Ver : Interior★ da Igreja Matriz, Igreja de Nossa Senhora do Terço★, (azulejos★).
B Torre da Porta Nova ℘ (253) 81 18 82 Fax (253) 82 21 88.
Lisboa 366 – Braga 18 – Porto 48.

Dom Nuno sem rest, Av. D. Nuno Álvares Pereira 76 ℘ (253) 81 28 10, Fax (253) 81 63 36 – 🛗 TV. AE ⓂⒺ VISA. ⚡
27 qto ⇌ 7500/9000.

Pérola, Av. D. Nuno Álvares Pereira 50 ℘ (253) 82 13 63, Fax (253) 81 63 12 – ▣. AE ⓄⒶ ⓂⒺ VISA. ⚡
Refeição lista aprox. 3700.

Bagoeira, Av. Dr. Sidónio Pais 495 ℘ (253) 81 12 36, Fax (253) 82 45 88, Rest. típico – ▣. AE ⓂⒺ VISA. ⚡
Refeição lista 2300 a 4000.

*Jährlich eine neue Ausgabe, jährlich eine Ausgabe, die lohnt :
jährlich für Sie !*

BARROSINHA Setúbal – ver Alcácer do Sal.

BATALHA 2440 Leiria 940 **N 3** – 3 209 h. alt. 71.

Ver : Mosteiro★★★ : Claustro Real★★★, igreja★★ (vitrais★, capela do Fundador★), Sala do Capítulo★★ (abóbada★★★, vitral★), Capelas imperfeitas★★ (portal★★) – Lavabo dos Monges★, Claustro de D. Afonso V★.
B Praça Mouzinho de Albuquerque ℘ (244) 76 51 80.
Lisboa 120 – Coimbra 82 – Leiria 11.

Pousada do Mestre Afonso Domingues, Largo Mestre Afonso Domingues 6, ✉ 2440-102, ℘ (244) 76 52 60, enatur@mail.telepac.pt, Fax (244) 76 52 47 – ▣ TV 🅿. AE ⓄⒶ ⓂⒺ VISA. ⚡
Refeição 4000 – **19 qto** ⇌ 21400/23000, 2 suites – PA 8000.

Batalha sem rest, Largo da Igreja, ✉ 2440-100, ℘ (244) 76 75 00, Fax (244) 76 74 67 – ▣ TV 🅿. AE ⓄⒶ ⓂⒺ VISA. JCB
22 qto ⇌ 7000/10000.

Casa do Outeiro sem rest, Largo Carvalho do Outeiro 4, ✉ 2440-108, ℘ (244) 76 58 06, Fax (244) 76 58 06, ≤, ≥ – TV 🅿. AE ⓂⒺ VISA
8 qto ⇌ 8000/11000.

Dom Duarte, Praça D. João I-5 C, ✉ 2440-108, ℘ (244) 76 63 26, Fax (244) 76 63 26 – ▣. AE ⓂⒺ VISA. ⚡
Refeição lista 2100 a 3100.

na estrada N 1 Sudoeste : 1,7 km – ✉ 2440-011 Batalha :

São Jorge ⚘, Casal da Amieira ℘ (244) 76 52 10, motelsjorge@mail.telepac.pt, Fax (244) 76 53 13, ≤, ≥, ≋, ⚡ – ▣ rest, TV 🅿 – 🛎 25/90. ⓂⒺ VISA. ⚡
Refeição 2400 – **47 qto** ⇌ 8000/10000, 10 apartamentos.

BEJA 7800 🅿 940 **R 6** – 19 212 h. alt. 277.

Ver : Antigo Convento da Conceição★, BZ – Castelo (torre de menagem★) BY.
B Rua Capitão João Francisco de Sousa 25 ℘ (284) 31 19 13.
Lisboa 194 ④ – Évora 78 ① – Faro 186 ③ – Huelva 177 ② – Santarém 182 ④ – Setúbal 143 ④ – Sevilla 223 ②

Plano página siguiente

Pousada de São Francisco, Largo D. Nuno Álvares Pereira, ✉ 7801-901, ℘ (284) 32 84 41, enatur@mail.telepac.tp, Fax (284) 32 91 43, ⚘, « Instalado num convento do século XIII. Capela », ≥, ≋, ⚡ – 🛗 ▣ TV ♿ 🅿 – 🛎 25/350. AE ⓄⒶ ⓂⒺ VISA. ⚡
Refeição lista aprox. 4750 – **34 qto** ⇌ 29800/31900, 1 suite.
CZ a

Melius, Av. Fialho de Almeida ℘ (284) 32 18 22, Fax (284) 32 18 25, 🗗 – 🛗 ▣ TV ♿ ⇌ – 🛎 25/200. AE ⓄⒶ ⓂⒺ VISA. ⚡
Refeição - ver rest. **Melius** – **54 qto** ⇌ 9500/11500, 6 suites.
A b

BEJA

Abel Viana	**BY**	2
Acoutados (R. dos)	**CZ**	3
Almeida Garrett	**CZ**	5
Antonio Raposo Tavares (R.)	**CY**	7
Biscainha (R. da)	**CZ**	9
Branca (R. da)	**CZ**	10
Conde de Boavista (R.)	**BCZ**	13
Conselheiro Menezes (R.)	**BY**	15
Dinis (R. de)	**BY**	17
Dom Manuel (R.)	**BY**	19
Dr. Antonio J. Almeida	**BY**	21
Dr. Brito Camacho (R.)	**BZ**	22
Dr. Manuel Arriaga (R.)	**CZ**	24
Frei Manuel do Cenaculo (R.)	**CYZ**	28
Infantaria (R. da)	**CZ**	30
Jacinto Freire de Andrade (R.)	**CZ**	31
Marquès de Pombal (R.)	**CZ**	34
Portas de Aljustrel (R. das)	**BZ**	39
Portas de Mertola (R. das)	**CZ**	40
Prof. José Sebastião e Silva	**CZ**	42
Santo Amaro (Largo de)	**BY**	46
Vasco da Gama (Av.)	**CZ**	49

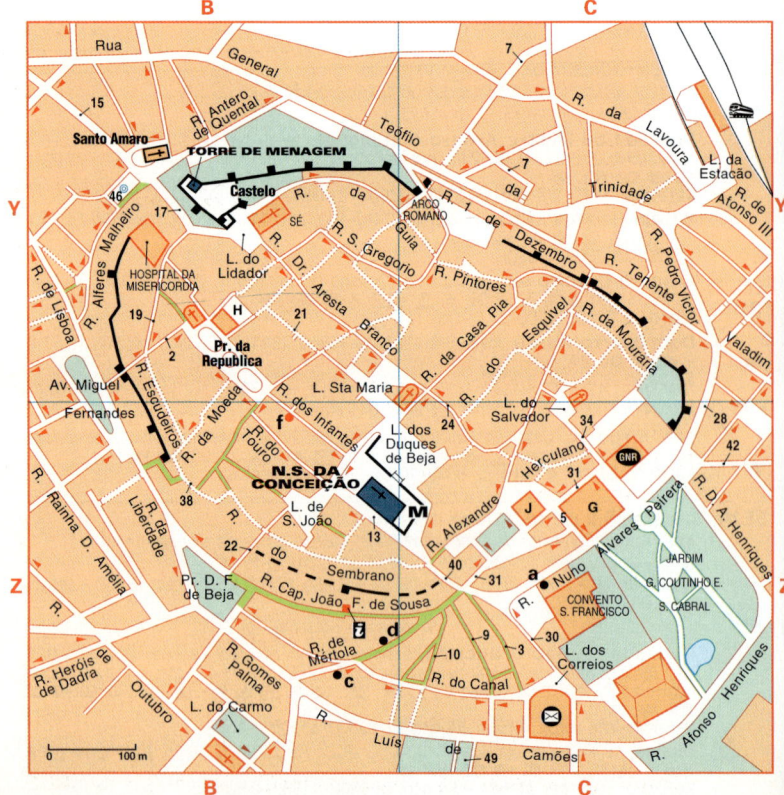

BEJA

🏠 **Cristina** sem rest, Rua de Mértola 71, ✉ 7800-475, ℰ (284) 32 30 35, Fax (284) 32 04 60 – 🛗 🗉 TV. AE ① ⓜ VISA. ✄ BZ **c**
31 qto ⇌ 7600/10000.

🏠 **Santa Bárbara** sem rest, Rua de Mértola 56, ✉ 7800-475, ℰ (284) 32 20 28, Fax (284) 32 12 31 – 🛗 🗉 TV. AE ⓜ VISA. ✄ BZ **d**
26 qto ⇌ 6000/8500.

✕ **Melius** - Hotel Melius, Av. Fialho de Almeida 68 ℰ (284) 32 98 69, Fax (284) 32 18 25
– 🗉. AE ① ⓜ VISA A **b**
fechado do 7 ao 31 de agosto, domingo noite e 2ª feira – **Refeição** lista aprox. 3600.

✕ **Os infantes,** Rua dos Infantes 14 ℰ (284) 227 89 – 🗉. AE ⓜ VISA. ✄ BZ **f**
fechado 4ª feira – **Refeição** lista aprox. 4000.

BELMONTE 6250 Castelo Branco 940 K 7.
Ver : Castelo (✻★)- Torre romana de Centum Cellas★ Norte : 4 km.
🛈 Praça da República 18 ℰ (275) 91 14 88.
Lisboa 338 – Castelo Branco 82 – Guarda 20.

na estrada N 18 Noroeste : 3 km – ✉ 6250-076 Belmonte :

🏠🏠 **Belsol,** ✉ 6250-076, ℰ (275) 91 22 06, hotel.belsol@mail.telepac.pt, Fax (275) 91 23 15, ≤, ⟁, 🐎, ✕ – 🛗 🗉 TV 🅿 – 🅰 25/300. AE ① ⓜ VISA JCB. ✄
Refeição lista aprox. 2600 – **55 qto** ⇌ 8000/10500.

BOAVISTA 2410 Leiria 940 M 3.
Lisboa 136 – Coimbra 64 – Fátima 52 – Leiria 7.

✕✕ Morgatões, Estrada N I - Norte : 1,5 km ℰ (244) 72 06 60, Fax (244) 72 06 69 – 🗉 🅿.

BOLEIROS Santarém – ver Fátima.

BOM JESUS DO MONTE Braga – ver Braga.

BOMBARRAL 2540 Leiria 940 O 2 – 4 623 h.
🛈 Largo do Município (Palácio Gorjão) ℰ (262) 60 90 53 Fax (262) 60 90 41.
Lisboa 76 – Leira 84 – Óbidos 12 – Santarém 58.

🏠🏠 **Comendador** sem rest, Largo Comendador João Ferreira dos Santos ℰ (262) 60 16 38, Fax (262) 60 16 39 – 🛗 🗉 TV 👤 🚗 🅿 – 🅰 25/200. AE ① ⓜ VISA. ✄
51 qto ⇌ 7500/10500.

✕ **Dom José,** Rua Dr. Alberto Martins dos Santos 4 ℰ (262) 60 43 84 – 🗉. AE ① ⓜ VISA. ✄
fechado 20 dezembro-8 janeiro e 2ª feira – **Refeição** lista aprox. 3500.

BOTICAS 5460 Vila Real 940 G 7 – 852 h. alt. 490 – Termas.
Lisboa 471 – Vila Real 62.

em Carvalhelhos Oeste : 8 km – ✉ 5460 Boticas :

🏠🏠 **Estalagem de Carvalhelhos** ⟁, ✉ 5460-130, ℰ (276) 41 51 50, carvalhelhos@mail .telepac.pt, Fax (276) 41 51 74, « Num quadro de verdura », 🐎 – TV 🅿 AE ⓜ VISA. ✄
Refeição 2300 – **20 qto** ⇌ 6500/8000 – PA 4000.

BOURO Braga 940 H 5 – ✉ 4720 Amares.
Lisboa 370 – Braga 35 – Guimarães 43 – Porto 85.

🏠🏠🏠 **Pousada de Santa Maria do Bouro,** ✉ 4720-688, ℰ (253) 37 19 70, enatur@m ail.telepac.pt, Fax (253) 37 19 76, « Antigo convento beneditino », ⟁, 🐎, ✕ – 🛗 🗉 TV 🅿 – 🅰 25/150. AE ① ⓜ VISA. ✄
Refeição lista aprox. 3800 – **30 qto** ⇌ 29800/31900, 2 suites.

BRAGA 4700 🅿 940 H 4 – 86 316 h. alt. 190.
Ver : Sé Catedral★ Z : estátua da Senhora do Leite★, interior★ (abóbada★, altar flamejante★, caixas de órgãos★) – Tesouro★, capela da Glória★ (túmulo★).
Arred. : Santuário de Bom Jesus do Monte★★ (perpectiva) 6 km por ① – Capela de São Fructuoso de Montélios★ 3,5 km por ⑥ -Monte Sameiro★ (✻★★) 9 km por ①.
Excurs. : Nordeste : Cávado (Alto Vale do rio)★ 171 km por ①.
🛈 Av. da Liberdade 1 ✉ 4710-250 ℰ (253) 26 25 50 Fax (253) 61 33 87 – **A.C.P.** Av. Conde D. Henrique 72 ✉ 4700-214 ℰ (253) 61 70 14 Fax (253) 61 67 00.
Lisboa 368 ③ – Bragança 223 ⑤ – Pontevedra 122 ① – Porto 54 ③ – Vigo 103 ⑤

BRAGA

Abade Loureira (Rua)	Y 3
Biscainhos (Rua dos)	Y 4
Caetano Brandão (Rua)	Z 6
Capelistas (R. dos)	Y 7
Carmo (Rua do)	Y 9
Central (Avenida)	Y 10
Chãos (Rua dos)	Y 12
Conde de Agrolongo (Praça)	Y 13
Dom Afonso Henriques (Rua)	Z 15
Dom Diogo de Sousa (Rua)	YZ 16
Dom Gonç. Pereira (Rua)	Z 18
Dom Paio Mendes (Rua)	Z 19
Dr. Gonçalo Sampaio (Rua)	Z 21
Franc. Sanches (Rua)	Z 22
General Norton de Matos (Av.)	Y 24
Nespereira (Avenida)	Y 25
São João do Souto (Praça)	Z 27
São Marcos (Rua)	YZ 28
São Martinho (Rua de)	Y 30
São Tiago (Largo de)	Z 31
Souto (Rua do)	YZ 33

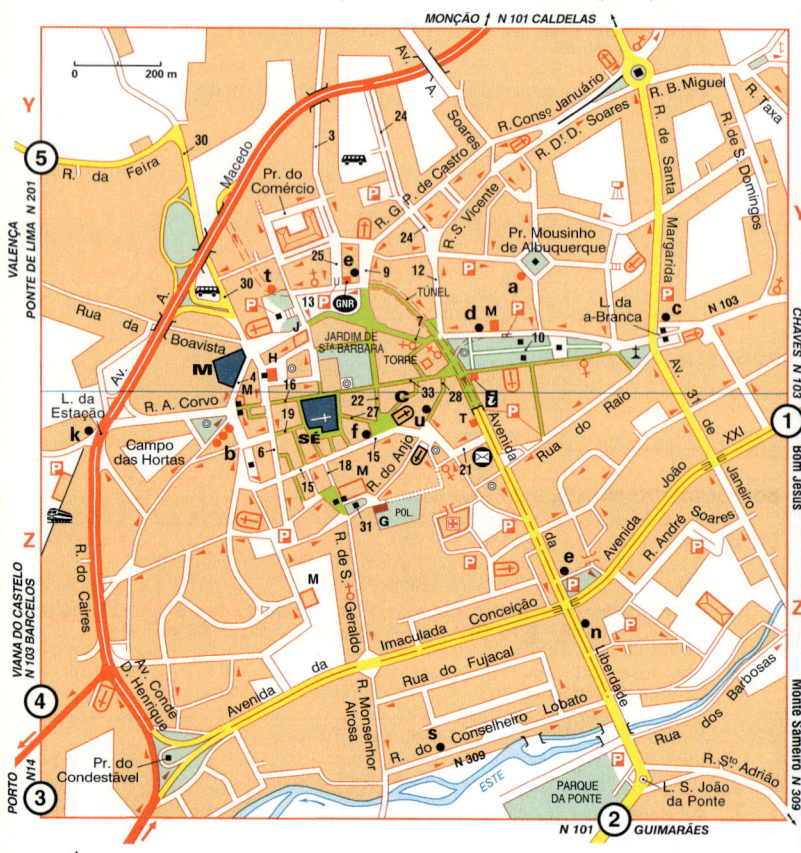

Turismo, Praceta João XXI, ⌧ 4710-245, ℰ (253) 61 22 00, Fax (253) 61 22 11, — 25/300. AE ⓘ ⓜⓒ VISA. ⁕
Refeição 2200 – **110 qto** ⌧ 11600/14400, 22 suites – PA 4400. Z e

Estação, Largo da Estação 13, ⌧ 4700, ℰ (253) 21 83 81, hotelestacao@mail.telepac.pt, Fax (253) 27 68 10 – AE ⓜⓒ VISA. ⁕
Petrópolis (fechado domingo) Refeição lista aprox. 3500 – **51 qto** ⌧ 11000/14100. Z k

D. Sofia sem rest, Largo S. João do Souto 131, ⌧ 4700-326, ℰ (253) 26 31 60, Fax (253) 61 12 45 – 25/60. AE ⓜⓒ VISA. ⁕
34 qto ⌧ 9000/13000. Z f

Albergaria Senhora-a-Branca sem rest, Largo da Senhora-a-Branca 58, ⌧ 4710, ℰ (253) 26 99 38, Fax (253) 26 99 37 – AE ⓘ ⓜⓒ VISA. ⁕
20 qto ⌧ 7000/9500. Y c

Carandá sem rest, Av. da Liberdade 96, ⌧ 4710-250, ℰ (253) 61 45 00, Fax (253) 61 45 50 – AE ⓘ ⓜⓒ VISA. ⁕
82 qto ⌧ 8800/10900. Z n

Dom Vilas sem rest, Rua Conselheiro Lobato 434, ⌧ 4700-338, ℰ (253) 61 68 18, Fax (253) 61 68 19 – AE ⓘ ⓜⓒ VISA. ⁕
32 qto ⌧ 8000/12500. Z s

BRAGA

🏨 **São Marcos** sem rest, Rua de São Marcos 80, ✉ 4700-328, ✆ (253) 27 71 77,
Fax (253) 27 71 77 – 📶 🚻 📺 AE ⦿ 💳 VISA. ⚡   Z u
13 qto ⛳ 7000/8500.

🏨 **Ibis Braga** sem rest, Rua do Carmo 13, ✉ 4700, ✆ (253) 61 08 60, *Fax (253) 61 08 63*
– 📶 🚻 📺 ♿ ⇔ – 🏊 25/50. AE ⦿ ⦿ VISA. ⚡   Y e
⛳ 800 – **72 qto** 7900.

🏨 **Centro Avenida** sem rest, Av. Central 27, ✉ 4710, ✆ (253) 27 57 34,
Fax (253) 61 63 63 – 📶 🚻 📺 ⦿ VISA. ⚡   Y d
48 qto ⛳ 7000/8000.

🍴🍴 **Pópulo**, Praça Conde de Agrolongo 116, ✉ 4700, ✆ (253) 21 51 47, 🌿 – 🚻. AE ⦿
⦿ VISA. ⚡   Y t
fechado domingo noite – **Refeição** lista 2450 a 5500.

🍴🍴 **Brito's**, Praça Mouzinho de Alburquerque 49-A, ✉ 4710, ✆ (253) 61 75 76 – 🚻. AE ⦿
⦿ VISA JCB. ⚡   Y a
fechado do 1 ao 15 de setembro e 4ª feira – **Refeição** lista 3250 a 4600.

🍴🍴 **Dom Gosto**, Rua Fundação Gulbenkian 76, ✉ 4710-394, ✆ (253) 61 93 99,
Fax (253) 61 44 61 – 🚻. AE ⦿ ⦿ VISA. ⚡   por Rua de S. Victor   Y
fechado do 15 ao 31 de agosto e domingo noite – **Refeição** lista 2650 a 4600.

🍴 **Inácio**, Campo das Hortas 4, ✉ 4700, ✆ (253) 61 32 35, *Fax (253) 61 32 35*, « Rest.
típico » – 🚻. AE ⦿ ⦿ VISA. ⚡   Z b
fechado 6 dias no Natal, 9 dias após a Páscoa, 15 dias em setembro e 3ª feira – **Refeição**
lista aprox. 4100.

🍴 **Cruz Sobral**, Campo das Hortas 7-8, ✉ 4700-210, ✆ (253) 61 66 48,
Fax (253) 61 66 48 – 🚻. AE ⦿ ⦿ VISA. ⚡   Z b
fechado do 7 ao 21 de maio, do 24 ao 30 de dezembro e 2ª feira – **Refeição** lista 3500
a 4450.

🍴 **O Alexandre**, Campo das Hortas 10, ✉ 4700, ✆ (253) 61 40 03 – 🚻. ⦿ VISA. ⚡   Z b
fechado 15 dias em setembro e domingo noite – **Refeição** lista aprox. 5800.

pela estrada do Bom Jesus do Monte *por* ① : 4 km – ✉ 4710 Braga :

🍴 **O Pórtico**, Arco-Bom Jesus (junto ao elevador) ✆ (253) 67 66 72, *Fax (253) 67 98 18*,
🌿 – 🚻. AE ⦿ ⦿ VISA. ⚡
fechado do 1 ao 21 de junho e 5ª feira – **Refeição** lista 4200 a 6300.

no Bom Jesus do Monte *por* ① – ✉ 4710 Braga :

🏨 **Elevador** ⚡, 6 km, ✉ 4710-455, ✆ (253) 60 34 00, *Fax (253) 60 34 09*, ≤ vale e Braga
– 📶 🚻 📺 🅿 – 🏊 25/120. AE ⦿ ⦿ VISA. ⚡
Refeição 3200 – **22 qto** ⛳ 13900/17000 – PA 6200.

🏨 **Parque** ⚡ sem rest, 6,2 km, ✉ 4710-455, ✆ (253) 67 65 48, *Fax (253) 67 66 79* – 📶
🚻 📺 🅿 AE ⦿ ⦿ VISA. ⚡
45 qto ⛳ 13900/17000, 4 suites.

🏨 **Castelo Bom Jesus** ⚡, 5,8 km, ✉ 4710-455, ✆ (253) 67 65 66, *charmhotels@m*
ail.telepac.pt, *Fax (253) 67 76 91*, ≤ vale e Braga, 🌿, « Belo palacete do século XVIII
rodeado de jardins », 🏊, – 📶 🚻 🅿 – 🏊 25/100. AE ⦿ ⦿ VISA JCB. ⚡
Refeição *(fechado 4ª feira)* - só jantar - 2800 – **13 qto** ⛳ 35000.

🏨 **Mãe d'Água**, Lugar da Mãe d'Água : 7 km ✆ (253) 67 65 81, *Fax (253) 67 67 64* – 📶
🚻 📺 🅿 AE ⦿ ⦿ VISA. ⚡
Refeição lista aprox. 3000 – **30 apartamentos** ⛳ 10000/12000.

na estrada N 14 *por* ③ : 2,5 km – ✉ 4700 Braga :

🏨 **Comfort Inn**, Ferreiros ✆ (253) 60 54 70, *comfort.braga@mail.telepac*,
Fax (253) 67 38 72 – 📶 🚻 📺 ♿ 🅿 – 🏊 25/50. AE ⦿ ⦿ VISA JCB. ⚡
Refeição 2750 – **72 qto** ⛳ 9000/11000.

BRAGANÇA 5300 🅿 940 G 9 – 15 624 h. alt. 660.

Ver : Cidadela medieval★ – Museu do Abade de Baçal★.
Arred. : Mosteiro de Castro de Avelãs★ 5 km a Oeste.
🛈 Av. Cidade de Zamora ✆ (273) 38 12 73 Fax (273) 32 72 52 – **A.C.P.** Av. Dr. Francisco
Sá Carneiro, edifício Montezinho 81, loja A-K ✆ (273) 32 50 70 Fax (273) 32 50 71.
Lisboa 521 – Ciudad Rodrigo 221 – Guarda 206 – Orense/Ourense 189 – Vila Real 140 –
Zamora 114.

🏨 **Pousada de São Bartolomeu** ⚡, Estrada de Turismo - Sudeste : 0,5 km, ✉ 5300-
112, ✆ (273) 33 14 93, *enatur@mail.telepac.pt*, *Fax (273) 32 34 53*, ≤ cidade, castelo e
arredores, 🌿, 🏊 climatizada – 📶 🚻 📺 🅿 AE ⦿ ⦿ VISA. ⚡
Refeição lista aprox. 5100 – **28 qto** ⛳ 23500/25100.

BRAGANÇA

- **Classis** sem rest, Av. João da Cruz 102, ℘ (273) 33 16 31, Fax (273) 32 34 58 – 🛗 📺 AE ① ⓶ VISA. ※
  20 qto ⊇ 6500/9000.

- **São Roque** sem rest, Rua Miguel Torga ℘ (273) 38 14 81, Fax (273) 32 69 37, ≤ – 🛗 📺
  36 qto ⊇ 5000/7500.

- **Santa Isabel** sem rest, Rua Alexandre Herculano 67 ℘ (273) 33 14 27, Fax (273) 32 69 37 – 🛗 📺
  14 qto ⊇ 5000/7500.

- **Solar Bragançano**, Praça da Sé 34-1º ℘ (273) 32 38 75, Fax (273) 32 38 75, 🌳, « Edifício do século XVIII » – ■. AE ① ⓶ VISA JCB. ※
  Refeição lista 2000 a 3650.

- **Lá em Casa**, Marquês de Pombal 7 ℘ (273) 32 21 11 – ■. AE ① ⓶ VISA JCB
  Refeição lista 3500 a 5000.

na estrada de Chaves N 103 Oeste : 1,7 km – ✉ 5300 Bragança :

- **Nordeste Shalom** sem rest, Av. Abade de Baçal 39 ℘ (273) 33 16 67, Fax (273) 33 16 28 – 🛗 📺 🚗 – **30 qto**.

ao Sudeste : 2 km – ✉ 5300-160 Bragança :

- **Santa Apolónia** sem rest, Av. Sá Carneiro, ✉ 5300-160, ℘ (273) 31 20 73, Fax (273) 31 20 73 – 🛗 ■ 📺 🅿. ※
  13 qto ⊇ 5500/9000.

BUARCOS Coimbra – ver Figueira da Foz.

BUÇACO Aveiro 940 K 4 – alt. 545 – ✉ 3050 Mealhada.
Ver : Mata★★ : Palace Hotel★★, Cruz Alta ※★★, Via Sacra★, Obelisco ≤★..
🛈 Rua Emidio Navarro ℘ (231) 93 91 33 Fax (231) 93 91 33.
Lisboa 233 – Aveiro 47 – Coimbra 31 – Porto 109.

- **Palace H. do Buçaco** 🌳, Floresta do Buçaco - alt. 380, ✉ 3050-261, ℘ (231) 93 79 70, Fax (231) 93 05 09, ≤, 🌳, « Luxuosas instalações num imponente palácio de estilo manuelino no centro de uma magnífica floresta », 🐖, ※ – 🛗, ■ rest, 📺 🚗 🅿 – 🔔 25/100. AE ① ⓶ VISA JCB. ※ rest
  Refeição 7000 – **64 qto** ⊇ 34000/39000 – PA 13000.

BUCELAS Lisboa 940 P 2 – 5 097 h. alt. 100 – ✉ 2670 Loures.
Lisboa 30 – Santarém 62 – Sintra 40.

- **Barrete Saloio**, Rua Luís de Camões 28 ℘ (21) 969 40 04, Fax (21) 968 70 45, « Decoração regional » – ■. ⓶ VISA. ※
  fechado agosto, 2ª feira noite e 3ª feira – **Refeição** lista aprox. 4100.

BUDENS 8650 Faro 940 U 3 – 1 709 h.
Lisboa 305 – Faro 97 – Lagos 15.

na Praia da Salema Sul : 4 km – ✉ 8650 Vila do Bispo :

- **Salema** sem rest, Rua 28 de Janeiro ℘ (282) 69 53 28, Fax (282) 69 53 29, ≤ – 🛗 ■. AE ⓶ VISA. ※
  março-outubro – **32 qto** ⊇ 11500/13900.

- **Estalagem Infante do Mar** 🌳, ✉ 8650-193, ℘ (282) 69 01 00, Fax (282) 69 01 09, ≤ mar, 🏊, – 🅿. AE ① ⓶ VISA. ※
  março-outubro – **Refeição** 2800 – **30 qto** ⊇ 11500/14000.

CABANÕES Viseu – ver Viseu.

CACEIRA DE CIMA Coimbra – ver Figueira da Foz.

CACIA Aveiro – ver Aveiro.

CALDAS DA FELGUEIRA Viseu 940 K 6 – 2 204 h. alt. 200 – ✉ 3525 Canas de Senhorim – Termas.
Lisboa 284 – Coimbra 82 – Viseu 40.

- **Grande Hotel** 🌳, ✉ 3525-201, ℘ (232) 94 90 99, Fax (232) 94 94 87, 🏊, – 🛗, ■ rest, 📺 🅿 – 🔔 25/50. AE ① ⓶ VISA. ※
  Refeição 3000 – **65 qto** ⊇ 12550/17750, 7 apartamentos.

CALDAS DA RAINHA 2500 Leiria 940 N 2 – 21 070 h. alt. 50 – Termas.

Ver : *Grande Parque das Termas*★, *Igreja de N. S. do Pópulo (tríptico*★*).
🛈 Rua Engeñeiro Duarte Pacheco ℘ (262) 83 10 03 e Praça da República ℘ (262) 83 45 11 (temp).
Lisboa 92 – Leiria 59 – Nazaré 29.

- **Cristal Caldas**, Rua António Sérgio 31, ✉ 2500-130, ℘ (262) 84 02 60, *cristalcaldas@hotelcristal.com*, Fax (262) 84 26 21, ⌕ – |♦| 🍴 📺 ⟷ – 🛇 30/120. AE ① ⓜ VISA JCB. ✿
Refeição 2200 – **113 qto** ⌂ 9000/11000.

- **Caldas Internacional H.**, Rua Dr. Figueirôa Rego 45, ✉ 2500-000, ℘ (262) 83 23 07, Fax (262) 84 44 82, ⌕ – |♦| 🍴 📺 ♿ 🅿 – 🛇 25/400. AE ① ⓜ VISA JCB. ✿
Refeição 2500 – **80 qto** ⌂ 8200/11500, 3 suites.

- **Europeia** sem rest, Centro Comercial Rua das Montras, ✉ 2500-125, ℘ (262) 83 15 08, Fax (262) 83 15 09 – |♦| 📺 – 🛇 25. AE ① ⓜ VISA JCB. ✿
⌂ 500 – **55 qto** 6000/8000.

- **Dona Leonor** sem rest, Hemiciclo João Paulo II-9, ✉ 2500-212, ℘ (262) 84 21 71, Fax (262) 84 21 72 – |♦| 📺 – 🛇 25/50. AE ① ⓜ VISA JCB. ✿
30 qto ⌂ 6000/8000.

- **São Rafael**, Rua Rafael Bordalo Pinheiro 53 ℘ (262) 83 93 83, Fax (262) 84 23 57, « Instalado numa casa museu » – 🍴 🅿. ① ⓜ VISA. ✿
fechado do 20 ao 29 de dezembro e 2ª feira – **Refeição** lista aprox. 4450.

- **Sabores d'Itália**, Rua Eng. Duarte Pacheco 17, ✉ 2500-198, ℘ (262) 84 56 00, Fax (262) 84 55 99 – 🍴. AE ⓜ VISA. ✿
fechado do 14 ao 28 de maio, do 10 ao 24 de setembro e 2ª feira salvo vésperas de feriado e agosto – **Refeição** - cozinha italiana - lista 3500 a 5500.

- **Supatra**, Rua General Amilcar Mota, ✉ 2500-278, ℘ (262) 84 29 20, *supatra@ip.pt*, Fax (262) 84 29 20 – 🍴. AE ⓜ VISA. ✿
fechado 2 semanas no Natal, 2 semanas em maio e 2ª feira – **Refeição** - rest. tailandês - lista 2800 a 3950.

em Coto pela estrada de Carvalhal Benfeito Nordeste : 3 km – ✉ 2500 Caldas da Rainha :

- Adega Típica do Coto, Rua Principal 14 ℘ (262) 84 48 98 – 🍴.

CALDAS DE MONCHIQUE Faro – ver Monchique.

CALDAS DE VIZELA 4815 Braga 940 H 5 – 2 234 h. alt. 150 – Termas.

🛈 Rua Dr. Alfredo Pinto ℘ (253) 48 12 68 Fax (253) 48 12 68.
Lisboa 358 – Braga 33 – Porto 47.

- **Sul Americano**, Rua Dr. Abílio Torres 855 ℘ (253) 48 03 60, Fax (253) 48 03 61 – |♦| 📺 🅿. AE ⓜ VISA. ✿
fechado do 15 ao 31 de dezembro – **Refeição** lista aprox. 3000 – **64 qto** ⌂ 6000/8000.

CALDELAS Braga 940 G 4 – 1 120 h. alt. 150 – ✉ 4720 Amares – Termas.

🛈 Av. Afonso Manuel Azevedo ℘ (253) 99 34 50 Fax (253) 99 26 43.
Lisboa 385 – Braga 17 – Porto 67.

- **Grande H. da Bela Vista**, ✉ 4720-263, ℘ (253) 36 01 00, *hotel.belavista@mail.telepac.pt*, Fax (253) 36 11 36, « Amplo terraço com árvores e ≤ », ⌕, 🐎, ✗ – |♦| 🍴 📺 ⟷ 🅿. AE ① ⓜ VISA JCB. ✿
Refeição 2750 – **70 qto** ⌂ 10500/20000.

- **De Paços**, Av. Afonso Manuel, ℘ (253) 36 11 01, Fax (253) 36 11 01 – 🅿. ✿
maio-outubro – **Refeição** 3000 – **50 qto** ⌂ 4900/7800 – PA 6000.

- **Universal**, Av. Afonso Manuel ℘ (253) 36 12 36, Fax (253) 36 12 45 – 📺 🅿. AE ① ⓜ VISA JCB. ✿
Refeição 1800 – **22 qto** ⌂ 4800/7500.

CAMINHA 4910 Viana do Castelo 940 G 3 – 1 870 h.

Ver : *Igreja Matriz (tecto*★*).
🛈 Rua Ricardo Joaquim de Sousa ℘ (258) 92 19 52 Fax (258) 92 19 52.
Lisboa 411 – Porto 93 – Vigo 60.

- **Porta do Sol**, Av. Marginal ℘ (258) 72 23 40, *porta-do-sol@mail.nortenet.pt*, Fax (258) 72 23 47, ≤ foz do Minho e monte de Santa Tecla, 🎾, ⌕, ✗ – |♦| 🍴 📺 ♿ ⟷ 🅿. 🛇 25/200. AE ① ⓜ VISA. ✿
Refeição 2950 – **89 qto** ⌂ 15000/16000, 4 suites – PA 5900.

CAMINHA

- **O Barão**, Rua Barão de São Roque 33 ✆ (258) 72 11 30
  ☰. AE ⓓ MC VISA. ✂
  fechado 15 janeiro-15 fevereiro, 2ª feira noite e 3ª feira – Refeição lista 2900 a 4300.

- **Solar do Pescado**, Rua Visconde Sousa Rego 85 ✆ (258) 92 27 94 – AE MC VISA. ✂
  fechado do 15 ao 31 de maio, do 15 ao 30 de novembro, domingo noite e 3ª feira salvo no verão – Refeição - peixes e mariscos - lista 3150 a 5100.

- **Duque de Caminha**, Rua Ricardo Joaquim de Sousa 111 ✆ (258) 72 20 46, 🍽 – AE ⓓ MC VISA. ✂
  fechado do 15 ao 30 de janeiro e 2ª feira – Refeição lista 2700 a 4700.

em Seixas – ⊠ 4910 Caminha :

- **São Pedro** ⓢ, Nordeste : 2,5 km ✆ (258) 72 74 86, Fax (258) 72 74 75, 🏊, 🐎 – TV P. **34 qto**.

- **Napoleon**, Seara - Coura de Seixas - Nordeste : 2 km ✆ (258) 72 71 15, Fax (258) 72 76 38 – ☰ P. AE ⓓ MC VISA JCB. ✂
  fechado do 15 ao 30 de maio, do 15 ao 30 de novembro, domingo noite e 2ª feira salvo feriados e 15 julho-15 setembro – Refeição lista aprox. 5200.

em Lanhelas Nordeste : 5 km

- **Casa da Anta** ⓢ, Lugar da Anta, ⊠ 4910-201, ✆ (258) 72 15 95, rap49593@mail.telepac.pt, Fax (258) 72 12 14, 🍽, « Conjunto rústico regional com restaurante típico » – ☰ qto, TV ⚒ – 🍴 25/120. 🍽. ✂
  Refeição (fechado 15 outubro-15 abril, domingo no verão e 2ª feira resto do ano) lista aprox. 4000 – **15 qto** ⊇ 11000/12000.

- **A Adega**, Lugar da Aldeia, ⊠ 4910 Caminha, ✆ (258) 72 73 55, Fax (258) 72 73 55, 🍽 – ☰. AE MC VISA. ✂
  fechado outubro e 3ª feira – Refeição lista aprox. 3450.

CAMPO MAIOR 7370 Portalegre 940 O 8 – 6 940 h.
Lisboa 244 – Badajoz 16 – Évora 105 – Portalegre 50.

- **Santa Beatriz**, Av. Combatentes da Grande Guerra, ⊠ 7370-075, ✆ (268) 68 00 40, Fax (268) 68 81 09, 🏊 – 🛗 ☰ TV P – 🍴 25/30. AE MC VISA. ✂
  Refeição 2750 – **32 qto** ⊇ 10000/13000, 2 suites – PA 5500.

CANAS DE SENHORIM 3525 Viseu 940 K 6 – 3 181 h.
Lisboa 269 – Coimbra 74 – Viseu 25.

- **Urgeiriça** ⓢ, Estrada N 234 - Nordeste : 1,5 km ✆ (232) 67 12 67, Fax (232) 67 13 28, Num pinhal, « Decoração elegante », 🏊, 🐎, 🎾 – 🛗 ☰ TV ♿ P. – 🍴 25/100. MC VISA. ✂
  Refeição lista aprox. 4500 – **83 qto** ⊇ 10500/12600, 2 suites, 4 apartamentos.

- **Zé Pataco**, Rua do Comércio 124 ✆ (232) 67 11 21 – ☰. AE ⓓ MC VISA JCB. ✂
  fechado do 1 ao 15 de setembro e 3ª feira – Refeição lista 2200 a 3200.

CANIÇADA Braga – ver Vieira do Minho.

CANIÇAL Madeira – ver Madeira (Arquipélago da).

CANIÇO Madeira – ver Madeira (Arquipélago da).

CANIÇO DE BAIXO Madeira – ver Madeira (Arquipélago da) : Caniço.

CANO 7470 Portalegre 940 P 6 – 1 641 h.
Lisboa 183 – Badajoz 77 – Évora 63 – Portalegre 68.

- **O Lagar**, Rua da Misericórdia 2-4 ✆ (268) 54 96 21 – ☰. AE ⓓ MC VISA JCB. ✂
  fechado 2ª feira – Refeição lista aprox. 4350.

CANTANHEDE 3060 Coimbra 940 K 4 – 6 330 h.
Arred. : Varziela : retábulo★ Nordeste : 4 km.
Lisboa 222 – Aveiro 42 – Coimbra 23 – Porto 112.

- **Marquês de Marialva**, Largo do Romal 14, ⊠ 3060-129, ✆ (231) 42 00 10, marques.marialva@clix.pt, Fax (231) 42 91 83, 🍽 – AE ⓓ MC VISA JCB. ✂
  fechado domingo noite – Refeição lista 3400 a 4500.

- Gandarez com snack-bar, Rua Dr. Jaime Cortesão 6, ⊠ 3060, ✆ (231) 42 01 44.

CARAMULO 3475 Viseu 940 **K 5** – 1546 h. alt. 800.
Ver : Museu de Caramulo★ (Exposição de automóveis★).
Arred. : Caramulinho★★ (miradouro) Sudoeste : 4 km – Pinoucas★ : Noroeste : 3 km.
🖪 Estrada Principal do Caramulo ℘ (232) 86 14 37.
Lisboa 280 – Coimbra 78 – Viseu 38.

Pousada de São Jerónimo, ⊠ 3475-031, ℘ (232) 86 12 91, enatur@mail.te
lepac.pt, Fax (232) 86 16 40, ≤ vale e Serra da Estrela, « Jardim », ⊒ – 🗐 📺 🅿. ㏂ ⓞ
MC VISA. %
Refeição lista aprox. 4500 – **12 qto** ⊇ 19800/21400.

na estrada N 230 Este : 1,5 km – ⊠ 3475 Caramulo :

Quality H., Av. Dr. Abel Lacerda ℘ (232) 86 01 00, qualityhotel@mail.telepac.pt,
Fax (232) 86 12 00, ≤ vale e Serra da Estrela, « Actividades de lazer e desportivas », 🎽,
⊒, ⊒, ✿ – 📱 🗐 🛴 🅿. – ⛳ 25/180. ㏂ ⓞ MC VISA. %
Refeição 3500 – **83 qto** ⊇ 16500/20000, 4 suites – PA 7000.

CARCAVELOS Lisboa 940 **P 1** – 12 717 h. – ⊠ 2775 Parede – Praia.
Lisboa 20 – Sintra 15.

na praia :

Praia-Mar, Rua do Gurué 16, ⊠ 2775-581, ℘ (21) 458 51 00, hotel.praiamar@mail.t
elepac.pt, Fax (21) 457 31 30, ≤ mar, ⊒ – 📱 🗐 📺 🅿. – ⛳ 25/170. ㏂ ⓞ MC VISA
JCB. %
Refeição 3200 – **153 qto** ⊇ 22500/27000, 5 suites.

A Pastorinha, Av. Marginal ℘ (21) 458 04 92, Fax (21) 458 05 32, ≤, ☘, « Decorado
com plantas frente ao mar » – 🗐 🅿. ㏂ MC VISA. %
fechado 3ª feira – **Refeição** - peixes e mariscos - lista 5300 a 8100.

CARREGAL DO SAL 3430 Viseu 940 **K 6** – 10 679 h.
Lisboa 257 – Coimbra 63 – Viseu 29.

Quinta de Cabriz, antiga Estrada N 234 - Sudoeste : 1 km ℘ (232) 96 12 22,
Fax (232) 96 12 03, ☘ – 🗐 🅿. ㏂ MC VISA JCB. %
Refeição lista aprox. 4200.

CARTAXO 2070 Santarém 940 **O 3** – 21 692 h.
Lisboa 65 – Évora 132 – Santarém 14.

em Ereira Noroeste : 8,5 km – ⊠ 2070 Cartaxo :

Condestável de Luis Suspiro, Travessa do Olival ℘ (243) 71 97 86,
Fax (243) 79 08 63 – 🗐. ㏂ ⓞ MC VISA. %
fechado domingo noite e 3ª feira – **Refeição** - aconselha-mos reservar ao jantar - lista
aprox. 6000.

CARVALHAL Viseu 940 **J 6** – ⊠ 3600 Castro Daire – Termas.
Lisboa 331 – Aveiro 114 – Viseu 30 – Vila Real 76.

Montemuro, nas Termas ℘ (232) 38 11 54, hotelmontemuro@ip.pt,
Fax (232) 311 12, ≤ – 📱 🗐 📺 🛴 🅿. – ⛳ 25/300. ㏂ ⓞ MC VISA. %
Refeição 1400 – **77 qto** ⊇ 6000/9000, 3 suites.

CARVALHELHOS Vila Real – ver Boticas.

CARVALHOS 4415 Porto 940 **I 4**.
Lisboa 310 – Amarante 72 – Braga 62 – Porto 12.

Mario Luso, Largo França Borges 308, ⊠ 4415-240, ℘ (22) 784 21 11,
Fax (22) 783 94 87 – 🗐. ㏂ ⓞ MC VISA JCB. %
fechado do 16 ao 31 de agosto, domingo noite e 2ª feira – **Refeição** lista 2370 a 4350.

Pleasant hotels or restaurants are shown
in the Guide by a red sign.
Please send us the names
of any where you have enjoyed your stay.
Your Michelin Guide will be even better.

CASCAIS 2750 Lisboa **940** P 1 – 29 882 h. – Praia.
Arred. : *Estrada de Cascais a Praia do Guincho*★ *- Sudoeste : Boca do Inferno*★ *(precipício*★*)*
AY- *Praia do Guincho*★ *por* ③ *: 9 km.*

🏨 Quinta da Marinha, Oeste : 3 km ☎ *(21) 486 98 81 Fax (21) 486 90 32.*

🛈 *Rua Visconde da Luz* ✉ *2750-326* ☎ *(21) 486 82 04.*

Lisboa 32 ② *– Setúbal 72* ② *– Sintra 16* ④

Plano página siguiente

🏛🏛🏛 Estoril Sol, Parque Palmela, ✉ 2754-504, ☎ (21) 483 90 00, *hotel@hotelrestorilsol.pt*,
Fax (21) 483 22 80, ≤ baía e Cascais, 🛁, 🌊 – 📶 📺 ⚭ ⟺ 🅿 – 🅰 25/550   BX h
Refeição Grill – **293 qto**, 17 suites.

🏛🏛🏛 **Albatroz**, Rua Frederico Arouca 100, ✉ 2750-353, ☎ (21) 484 73 80, *albatroz@ma
il.telepac.pt, Fax (21) 484 48 27*, ≤ baía e Cascais, 🌊 – 📶 📺 ⚭ ⟺ – 🅰 25/80. 🆎
🆎 🆎 🆎 🆎   AZ e
Refeição lista 6750 a 10400 – ⊇ 2250 – **41 qto** 55000/60000, 5 suites.

🏛🏛🏛 Village Cascais, Rua Frei Nicolau de Oliveira - Parque da Gandarinha, ✉ 2750-641, ☎ (21)
482 60 00, *villagecascais@vilagale.pt, Fax (21) 483 73 19*, ≤, 🍴, « Jardim com 🌊 » – 📶
📺 🅿 – 🅰 25/80   AY a
163 qto, 70 suites.

🏛🏛 **Estalagem Villa Cascais**, Rua Fernandes Tomaz 1 ☎ (21) 486 34 10,
Fax (21) 484 46 80, ≤, 🍴, « Antiga moradia senhorial » – 📶 📺 🆎 🆎 🆎 🆎 🆎
Refeição lista 5200 a 6900 – **10 qto** ⊇ 44000/48000.   AZ v

🏛🏛 **Atlantic Gardens**, Av. Manuel Julio Carvalho e Costa 115, ✉ 2754-518, ☎ (21)
482 59 00, *atlanticgardens@ip.pt, Fax (21) 482 59 77*, ≤, 🌊, 🏊, 🎾, ⚜ – 📶 📺 ⚭
🅿 – 🅰 15/300. 🆎 🆎 🆎 🆎 🆎 🆎   perto da Praça de Touros   AY
Refeição 3700 – ⊇ 1500 – **142 qto** 24000/26800, 7 suites – PA 7400.

🏛🏛 **Baía**, Av. Marginal, ✉ 2754-509, ☎ (21) 483 10 33, *hotelbaia@mail.telepac.pt,
Fax (21) 483 10 95*, ≤, 🍴, 🌊 – 📶 📺 ⚭ 🅿 – 🅰 25/180. 🆎 🆎 🆎 🆎 🆎   AZ u
Refeição 3500 – **105 qto** ⊇ 18000/21500, 8 suites – PA 6000.

🏛🏛 **Cidadela**, Av. 25 de Abril, ✉ 2754-517, ☎ (21) 482 76 00, *hotelcidadela@mail.telepac.pt,
Fax (21) 486 72 26*, ≤, 🌊 – 📶 📺 🅿 – 🅰 25/100. 🆎 🆎 🆎 🆎 🆎 🆎 AZ c
Refeição 3500 – **110 qto** ⊇ 20000/25000, 4 suites, 14 apartamentos – PA 7000.

🏛 **Casa da Pérgola** sem rest, Av. Valbom 13, ✉ 2750-508, ☎ (21) 484 00 40, *pergol
ahouse@netc.pt, Fax (21) 483 47 91*, « Moradia senhorial », 🌳 – 📺. 🆎   AZ y
fechado 15 dezembro-janeiro – **10 qto** ⊇ 17500/20000.

🏛 **Albergaria Valbom** sem rest, Av. Valbom 14, ✉ 2750-508, ☎ (21) 486 58 01,
Fax (21) 486 58 05 – 📶 📺 ⟺. 🆎 🆎 🆎 🆎 🆎   AZ y
40 qto ⊇ 10500/13500.

XX **Visconde da Luz**, Jardim Visconde da Luz ☎ (21) 484 74 10, *Fax (21) 486 85 08*, 🍴
– 📺. 🆎 🆎 🆎 🆎 🆎 🆎   AZ d
fechado 3ª feira – **Refeição** - peixes e mariscos - lista 5780 a 8280.

XX **Reijos**, Rua Frederico Arouca 35, ✉ 2750-355, ☎ (21) 483 03 11, *Fax (21) 482 19 60*,
🍴 – 📺. 🆎 🆎 🆎 🆎 🆎 🆎   AZ s
fechado do 15 ao 30 de dezembro e domingo – **Refeição** lista 3850 a 5900.

XX **Casa Velha**, Av. Valbom 1 ☎ (21) 483 25 86, *Fax (21) 486 67 51*, 🍴, « Decoração
rústica » – 📺. 🆎 🆎 🆎 🆎 🆎   AZ y
fechado 4ª feira – **Refeição** lista aprox. 4800.

XX **Pimentão**, Rua das Flores 16, ✉ 2750-348, ☎ (21) 484 09 94, *rpimentao@hotmail.
com, Fax (21) 482 26 28* – 📺. 🆎 🆎 🆎 🆎 🆎 🆎   AZ f
Refeição - peixes e mariscos - lista aprox. 5100.

XX **O Pipas**, Rua das Flores 18, ✉ 2750-348, ☎ (21) 486 45 01, *Fax (21) 484 07 80* – 📺.
🆎 🆎 🆎 🆎 🆎   AZ f
fechado do 10 ao 28 de dezembro e 2ª feira – **Refeição** - peixes e mariscos - lista aprox.
6250.

X **Os Morgados**, Praça de Touros, ✉ 2750-504, ☎ (21) 486 87 51, *Fax (21) 486 87 51*,
« Nos pórticos da Praça de Touros » – 📺. 🆎 🆎 🆎 🆎 🆎 🆎   por   AY
fechado 2ª feira – **Refeição** lista 2500 a 5800.

X **Dom Leitão**, Av. Vasco da Gama 36 ☎ (21) 486 54 87, *Fax (21) 484 21 09* – 📺. 🆎 🆎
🆎 🆎 🆎 🆎   AZ k
fechado 4ª feira – **Refeição** - espec. em carnes - lista aprox. 3900.

X **Beira Mar**, Rua das Flores 6, ✉ 2750-348, ☎ (21) 482 73 80, *beira.mar@mail.telepac.pt,
Fax (21) 482 73 89*, 🍴 – 📺. 🆎 🆎 🆎 🆎 🆎.   AZ f
fechado do 2 ao 9 de janeiro e 3ª feira – **Refeição** lista 6400 a 10500.

X **Luzmar**, Alameda dos Combatentes da Grande Guerra 104, ✉ 2750-326, ☎ (21)
484 57 04, *Fax (21) 486 85 08* – 📺. 🆎 🆎 🆎 🆎 🆎 🆎   AZ n
fechado 2ª feira – **Refeição** lista 4980 a 6880.

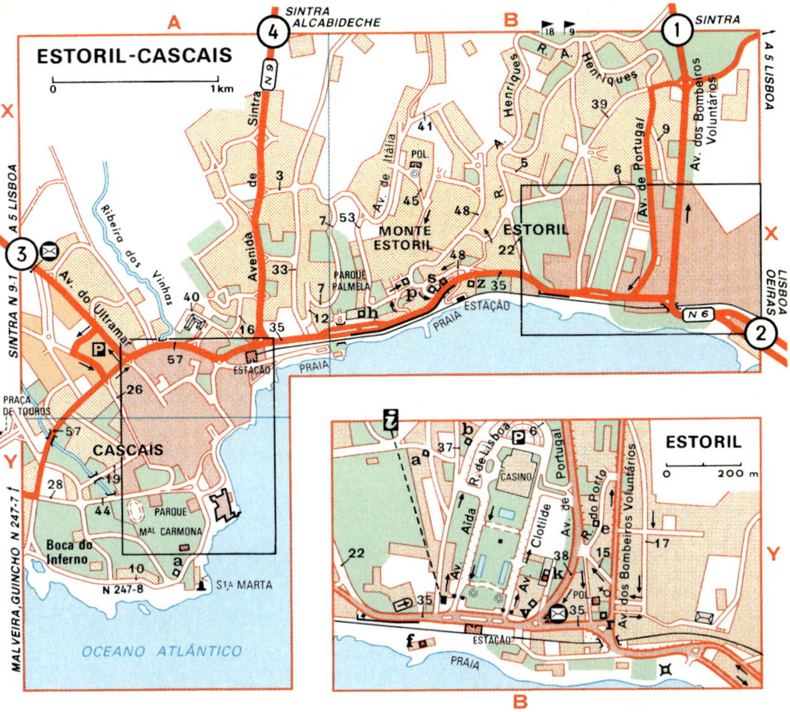

ESTORIL-CASCAIS

Alcaide (R. do)	**AX**	3
Alexandre Herculano (R.)	**AZ**	4
Algarve (R. do)	**BX**	5
Almeida Garrett (Pr.)	**BY**	6
Argentina (Av. de)	**ABX**	7
Beira Litoral (R. da)	**BX**	9
Boca do Inferno (Est. da)	**AYZ**	10
Brasil (Av. do)	**AX**	12
Carlos (Av. D.)	**AZ**	13
Combatentes G. Guerra (Alameda)	**AZ**	14
Combatentes J. Gourinho (R.)	**BY**	15
Costa Pinto (Av.)	**AX**	16
Dr. António Martins (R.)	**BY**	17
Emídio Navarro (Av.)	**AZ**	19
Fausto Figueiredo (Av.)	**BY**	22
Francisco de Avilez (R.)	**AZ**	24
Frederico Arouca (R.)	**AZ**	25
Freitas Reis (R.)	**AZ**	26
Gomes Freire (R.)	**AZ**	27
Guincho (Estrada do)	**AY**	28
Iracy Doyle (R.)	**AZ**	29
José Maria Loureiro (R.)	**AZ**	31
Manuel J. Avelar (R.)	**AZ**	32
Marechal Carmona (Avenida)	**AX**	33
Marginal (Estrada)	**AZ, BY**	35
Marquês Leal Pancada (R.)	**AZ**	36
Melo e Sousa (R.)	**BY**	37
Nice (Av. de)	**BY**	38
Nuno Álvares Pereira (Av.)	**BX**	39
Padre Moisés da Silva (R.)	**AX**	40
Piemonte (Av.)	**BX**	41
Regimento de Inf. 19 (R.)	**AZ**	43
República (Av. da)	**AZ**	44
S. Pedro (Av. de)	**BX**	45
S. Remo (Av.)	**BY**	47
Sabóia (Av.)	**BX**	48
Sebastião J. de Carvalho e Melo (R.)	**AZ**	49
Vasco da Gama (Av.)	**AZ**	52
Venezuela (Av. da)	**BX**	53
Visconde da Luz (R.)	**AZ**	55
Vista Alegre (R. da)	**AZ**	56
25 de Abril (Av.)	**AYZ**	57

※ **Sol e Mar**, Av. D. Carlos I-48, ✉ 2750-310, ✆ (21) 484 02 58, ≤ – AE ⓞ ⓜ VISA. ✀   **AZ p**
fechado 3ª feira de outubro a março – **Refeição** lista 3680 a 5800.

※ **O Batel**, Travessa das Flores, ✉ 2750-319, ✆ (21) 483 02 15, Fax (21) 484 34 45, 🌿
– 🍽. AE ⓞ ⓜ VISA. ✀   **AZ r**
fechado 2ª feira – **Refeição** lista aprox. 5000.

※ **Sagres**, Rua das Flores 10-A ✆ (21) 483 08 30, 🌿 – 🍽. AE ⓞ ⓜ VISA JCB. ✀   **AZ f**
fechado janeiro e 4ª feira – **Refeição** lista aprox. 4800.

CASCAIS

na estrada do Guincho por Av. 25 de Abril AY – ⊠ 2750 Cascais :

🏛 **Estalagem Sra. da Guia**, 3,5 km, ℘ (21) 486 92 39, senhora.da.guia@mail.telepac.pt, Fax (21) 486 92 27, ≤, 斎, « Bonita decoração », ⊼, 🐎 – 🗏 TV P. – 🅰 25/80. AE ① ⓜ VISA JCB. ✳
Refeição lista 6300 a 8000 – **39 qto** ⊃ 36000/40000, 3 suites.

🏛 **Quinta da Marinha** ⑤, 4 km e desvio à direita 2 km, ℘ (21) 486 01 00, marinhag olf@mail.telepac.pt, Fax (21) 486 94 88, 斎, « Junto ao campo de golfe », ⊼, 🔲, ※, 18 – 🛗 🗏 TV ⚹ 🚗 P. – 🅰 25/400. AE ① ⓜ VISA. ✳
Refeição - só buffet - 4500 – **182 qto** ⊃ 28500/30000, 8 suites – PA 8000.

XX **Monte-Mar**, 5 km, ℘ (21) 486 92 70, Fax (21) 486 93 56, ≤, 斎 – 🗏 P. AE ① ⓜ VISA JCB. ✳
fechado do 15 ao 30 de novembro e 2ª feira – **Refeição** lista aprox. 8600.

XX **Furnas do Guincho**, 3,5 km, ⊠ 2750-642, ℘ (21) 486 92 43, Fax (21) 486 90 70, ≤, 斎 – 🗏 P. AE ① ⓜ VISA JCB. ✳
Refeição lista 5150 a 6200.

na Praia do Guincho por Av. 25 de Abril : 9 km AY – ⊠ 2750 Cascais :

🏛 **Fortaleza do Guincho** ⑤, ⊠ 2750-642, ℘ (21) 487 04 91, reservations@guinch otel.pt, Fax (21) 487 04 31, « Antiga fortaleza num promontório rochoso sobre o mar » – 🛗 🗏 TV P. – 🅰 25/200. AE ① ⓜ VISA JCB. ✳ rest
Refeição lista 8400 a 11500 – **29 qto** ⊃ 49000/51000.

XX **Porto de Santa Maria**, ⊠ 2750-642, ℘ (21) 487 02 40, Fax (21) 487 94 58, ≤ – 🗏 ❀ P. AE ① ⓜ VISA JCB. ✳
fechado 2ª feira – **Refeição** - peixes e mariscos - lista 8850 a 13250
Espec. Peixe ao sal ou no pão. Misto de mariscos ao natural ou grelhados. Filetes de pescada com arroz de berbigão e arroz de marisco.

XX **O Faroleiro**, ⊠ 2750-642, ℘ (21) 487 02 25, Fax (21) 485 82 89, ≤, 斎 – 🗏 P. AE ① ⓜ VISA JCB. ✳
Refeição - peixes e mariscos - lista 4500 a 5750.

X **Panorama**, ⊠ 2750-642, ℘ (21) 487 00 62, Fax (21) 487 94 58, ≤, 斎 – 🗏 P. AE ① VISA JCB. ✳
fechado 3ª feira – **Refeição** - peixes e mariscos - lista 5400 a 8100.

X **Mar do Guincho**, ⊠ 2750-642, ℘ (21) 485 82 80, Fax (21) 485 82 89, ≤, – 🗏 P. AE ① ⓜ VISA. ✳
Refeição lista 4450 a 5750.

X **Mestre Zé**, ⊠ 2750-642, ℘ (21) 487 02 75, Fax (21) 485 16 33, ≤, 斎 – 🗏 P. AE ① ⓜ VISA JCB. ✳
Refeição lista 4450 a 5750.

When looking for a quiet hotel
use the maps in the introduction
or look for establishments with the sign ⑤ or ⑤.

CASTELO BRANCO 6000 P 940 **M 7** – 30 624 h. alt. 375.
Ver : Jardim do Antigo Paço Episcopal★★.
Excurs. : Idanha-a-Velha★ 54 km a Nordeste.
🚗 ℘ (272) 34 22 83.
🛈 Alameda da Liberdade ⊠ 6000-074 ℘ (272) 33 03 39 Fax (272) 33 03 33.
Lisboa 256 ③ – Cáceres 137 ② – Coimbra 155 ① – Portalegre 82 ③ – Santarém 176 ③

Plano página siguiente

🏛 **Rainha D. Amélia**, Rua de Santiago 15, ⊠ 6000-179, ℘ (272) 32 63 15, hrdamelia @mail.telepac.pt, Fax (272) 32 63 90 – 🛗 🗏 TV ⚹ 🚗 – 🅰 25/350. AE ① ⓜ VISA. ✳
Refeição 2400 – **64 qto** ⊃ 11500/14000 – PA 4600. b

🏛 **Meliá Confort Colina do Castelo** ⑤, Rua da Piscina ℘ (272) 32 98 56, colinado castelo@mail.telepac.pt, Fax (272) 32 97 59, ≤ campo e serra, 🏋, 🔲, ※ – 🛗 🗏 TV ⚹ 🚗 P. – 🅰 25/400. AE ① ⓜ VISA. ✳
Refeição 2300 – **97 qto** ⊃ 12400/14400, 6 suites – PA 4300. e

🏠 **Arraiana** sem rest, Av. 1º de Maio 18, ⊠ 6000-086, ℘ (272) 34 16 34, Fax (272) 33 18 84 – 🗏 TV. AE ⓜ VISA
31 qto ⊃ 4500/8500. s

CASTELO BRANCO

Arco Bispo (Rua) 3
Arressário (Rua do) 4
Cadetes de Toledo (Rua) . . . 8
Camilo Castelo Branco
  (Rua de) 9
Carapalha (Rua da) 10
Espírito Santo (Largo do) . . . 11
Espírito Santo (Rua do) 12
Ferreiros (Rua dos) 13
Frei Bartolomeu da Costa
  (Rua de) 15
João C. Abrunhosa (Rua) . . . 16
João de Deus (Rua) 17
Liberdade (Alameda da) 18
Luís de Camões (Praça) 19
Mercado (Rua do) 21
Olarias (Rua das) 22
Pátria (Campo da) 24
Prazeres (Rua dos) 25
Quinta Nova (Rua da) 27
Rei D. Dinis (Rua) 28
Rei D. José (Praça do) 29
Relógio (Rua do) 30
Saibreiro (Largo do) 31
Saibreiro (Rua do) 32
Santa Maria (Rua de) 33
São João (Largo de) 34
São Marcos (Largo de) 36
São Sebastião (Rua de) 37
Sé (Largo da) 39
Sé (Rua da) 40
Senhora da Piedade (Rua) . . 42
Sidónio Pais (Rua P.) 43
Vaz Preto (Rua de) 45
1º de Maio (Avenida) 46
5 de Outubro (Rua) 50

※※ **Praça Velha**, Largo Luís de Camões 17 ℰ (272) 32 86 40, Fax (272) 32 86 20,
« Decoração rústica » – 🍴 P. AE ① ◎ VISA. ※
fechado 2ª feira – **Refeição** lista 3000 a 3900.

※ **Frei Papinhas**, Rua dos Prazeres 31, ✉ 6000-209, ℰ (272) 32 30 90 – 🍴.
VISA. ※
fechado do 1 ao 15 de janeiro e domingo – **Refeição** lista 2500 a 3900.

CASTELO DE BODE Santarém – ver Tomar.

CASTELO DE PAIVA 4550 Aveiro **940** I 5 – 15 731 h.
Lisboa 321 – Porto 47 – Braga 95 – Vila Real 80.

🏨 **Casa de S. Pedro** ⑤, sem rest, Quinta de S. Pedro, ✉ 4550-271, ℰ (255) 68 96 47, Fax (255) 68 95 10, ≤, 🏊, ※ – 🛗 🍴 TV P. AE ① ◎ VISA. ※
12 qto ⊇ 8500/10500.

CASTELO DE VIDE 7320 Portalegre **940** N 7 – 2 663 h. alt. 575 – Termas.
Ver : Castelo ≤★ – Judiaria★.
Arred. : Capela de Na. Sra. de Penha ≤★ Sul : 5 km – Estrada★ escarpada de Castelo de Vide a Portalegre por Carreiras, Sul : 17 km.
🄱 Rua Bartolomeu Álvares da Santa 81 ℰ (245) 90 13 61 Fax (245) 90 18 27.
Lisboa 213 – Cáceres 126 – Portalegre 22.

🏨 **Garcia d'Orta**, Estrada de São Vicente ℰ (245) 90 11 00, ardomar@mail.telepac.pt, Fax (245) 90 12 00, ≤, 🏊 – 🛗 🍴 TV & P. – 🎴 25/80. AE ① ◎ VISA. ※
Refeição – ver rest. **A Castanha** – **52 qto** ⊇ 14700/16800, 1 suite.

🏨 **Sol e Serra**, Estrada de São Vicente, ✉ 7320-202, ℰ (245) 90 00 00, Fax (245) 90 00 01, 🏊 – 🛗 🍴 TV P. – 🎴 25/120. AE ① ◎ VISA. ※
Refeição 2300 – **82 qto** ⊇ 10800/14500 – PA 4600.

🏠 **Casa do Parque** ⑤, Av. da Aramenha 37 ℰ (245) 90 12 50, vitor-guimarees@mail.pt, Fax (245) 90 12 28 – 🍴 TV. VISA. ※
fechado do 15 ao 30 de junho e 3ª feira – **Refeição** 2300 – **26 qto** ⊇ 6500/10500.

🏠 **Isabelinha** sem rest, Paço Novo ℰ (245) 90 18 96, Fax (245) 90 12 28 – 🍴 TV. ※
11 qto ⊇ 5000/7000.

CASTELO DE VIDE

A Castanha - Hotel Garcia d'Orta, Estrada de São Vicente ✆ (245) 90 11 00, ardom ar@mail.telepac.pt, Fax (245) 90 12 00, ≤ – 🍴 P. AE ① ⓜ VISA. ✼
Refeição lista 3650 a 6500.

Marino's, Praça D. Pedro V-6, ✉ 7320-113, ✆ (245) 90 14 08, Fax (245) 91 92 07, 🌿 – 🍴, AE ① ⓜ VISA. ✼
fechado 20 dezembro-15 janeiro, domingo e 2ª feira meio-dia – **Refeição** lista 3100 a 5000.

D. Pedro V, Praça D. Pedro V-10 ✆ (245) 90 12 36, Fax (245) 91 92 31 – 🍴. ① VISA. ✼
fechado junho e 2ª feira – **Refeição** lista 2100 a 2800.

CAXIAS Lisboa 940 P 2 – 4907 h. – ✉ 2780 Oeiras – Praia.
Lisboa 24 – Cascais 17.

Mónaco, Rua Direita 9 (Estrada Marginal) ✆ (21) 443 23 39, Fax (21) 443 12 17, ≤, Música ao jantar – 🍴 P. ① ⓜ VISA. ✼
fechado domingo – **Refeição** lista aprox. 5900.

CELORICO DA BEIRA 6360 Guarda 940 K 7 – 2 750 h.

Excurs.: Trancoso (fortificações★) 29 km a Nordeste.
🛈 Estrada N 6 ✆ (271) 74 21 09.
Lisboa 337 – Coimbra 138 – Guarda 27 – Viseu 54.

Mira Serra, Estrada N 17, ✉ 6360-323, ✆ (271) 74 26 04, Fax (271) 74 13 82, ≤ – 📶 🍴 TV 🛋 P. – 🏊 25/100. AE ① ⓜ VISA. ✼ rest
Refeição 2200 – **42 qto** ⊆ 7800/12000 – PA 4000.

Parque sem rest, Rua Andrade Corvo 48, ✉ 6360-331, ✆ (271) 74 21 97, Fax (271) 74 37 98 – TV P. AE ① ⓜ VISA
27 qto ⊆ 4500/6500.

CERNACHE DO BONJARDIM Castelo Branco 940 M 5 – 3 627 h. – ✉ 6100 Sertã.

Lisboa 187 – Castelo Branco 81 – Santarém 110.

pela estrada N 238 Sudoeste : 10 km – ✉ 6100-302 Sertã :

Estalagem Vale da Ursa ⚭, ✆ (274) 80 29 81, hotelvaledaursa@mail.telepac.pt, Fax (274) 80 29 82, ≤, 🌿, « Na margem do rio Zêzere », 🏊, ✼ – 📶 🍴 TV P. AE ⓜ VISA. ✼ rest
fechado novembro – **Refeição** 2500 – **17 qto** ⊆ 10000/18000 – PA 4800.

CHAMUSCA 2140 Santarém 940 N 4 – 3 497 h.

Lisboa 121 – Castelo Branco 136 – Leiria 79 – Portalegre 118 – Santarém 31.

no cruzamento das estradas N 118 e N 243 Nordeste : 3,5 km – ✉ 2140 Chamusca :

Paragem da Ponte, Ponte da Chamusca ✆ (249) 76 04 06, Fax (249) 76 14 80 – 🍴 P. AE ⓜ VISA. ✼
Refeição lista aprox. 4500.

CHAVES 5400 Vila Real 940 G 7 – 13 759 h. alt. 350 – Termas.

Ver : Igreja da Misericórdia★.

Excurs. : Oeste : Alto Vale do rio Cávado★ : estrada de Chaves a Braga pelas barragens do Alto Rabagão★), da Paradela★ (local★), da Caniçada (≤★) – e ≤★★ do Vale e Serra do Gerês - Montalegre (local★).

🚆 Vidago, Sudoeste : 20 km ✆ (276) 99 94 04, Fax (276) 99 94 04.
🛈 Terreiro de Cavalaria ✆ (276) 34 06 61 Fax (276) 32 14 19.
Lisboa 475 – Orense/Ourense 99 – Vila Real 66.

Forte de S. Francisco ⚭, Alto da Pedisqueira ✆ (276) 33 37 00, Fax (276) 33 37 01, 🌿, « Fortaleza do século XVII », 🏊, ✼ – 📶 🍴 TV ♿ P. – 🏊 25/200. AE ① ⓜ VISA. ✼
Refeição 3500 – **56 qto** ⊆ 20000/23000, 2 suites.

Aquae Flaviae, Praça do Brasil ✆ (276) 30 90 00, Fax (276) 30 90 10, ≤, 🏊, ✼ – 📶 🍴 TV 🛋 P. – 🏊 25/1000. AE ① ⓜ VISA. ✼
O Rodízio (carnes) **Refeição** lista 3500 a 5200 – **159 qto** ⊆ 13700/17000, 7 suites.

- **Brites** sem rest, Av. Duarte Pacheco (Estrada de Espanha) ℘ (276) 33 27 77, Fax (276) 33 22 21 – 🍴 📺 🅿 AE ⓜ VISA. ⌘
  28 qto ⊇ 6000/8000.
- **São Neutel** sem rest, Estrada de Outeiro Seco (junto ao Estadio Municipal) ℘ (276) 33 36 32, Fax (276) 33 36 20 – 🍴 📺 🚗 🅿 AE ⓜ VISA. ⌘
  45 qto ⊇ 5000/7000.
- **Jardim das Caldas,** Alameda do Tabolado 5 ℘ (276) 33 11 89 – 🍴 rest, 📺. AE ⓜ VISA. ⌘
  Chave d'Ouro 2 : Refeição lista 2100 a 3000 – **27 qto** ⊇ 6000/8000.
- **Carvalho,** Alameda do Tabolado, ✉ 5400-163, ℘ (276) 32 17 27, Fax (276) 32 17 27 – 🍴. AE ⓞ ⓜ VISA. ⌘
  fechado 5ª feira – Refeição lista 2650 a 3650.
- **A Talha,** Bairro da Trindade ℘ (276) 34 21 91, 🌳 – 🍴. ⓜ VISA. ⌘
  fechado do 16 ao 30 de setembro e sábado salvo agosto – Refeição lista aprox. 3600.

CINFÃES 4690 Viseu 940 I 5.
  Lisboa 357 – Braga 93 – Porto 71 – Vila Real 69 – Viseu 67.

em Porto Antigo Nordeste : 8 km – ✉ 4690 Cinfães :
- **Estalagem Porto Antigo** 🌊, ℘ (255) 56 01 50, pantigo@esoterica.pt, Fax (255) 56 01 69, ≤, 🌳, « Debruçada sobre a barragem do Carrapatelo » – 📶 🍴 📺 🅿 – 🛏 25/100. AE ⓞ ⓜ VISA JCB. ⌘
  Refeição 3000 – **23 qto** ⊇ 14000/16000 – PA 6000.

COIMBRA

3000 P 940 L 4 – *89 639 h. alt. 75.*

Lisboa 200 ③ – Cáceres 292 ② – Porto 118 ① – Salamanca 324 ②.

POSTOS DE TURISMO

🛈 *Largo da Portagem,* ✉ *3000-337,* ✆ *(239) 85 59 30, Fax (239) 82 55 76, Largo D. Dinis,* ✉ *3020-123,* ✆ *(239) 83 25 91, Fax (239) 70 24 96 e Praça da República,* ✉ *3000-343,* ✆ *(239) 83 32 02, Fax (239) 70 24 96.*

INFORMAÇÕES PRÁTICAS

A.C.P. *Av. Navarro 6* ✉ *3000-150* ✆ *(239) 85 20 20 Fax (239) 83 50 03.*
🚗 ✆ *(239) 83 49 98.*

CURIOSIDADES

Ver : *Sítio★ – Cidade Velha e Universidade★ : Sé Velha★★ (retábulo★, Capela do Sacramento★)* Z *– Museu Nacional Machado de Castro★★ (cavaleiro medieval★)* Z **M2** *– Velha Universidade★★ (balcão ≤★) : capela★ (caixa de órgão★★), biblioteca★★* Z *– Mosteiro de Santa Cruz★ : igreja★ (púlpito★), claustro do Silêncio★, coro (cadeiral★)* Y**L** *– Convento de Celas (retábulo★)* V *– Mosteiro de Santa Clara a Nova (túmulo★)* X.

Arred. : *Miradouro do Vale do Inferno★ 4 km por ③ – Ruínas de Conímbriga★ (Casa de Cantaber★, casa dos Repuxos★★ : mosaicos★★) 17 km por ③ – Penela ⁂ ★ desde o castelo 29 km por ②.*

COIMBRA

Antero de Quental (Rua)		V 4
António Augusto Gonçalves (Rua)		X 6
Augusta (Rua)		V 7
Aveiro (Rua de)		V 8
Combatentes da Gde Guerra (Rua)		X 12
Dom Afonso Henriques (Av.)		V 14
Dr Augusto Rocha (Rua)		V 15
Dr B. de Albuquerque (Rua)		V 16
Dr Júlio Henriques (Alameda)		X 21
Dr L. de Almeida Azevedo (Rua)		V 22
Dr Marnoco e Sousa (Av.)		X 24
Figueira da Foz (Rua da)		V 28
Guerra Junqueiro (Rua)		V 30
Jardim (Arcos do)		X 33
João das Regras (Av.)		V 34
República (Praça da)		V 39
Santa Teresa (Rua de)		X 40

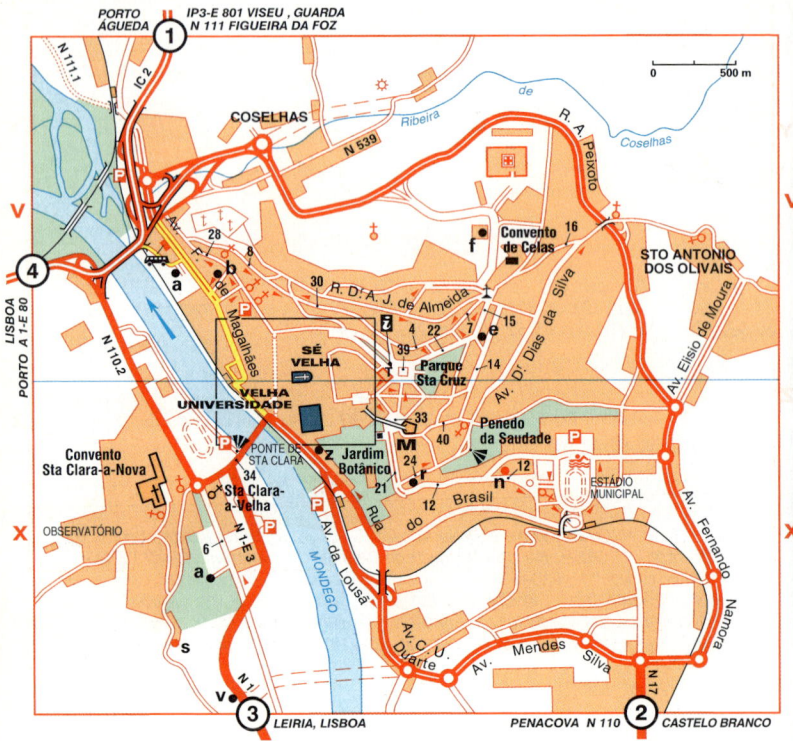

Quinta das Lágrimas, Santa Clara, ✉ 3041-901, ✆ (239) 80 23 80, *hotelagrimas@mail.telepac.pt, Fax (239) 44 16 95*, « Palácio do século XVIII com parque florestal. Adega » – 🍽 25/100. AE ① ⓂⓄ VISA JCB.
Refeição lista 4000 a 7300 – **35 qto** ☐ 25000/31000, 4 suites.
X a

Tivoli Coimbra, Rua João Machado 4, ✉ 3000-226, ✆ (239) 82 69 34, *htcoimbra@mail.telepac.pt, Fax (239) 82 68 27* – 🍽 25/120. AE ① ⓂⓄ VISA.
Refeição lista aprox. 6500 – **95 qto** ☐ 20000/25000, 5 suites.
V b

Dona Inês, Rua Abel Dias Urbano 12, ✉ 3000-001, ✆ (239) 85 58 00, *Fax (239) 85 58 05*, ≤ – 🍽 25/300. AE ① ⓂⓄ VISA.
Refeição (fechado domingo meio-dia) 2900 – **72 qto** ☐ 12500/15000, 12 suites.
V a

Meliá Confort Coimbra, Av. Armando Gonçalves-Lote 20, ✉ 3000-059, ✆ (239) 48 08 00, *hotelmeliacoimb@mail.telepac.pt, Fax (239) 48 43 00* – 🍽 25/150. AE ① ⓂⓄ VISA.
Refeição lista 3355 a 4990 – **140 qto** ☐ 16000/18000.
V f

D. Luís, Santa Clara, ✉ 3040-267, ✆ (239) 80 21 20, *hotel.d.luis@mail.telepac.pt, Fax (239) 44 51 96*, ≤ cidade e rio Mondego – 🍽 25/200. AE ① ⓂⓄ VISA.
Refeição 3000 – **98 qto** ☐ 12000/14200, 2 suites.
X r

COIMBRA

- Ameias (Largo das) .... **Z** 3
- Antero de Quental (Rua) ... **Y** 4
- Borges Carmeiro (Rua de) . . **Z** 9
- Colégio Novo (Rua do) .... **Y** 10
- Comércio (Praça do) ...... **Z**
- Coutinhos (Rua dos) ...... **Y** 13
- Dr Guilherme Moreira (Rua). **Z** 17
- Dr João Jacinto (Rua do) .... **Y** 18
- Dr José Falcão (Rua) ...... **Z** 19
- Fernandes Tomáz (Rua) . . . **Y** 25
- Fernão de Magalhães (Avenida) **Y**
- Ferreira Borges (Rua) ..... **Z** 27
- Manutenção (Rua) .... **Y** 35
- Portagem (Largo da) ...... **Z** 36
- Quebra-Costas (Escadas de) .... **Z** 37
- Saragoça (Rua de) .... **Y** 41
- Sofia (Rua da) .... **Y**
- Sub-Ripas (Rua de) .... **Z** 42
- Visconde da Luz (Rua) ..... **Y** 43
- 8 de Maio (Praça) .... **Y** 45

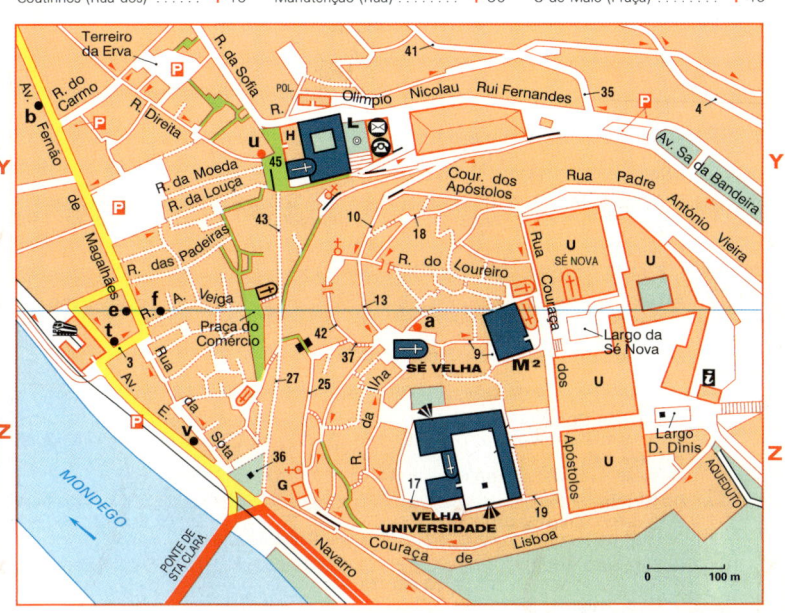

🏨 **Almedina Coimbra H.** sem rest, Av. Fernão de Magalhães 199, ✉ 3000-176, ✆ (239) 85 55 00, geral@residencial-almedina.pt, Fax (239) 82 99 06 – |≑| ▭ 📺 ఉ – 🚗 25/70. AE ① ◎ VISA JCB
Y b
75 qto ☖ 10000/11600.

🏨 **Bragança**, Largo das Ameias 10, ✉ 3000-024, ✆ (239) 82 21 71, hbraganza@mail.t elepac.pt, Fax (239) 83 61 35 – |≑| ▭ 📺. AE ◎ VISA. ⌘
Z t
Refeição 2000 – **83 qto** ☖ 9700/12200.

🏨 **Astória**, Av. Emídio Navarro 21, ✉ 3000-150, ✆ (239) 82 20 55, almeida.hotel@ip.pt, Fax (239) 82 20 57, ≼ – |≑| ▭ 📺. AE ① ◎ VISA JCB
Z v
Refeição 3500 – **64 qto** ☖ 15000/18000.

🏨 **Oslo** sem rest, Av. Fernão de Magalhães 25, ✉ 3000-175, ✆ (239) 82 90 71, Fax (239) 82 06 14 – |≑| ▭ 📺. AE ① ◎ VISA JCB. ⌘
YZ e
33 qto ☖ 9000/12500.

🏨 **Ibis Coimbra**, Av. Emídio Navarro, ✉ 3000-150, ✆ (239) 85 21 30, Fax (239) 85 21 40 – |≑| ▭ 📺 ఉ 🚗 – 🚗 25/120. AE ① ◎ VISA. ⌘
X z
Refeição 2500 – ☖ 800 – **110 qto** 8300 – PA 5100.

🏨 **Botánico** sem rest, Rua Combatentes da Grande Guerra (Ao cimo)-Bairro São José 15, ✉ 3030-207, ✆ (239) 71 48 24, Fax (239) 40 51 24 – |≑| ▭ 📺. ◎ VISA. ⌘
X r
24 qto ☖ 5900/7500.

🍴 **Alentejana** sem rest, Rua Dr. António Henriques Seco 1, ✉ 3000, ✆ (239) 82 59 03, Fax (239) 40 51 24 – ▭ 📺– **15 qto.**
V e

🍴 **Domus** sem rest, Rua Adelino Veiga 62, ✉ 3000-003, ✆ (239) 82 85 84, Fax (239) 83 88 18 – 📺. AE ◎ VISA. ⌘
YZ f
20 qto ☖ 5500/7000.

✕ **A Taberna**, Rua Dos Combatentes da Grande Guerra 86, ✉ 3030-181, ✆ (239) 71 62 65, Fax (239) 78 00 34 – ▭. AE ① ◎ VISA. ⌘
X n
fechado do 1 ao 19 de agosto e sábado – **Refeição** lista aprox. 4500.

✕ **Trovador,** Largo da Sé Velha 17, ✉ 3000-333, ✆ (239) 82 54 75 – ◎ VISA. ⌘
Z a
fechado do 15 ao 30 de dezembro e domingo – **Refeição** lista aprox. 5550.

COIMBRA

✗ **Real das Canas,** Vila Méndes 7, ✉ 3040-089, ℘ (239) 81 48 77, ≼ - ▤. 𐃼 ❶ ❽ 𝖵𝖨𝖲𝖠
fechado do 1 ao 15 de agosto, 4ª feira e feriados – **Refeição** lista 1970 a 3200.   X s

✗ Carmina de Matos, Praça 8 de Maio 2, ✉ 3000, ℘ (239) 82 35 10 – ▤   Y u

COLARES *Lisboa* 𝟵𝟰𝟬 **P 1** – *6 921 h. alt. 50* – ✉ *2710 Sintra*.
  Arred. : *Azenhas do Mar★ (sítio★) Noroeste : 7 km.*
  🛈 *Cabo da Roca-Azóia (Sudoeste : 10 km)* ✉ *2710* ℘ *(21) 928 00 81 Fax (21) 928 08 92.*
  Lisboa 35 – Sintra 8.

  🏨 **Estalagem de Colares,** Estrada N 247, ✉ 2705-199, ℘ (21) 928 29 42,
  Fax (21) 928 29 83 – ▤ 📺 𝖯. 𐃼 ❶ ❽ 𝖵𝖨𝖲𝖠. ❀ rest
  Refeição 3000 – **13 qto** ⇌ 14000/18000.

  ✗ **Colares Velho,** Largo Dr. Carlos França 1-4 ℘ (21) 929 24 06 – 𐃼 ❽ 𝖵𝖨𝖲𝖠. ❀
  fechado do 1 ao 15 de fevereiro, do 1 ao 15 de novembro e 2ª feira – **Refeição** lista 4360
  a 6480.

na Praia Grande *Noroeste : 3,5 km* – ✉ *2710 Sintra :*

  🏨 **Arribas** ⟨sym⟩, Av. Alfredo Coelho, ✉ 2705-329, ℘ (21) 929 21 45, *hotel.arribas@mail.*
  telepac.pt, Fax (21) 929 24 20, ≼, ☂, ⩵ – ⩩ ▤ 📺 𝖯 – 👪 25/200. 𐃼 ❶ ❽ 𝖵𝖨𝖲𝖠
  𝐉𝐂𝐁. ❀
  Refeição 2500 – **58 qto** ⇌ 15000/20000.

em Azóia *estrada do Cabo da Roca - Sudoeste : 10 km* – ✉ *2710 Sintra :*

  🏨 **Aldeia da Roca** ⟨sym⟩, Rua da Escola Nova 6, ✉ 2705-001, ℘ (21) 928 00 01, *aldeia*
  daroca@mailtelepac.pt, Fax (21) 928 01 63, ⩵, ❀ – ▤ 📺 𝖯 – 👪 25/45. 𐃼 ❶ ❽
  𝖵𝖨𝖲𝖠 𝐉𝐂𝐁. ❀
  Refeição - ver rest. **Da Aldeia** – **7 qto** ⇌ 13000/17000, 7 suites.

  ✗✗ **Da Aldeia** - *Hotel Aldeia da Roca*, Rua da Escola Nova 10, ✉ 2705-001, ℘ (21) 928 00 01,
  aldeiadaroca@mailtelepac.pt, Fax (21) 928 01 63, ☂ – ▤ 𝖯. 𐃼 ❶ ❽ 𝖵𝖨𝖲𝖠 𝐉𝐂𝐁. ❀
  fechado do 5 ao 19 de novembro e 4ª feira – **Refeição** lista 4100 a 6750.

  ✗ **Refúgio da Roca,** ✉ 2705-001, ℘ (21) 929 08 98, *Fax (21) 929 17 52,* « Decoração
  rústica. Rest. típico » – ▤. 𐃼 ❶ ❽ 𝖵𝖨𝖲𝖠 𝐉𝐂𝐁. ❀
  fechado 3ª feira – **Refeição** - grelhados - lista 4050 a 6130.

CONDEIXA-A-NOVA *3150 Coimbra* 𝟵𝟰𝟬 **L 4** – *2 759 h.*
  Lisboa 192 – Coimbra 15 – Figueira da Foz 34 – Leiria 62.

  🏛 **Pousada de Santa Cristina** ⟨sym⟩, Rua Francisco Lemos, ✉ 3150-142, ℘ (239)
  94 40 25, *enatur@mail.telepac.pt, Fax (239) 94 30 97,* ≼, « Relvado con ⩵ », ❀ – ⩩ ▤
  📺 𝖯 – 👪 25/50. 𐃼 ❶ ❽ 𝖵𝖨𝖲𝖠. ❀
  Refeição lista 3600 a 4900 – **45 qto** ⇌ 23500/25100.

COSTA NOVA *Aveiro* 𝟵𝟰𝟬 **K 3** – ✉ *3830 Ilhavo – Praia.*
  Lisboa 256 – Aveiro 11 – Coimbra 68.

  🏨 **Azevedo** sem rest, Rua Arrais Ança 16 ℘ (234) 39 01 70, *Fax (234) 39 01 71* – ⩩ 📺
  ♿, 🚘. ❶ ❽ 𝖵𝖨𝖲𝖠. ❀
  16 qto ⇌ 10000/12000.

  ✗ **Canastra do Fidalgo,** Av. José Estêvão 240 ℘ (234) 39 40 46, *custodio.canastra@c*
  lix.pt, Fax (234) 39 41 62, ☂ – ▤. ❶ ❽ 𝖵𝖨𝖲𝖠 𝐉𝐂𝐁. ❀
  Refeição lista 3950 a 5000.

COSTA DA CAPARICA *Setúbal* 𝟵𝟰𝟬 **Q 2** – *9 796 h.* – ✉ *2825 Monte da Caparica – Praia.*
  🛈 *Av. da República 18* ℘ *(21) 290 00 71 Fax (21) 290 02 10.*
  Lisboa 15 – Setúbal 51.

  🏛 **Costa da Caparica,** Av. General Humberto Delgado 47, ✉ 2829-506, ℘ (21)
  291 89 00, *hcc.comercial@mail.telepac.pt, Fax (21) 291 06 87,* ≼, ⩵ – ⩩ ▤ 📺 ♿, 🚘.
  𝖯 – 👪 25/350. 𐃼 ❶ ❽ 𝖵𝖨𝖲𝖠. ❀
  Refeição lista 4800 a 5800 – **340 qto** ⇌ 22000/27500, 13 suites.

COTO *Leiria – ver Caldas da Rainha.*

COVA DA IRIA *Santarém – ver Fátima.*

COVILHÃ 6200 Castelo Branco 940 L 7 – 30 224 h. alt. 675 – Desportos de inverno na Serra da Estrela : ⚡3.
Arred. : Estrada★ da Covilhã a Seia (≤★, Torre★★ 49 km – Estrada★★ da Covilhã a Gouveia (vale glaciário de Zêzere★★ (≤★), Poço do Inferno★ : cascata★, (≤★) por Manteigas : 65 km – Unhais da Serra (sítio★) Sudoeste : 21 km.
🛈 Praça do Municipio ℘ (275) 32 21 70 Fax (275) 31 95 69.
Lisboa 301 – Castelo Branco 62 – Guarda 45.

ao Sudeste – ✉ 6200 Covilhã :

Turismo da Covilhã, Acesso à Estrada N 18 - 3,5 km, ✉ 6201-909, ℘ (275) 33 04 00, imb@mail.telepac.pt, Fax (275) 33 04 40, ≤ – ⌸ ▨ 📺 & ⇔ 🅿 – 🎄 25/400. 🆎 ⓞ 🟧 VISA. ✺
Refeição 2200 - **Piornos** : Refeição lista 2550 a 3050 – **75 qto** ⌸ 12000/17000, 5 suites – PA 4400.

Santa Eufêmia sem rest, Sítio da Palmatória - 2 km ℘ (275) 31 33 08, Fax (275) 31 41 84, ≤ – ⌸ ▨ 📺 🅿. ✺
77 qto ⌸ 6500/10000.

na estrada das Penhas da Saúde Noroeste : 5 km – ✉ 6200 Covilhã :

Estalagem Varanda dos Carquejais 🐚, ℘ (275) 31 91 20, varandacarqueijais @net.sapo.pt, Fax (275) 31 91 24, ≤ montanhas e vale, 🟊, ✹ – 📺 & 🅿 – 🎄 25/50. ⓞ 🟧 VISA. ✺
Refeição 2800 – **50 qto** ⌸ 15000/19750.

CRATO 7430 Portalegre 940 O 7 – 2 123 h.
Ver : Mosteiro de Flor da Rosa★ : igreja★ Norte : 2km.
Lisboa 206 – Badajoz 84 – Estremoz 61 – Portalegre 20.

em Flor da Rosa Norte : 2 km – ✉ 7430-999 Crato :

Pousada Flor da Rosa 🐚, ℘ (245) 99 72 10, enatur@mail.telepac.pt, Fax (245) 99 72 12, ≤, « Num mosteiro do século XIV », 🟊, ⇌ – ⌸ ▨ 📺 🅿. 🆎 ⓞ 🟧 VISA. ✺
Refeição lista aprox. 5000 – **24 qto** ⌸ 29800/31900.

Si vous cherchez un hôtel tranquille,
consultez d'abord les cartes de l'introduction
ou repérez dans le texte les établissements indiqués avec le signe 🐚 *ou* 🐚.

CURIA Aveiro 940 K 4 – 2 704 h. alt. 40 – ✉ 3780 Anadia – Termas.
🛈 Praça Dr. Luís Navega ℘ (231) 51 22 48 Fax (231) 51 29 66.
Lisboa 229 – Coimbra 27 – Porto 93.

Das Termas 🐚, ✉ 3780-541 Tamengos, ℘ (231) 51 21 85, Fax (231) 51 58 38, « Num parque com árvores », 🟊, ✹ – ⌸ ▨ 📺 🅿 – 🎄 25/100. 🆎 ⓞ 🟧 VISA. ✺
Refeição 3000 - **Dom Carlos** : Refeição lista 3700 a 4900 – **57 qto** ⌸ 13000/18000 – PA 5500.

Grande H. da Curia 🐚, ✉ 3780 Tamengos, ℘ (231) 51 57 20, ghcuria@mail.tele pac.pt, Fax (231) 51 53 17, « Instalado num singular edifício de fins do século XIX », 𝄞, 🟊, 🟊, ⇌ – ⌸ ▨ 📺 🅿 – 🎄 25/200. 🆎 ⓞ 🟧 VISA. ✺
Refeição 3200 – **81 qto** ⌸ 17200/20250, 3 suites.

Do Parque 🐚 sem rest, ✉ 3780 Anadia, ℘ (231) 51 20 31, Fax (231) 51 23 13 – 🅿. 🆎 ⓞ 🟧 VISA
junho-dezembro – **22 qto** ⌸ 5000/6500.

DOMINGUISO 6200 Castelo Branco 940 L 7 – 1 137 h.
Lisboa 304 – Castelo Branco 65 – Covilhã 10 – Guarda 55.

Fonte Velha sem rest, Rua Pinhos Mansos ℘ (275) 95 97 77, Fax (275) 95 97 77 – ▨ 📺
16 qto.

ELVAS 7350 Portalegre 940 P 8 – 13 187 h. alt. 300.
Ver : Muralhas★★ – Aqueduto da Amoreira★ – Largo de Santa Clara★ (pelourinho★) – Igreja de N. S. da Consolação★ (azulejos★).
🛈 Praça da República ℘ (268) 62 22 36 Fax (268) 62 90 60.
Lisboa 222 – Portalegre 55.

ELVAS

Pousada de Santa Luzia, Av. de Badajoz (Estrada N 4), ✉ 7350-097, ℘ (268) 62 21 94, enatur@mail.telepac.pt, Fax (268) 62 21 27, 🍽, 🏊, ✗ – ≡ TV P. AE ① ⓜⓔ VISA. ⚠
Refeição lista 7300 a 9500 – **25 qto** ⌒ 21400/23000.

D. Luís, Av. de Badajoz (Estrada N 4), ✉ 7350-096, ℘ (268) 62 27 56, Fax (268) 62 07 33 – |❄| ≡ TV – 🛁 25/50. AE ① ⓜⓔ VISA. ⚠ rest
Refeição 2600 – **90 qto** ⌒ 11000/12000 – PA 5200.

Flor do Jardim, Jardim Municipal (Estrada N 4) ℘ (268) 62 31 74, Fax (268) 62 31 74, ≡ – ≡.

pela estrada de Portalegre – ✉ 7350 Elvas :

Estalagem Quinta de Santo António ⚜, Noroeste : 3,5 km e desvio a esquerda pela estrada de Barbacena 4,5 km, ✉ 7350-903, ℘ (268) 62 84 06, santónio@mail.tel epac.pt, Fax (268) 62 50 50, 🍽, « Antiga quinta com capela e amplo jardim », 🏊, ✗ – ≡ TV 🚭 P. – 🛁 25/120. AE ① ⓜⓔ VISA. ⚠
Refeição 2500 – **29 qto** ⌒ 14500/18000, 1 suite – PA 5000.

Luso-Espanhola sem rest e sem ⌒, Rui de Melo - Norte : 2 km ℘ (268) 62 30 92, Fax (268) 62 30 92 – ≡ TV
14 qto.

na estrada N 4 – ✉ 7350 Elvas :

Varchotel, Varche - Oeste : 5,5 km ℘ (268) 62 16 21, Fax (268) 62 15 96, 🍽 – |❄| ≡ TV 🚭 P. AE ⓜⓔ VISA. ⚠
Refeição 2500 – **41 qto** ⌒ 6000/9500, 2 suites – PA 5000.

Albergaria Elxadai Parque, Varche - Oeste : 5 km, ✉ 7350-422, ℘ (268) 62 13 97, info@hotelco.pt, Fax (268) 62 19 21, ≤ Elvas, Badajoz e Olivença, 𝄞, 🏊, ✗ – |❄| ≡ TV 🚭 P. AE ① ⓜⓔ VISA. ⚠
Refeição - ver rest. Guadicaia – **28 qto** ⌒ 9500/12000, 13 apartamentos.

Albergaria Jardim com qto, Sítio das Pias - Este : 3 km ℘ (268) 62 10 50, Fax (268) 62 10 51, 🍽 – ≡ TV P.
11 qto.

Guadicaia - Hotel Albergaria Elxadai Parque, Varche - Oeste : 5 km ℘ (268) 62 13 76, Fax (268) 62 96 72, ≤ – ≡ P.

Dom Quixote, Oeste : 3 km ℘ (268) 62 20 14, 🍽 – ≡ P. AE ① ⓜⓔ VISA. ⚠
Refeição lista 2900 a 5100.

ENTRE-OS-RIOS 4575 Porto 🟦🟨🟦 I 5 – alt. 50 – Termas.
Lisboa 331 – Porto 51 – Vila Real 96.

Miradouro, Estrada N 108 ℘ (255) 61 34 22, Fax (255) 61 42 14, ≤, 🍽, Junto ao rio – ≡. AE ⓜⓔ VISA. ⚠
fechado 2ª feira – Refeição - lampreia - lista aprox. 4500.

em Rio Mau Sudoeste : 10 km – ✉ 4575 Entre-os-Rios :

Mirante do Douro, Estrada N 108 ℘ (255) 67 79 23, ≤, 🍽, Junto ao rio – AE ⓜⓔ VISA. ⚠
fechado 3ª feira – Refeição - lampreia - lista 3500 a 4500.

ENTRONCAMENTO 2330 Santarém 🟦🟨🟦 N 4 – 13 925 h.
🛈 Largo da Estação ℘ (249) 71 92 29 Fax (249) 71 86 15.
Lisboa 127 – Castelo Branco 132 – Leiria 55 – Portalegre 114 – Santarém 45.

Gameiro sem rest, Rua Abílio Cesar Afonso (frente à Estação dos Caminhos de Ferro), ✉ 2330-096, ℘ (249) 72 68 34, Fax (249) 71 87 08 – |❄| ≡ TV P. – 🛁 25/50. AE ⓜⓔ VISA. ⚠
34 qto ⌒ 5500/8000.

O Barriga's, Praça Comunidade Europeia-Casal Saldanha ℘ (249) 71 76 31, obarrivas @mail.telepc.pt, Fax (249) 71 95 80, « Rest. típico » – ≡. AE ⓜⓔ VISA. ⚠
fechado do 15 ao 30 de agosto, domingo noite e 2ª feira – Refeição lista 2300 a 2600.

EREIRA Santarém – ver Cartaxo.

ERICEIRA 2655 Lisboa 🟦🟨🟦 P 1 – 4604 h. – Praia.
Ver : Pitoresco porto piscatório★.
🛈 Mendes Leal (Casa da Cultura Jaime Lobo e Silva) ℘ (261) 86 31 22 Fax (261) 86 59 09 e Rua Dr. Eduardo Burnay 46 ℘ (261) 86 31 22 Fax (261) 86 59 09.
Lisboa 52 – Sintra 24.

ERICEIRA

- **Vilazul**, Calçada da Baleia 10, ✉ 2655-238, ℘ (261) 86 00 00, hotel.vilazul@clix.pt, Fax (261) 86 29 27 – 🛗 🍽 TV. AE ① ⑩ VISA. ⊗
  O Poço : Refeição lista 4200 a 5000 – **21 qto** ⊆ 9100/13000.

- **Pedro o Pescador** sem rest, Rua Dr. Eduardo Burnay 22 ℘ (261) 86 40 32, Fax (261) 86 23 21 – 🛗. AE ① ⑩ VISA JCB
  25 qto ⊆ 10000/12000.

- **O Barco**, Capitão João Lopes ℘ (261) 86 27 59, Fax (261) 86 27 59, ≤ – 🍽. AE ① ⑩ VISA. ⊗
  fechado novembro-dezembro e 5ª feira – **Refeição** lista aprox. 6000.

na estrada N 247 Norte : 2 km – ✉ 2655 Ericeira :

- **César,** ℘ (261) 86 29 26, Fax (261) 86 21 33, ≤, Viveiro próprio – **P.** AE ① ⑩ VISA. ⊗
  fechado 15 dias em maio, 10 dias em setembro, 10 dias em novembro 2ª feira noite e 3ª feira – **Refeição** - mariscos - lista 3300 a 4200.

ESCUSA Portalegre 940 N 7 – ✉ 7330-330 Marvão.
Lisboa 223 – Cáceres 119 – Portalegre 21.

- **Quinta Curral da Nora** sem rest, Estrada N 246-1 ℘ (245) 99 35 58, Fax (245) 99 37 65, ⊇ climatizada, 🐎 – TV **P.** VISA
  9 qto ⊆ 10000/16000.

ESPINHO 4500 Aveiro 940 I 4 – 33 414 h. – Praia.
🏌 Oporto, ℘ (22) 734 20 08 Fax (22) 734 68 95.
🛈 Ângulo das Ruas 6 e 23 ✉ (22) 734 09 11 Fax (22) 731 10 53.
Lisboa 308 – Aveiro 54 – *Porto* 23.

- **Praiagolfe H.**, Rua 6, ✉ 4500-357, ℘ (22) 733 10 00, pgolfe.reservas@mail.telepac.pt, Fax (22) 733 10 01, ≤, 𝐹ₛ, 🏊 – 🛗 🍽 TV ♿ – 🅰 25/300. AE ① ⑩ VISA. ⊗
  Refeição 3000 – **133 qto** ⊆ 20500/23000, 6 suites – PA 6000.

- **Solverde** sem rest, Rua 21-77, ✉ 4500-267, ℘ (22) 731 31 44, hotelapartamento @solverde.pt, Fax (22) 731 31 53, ≤ – 🛗 TV ⇔. AE ① ⑩ VISA. ⊗
  ⊆ 1000 – **83 apartamentos** 15900.

- **Néry** sem rest, Avenida 8-826 ℘ (22) 734 73 64, Fax (22) 734 85 96, ≤ – 🛗 🍽 TV ⇔.
  AE ① ⑩ VISA. ⊗
  43 qto ⊆ 8000/10000.

- **Aquário**, Rua 4-540 ℘ (22) 733 03 70, Fax (22) 733 03 71, 🌿 – 🍽. AE ① ⑩ VISA JCB. ⊗
  Refeição lista 3210 a 6800.

ESPOSENDE 4740 Braga 940 H 3 – 2 789 h. – Praia.
🛈 Rua 1º de Dezembro ℘ (253) 96 13 54 Fax (253) 96 13 54.
Lisboa 367 – Braga 33 – Porto 49 – Viana do Castelo 21.

- **Suave Mar** ⇘, Av. Eng. Eduardo Arantes e Oliveira ℘ (253) 96 94 00, Fax (253) 96 94 01, 𝐹ₛ, 🏊, ⚽ – 🛗 🍽 TV ♿ ⇔ **P.** – 🅰 25/200. AE ① ⑩ VISA. ⊗
  Refeição 2600 – **79 qto** ⊆ 16250/17250, 5 suites – PA 5000.

- Estalagem Zende, Estrada N 13 ℘ (253) 96 46 64, Fax (253) 96 50 18 – 🍽 TV **P.** – 🅰 25/300
  Refeição Martins – **25 qto.**

- **Acropole** sem rest, Praça D. Sebastião ℘ (253) 96 19 41, Fax (253) 96 42 38 – 🛗 TV.
  AE ⑩ VISA. ⊗
  30 qto ⊆ 6800/8800.

ESTEFÂNIA Lisboa – ver Sintra.

ESTÓI Faro – ver Faro.

ESTORIL 2765 Lisboa 940 P 1 – 25 230 h. – Praia.
Ver : *Estância balnear*★.
🏌 🏌 Estoril, ℘ (21) 468 01 76 Fax (21) 468 27 96 **BX.**
🛈 Arcadas do Parque ℘ (21) 466 44 14 Fax (21) 467 22 80.
Lisboa 23 ② – Sintra 13 ①

Ver plano de Cascais

- **Palácio**, Rua do Parque, ✉ 2769-504, ℘ (21) 464 80 00, palacioestoril@mail.telepac.pt, Fax (21) 468 48 67, ≤, 🍴, 🐎 – 🛗 🍽 TV **P.** – 🅰 25/400. AE ① ⑩ VISA JCB. ⊗   **BY k**
  Refeição - ver rest. *Four Seasons* – ⊆ 2850 – **131 qto** 45000/50000, 31 suites.

ESTORIL

Amazónia Lennox Estoril, Rua Eng. Álvaro Pedro de Sousa 5, ✉ 2765-191, ✆ (21) 468 04 24, Fax (21) 467 08 59, 🍴, « Terraços floridos », ☒ climatizada – 🍽 🅿 – 🛋 25/50. 🆎 ⓞ ⓜⓔ 🆅🅸🆂🅰 ⚡ rest   BY a
Refeição - só jantar - 3600 – **30 qto** ⊇ 16500/20000, 2 suites, 2 apartamentos.

Inglaterra, Rua do Porto 1, ✉ 2765-271, ✆ (21) 468 44 61, hotelinglaterra@mail.t elepac.pt, Fax (21) 468 21 08, ≤, 🍽 – 🛗 🍽 📺 – 🛋 25/80. 🆎 ⓞ ⓜⓔ 🆅🅸🆂🅰 ⚡   BY e
Refeição 3800 – **50 qto** ⊇ 14000/26000, 2 suites – PA 7600.

Vila Galé Estoril, Av. Marginal, ✉ 2766-901, ✆ (21) 464 84 00, galeestoril@vilagale.pt, Fax (21) 464 84 32, ≤, 🛁, ☒ – 🛗 🍽 📺 🅐 – 🛋 25/140. 🆎 ⓞ ⓜⓔ 🆅🅸🆂🅰 🅹🅲🅱. ⚡   BY v
Refeição 4000 – **126 qto** ⊇ 26660/30750 – PA 7000.

Paris, Av. Marginal 7034, ✉ 2765-247, ✆ (21) 467 03 22, sanaclassic.paris@sanahot els.com, Fax (21) 467 11 71, ≤, 🛁, ☒, 🍽 – 🛗 🍽 📺 🅐 🅿 – 🛋 25/130. 🆎 ⓞ ⓜⓔ 🆅🅸🆂🅰 🅹🅲🅱.   BY r
Refeição 2800 – **97 qto** ⊇ 19000/21000.

Alvorada sem rest, Rua de Lisboa 3, ✉ 2765-240, ✆ (21) 464 98 60, hotelalvorada @ip.pt, Fax (21) 468 72 50 – 🛗 🍽 📺 🅿. 🆎 ⓞ ⓜⓔ 🆅🅸🆂🅰. ⚡   BY b
53 qto ⊇ 13000/19500.

Four Seasons - Hotel Palácio, Rua do Parque, ✉ 2769-504, ✆ (21) 464 80 00, pala cioestoril@mail.telepac.pt, Fax (21) 468 48 67 – 🍽 🅿. 🆎 ⓞ ⓜⓔ 🆅🅸🆂🅰 🅹🅲🅱. ⚡   BY k
Refeição lista 6600 a 9500.

La Villa, Praia do Estoril 3 ✆ (21) 468 00 33, Fax (21) 468 63 87, 🍴, « Belo edifício junto ao mar » – 🍽. 🆎 ⓞ 🆅🅸🆂🅰. ⚡   BY f
fechado do 1 ao 17 de janeiro – **Refeição** lista aprox. 5750.

no Monte Estoril BX – ✉ 2765 Estoril :

Estoril Eden, Av. Sabóia 209, ✉ 2769-502, ✆ (21) 466 76 00, eden@mail.telepac.pt, Fax (21) 466 76 01, ≤, ☒, 🍽 – 🛗 🍽 📺 🅐 – 🛋 25/180. 🆎 ⓞ ⓜⓔ 🆅🅸🆂🅰 ⚡ BX s
Refeição 3400 – **162 apartamentos** ⊇ 22650/27300 – PA 6800.

Tryp Atlântico, Av. Marginal 8023 ✆ (21) 468 02 70, Fax (21) 468 36 19, ≤, ☒ – 🛗 📺 🅿 – 🛋 25/180. 🆎 ⓞ ⓜⓔ 🆅🅸🆂🅰 ⚡   BX z
Refeição 4000 – **175 qto** ⊇ 20000/25000 – PA 8000.

Sabóia sem rest. com snack-bar, Rua Belmonte 1, ✉ 2765-398, ✆ (21) 468 02 02, Fax (21) 468 11 17, 🍴, 🍽 – 🛗 🍽 📺 – 🛋 25/30. 🆎 ⓞ ⓜⓔ 🆅🅸🆂🅰 ⚡   BX p
48 qto ⊇ 18000/20000.

English-Bar, Av. Marginal ✆ (21) 468 04 13, Fax (21) 468 12 54, ≤, « Decoração inglesa » – 🍽 📺 🆅🅸🆂🅰   BX s
fechado do 6 ao 20 de agosto e domingo – **Refeição** lista 4700 a 8000.

em São João do Estoril por ② : 2 km – ✉ 2765 Estoril :

A Choupana, Av. Marginal 5579 ✆ (21) 468 30 99, Fax (21) 467 43 44, ≤ – 🍽 🅿. 🆎 ⓞ ⓜⓔ 🆅🅸🆂🅰. ⚡
Refeição lista 4400 a 7450.

ESTREITO DE CÂMARA DE LOBOS Madeira – ver Madeira (Arquipélago da).

ESTREMOZ 7100 Évora 𝟗𝟒𝟎 P 7 – 7 869 h. alt. 425.

Ver : A Vila Velha★ - Sala de Audiência de D. Dinis (colunata gótica★).
Arred. : Évoramonte : Sítio★, castelo★ (⁂★) Sudoeste : 18 km.
🗓 Rossio do Marquês de Pombal ✆ (268) 33 35 41 Fax (268) 32 44 89.
Lisboa 179 – Badajoz 62 – Évora 46.

Pousada da Rainha Santa Isabel, Largo D. Diniz - Castelo de Estremoz, ✉ 7100-509, ✆ (268) 33 20 75, enatur@mail.telepac.pt, Fax (268) 33 20 79, ≤, 🍴, « Luxuosa pousada instalada num belo castelo medieval », ☒ – 🛗 🍽 📺 – 🛋 25. 🆎 ⓞ ⓜⓔ 🆅🅸🆂🅰. ⚡
Refeição lista aprox. 5000 – **32 qto** ⊇ 34300/36400, 1 suite.

D. Dinis sem rest, Rua 31 de Janeiro 46 ✆ (268) 33 27 17, Fax (268) 226 10 – 🍽 📺. ⓜⓔ 🆅🅸🆂🅰
⊇ 1500 – **8 qto** 10000/12500.

Águias d'Ouro, Rossio Marquês de Pombal 27, ✉ 7100-513, ✆ (268) 33 70 30, agui as-ouro@clix.pt, Fax (268) 33 70 39 – 🍽. 🆎 ⓞ ⓜⓔ 🆅🅸🆂🅰 🅹🅲🅱. ⚡
Refeição lista 4400 a 5700.

São Rosas, Largo D. Dinis 11 ✆ (268) 33 33 45, 🍴, « Decoração regional » – 🍽.

ESTREMOZ

na estrada N 4 Oeste : 2,5 km – ⊠ 7100 Estremoz :

Imperador, Fonte do Imperador ℘ (268) 33 99 50, Fax (268) 33 99 58, ≼ – ⃒⃒ ▦ 📺
& ⇌ 🅿. 𝔸𝔼 ⓞ 🅜🅔 𝑽𝑰𝑺𝑨.
Bife na Pedra : Refeição lista 3300 a 4600 – **65 qto** ⌧ 10000/13500, 3 suites.

ÉVORA 7000 🅿 940 Q 6 – 37 965 h. alt. 301.

Ver : Sé★★ BY : interior★ (cúpula★, cadeiral★,) Museu de Arte sacra★ (Virgem do Paraíso★★), Claustro★ – Museu Regional★ BY M1 (Baixo-relevo★, Anunciação★) – Templo romano★ BY – Convento dos Lóios★ BY : Igreja★, Edifícios conventuais (portal★), Paço dos Duques de Cadaval★ BY P – Largo da Porta de Moura (fonte★) BCZ – Igreja de São Francisco (interior★, capela dos Ossos★) BZ – Fortificações★ – Antiga universidade dos Jesuítas (claustro★) CY.

Arred. : Convento de São Bento de Castris (claustro★) 3 km por N 114-4.

🛈 Praça do Giraldo 73 ⊠ 7000-508 ℘ (266) 70 26 71 – **A.C.P.** Rua Alcarcova de Baixo 7 ⊠ 7000-841 ℘ (266) 70 75 33 Fax (266) 70 96 96.

Lisboa 153 ⑤ – Badajoz 102 ② – Portalegre 105 ② – Setúbal 102 ⑤

Planos páginas seguintes

Pousada dos Lóios ⌂, Largo Conde de Vila Flor, ⊠ 7000-804, ℘ (266) 70 40 51, enatur@mail.telepac.pt, Fax (266) 70 72 48, « Instalada num convento do século XVI », ⌧
– ▦ 📺 🅿. 𝔸𝔼 ⓞ 🅜🅔 𝑽𝑰𝑺𝑨 𝐽𝐶𝐵. ※   BY a
Refeição lista 5250 a 6750 – **30 qto** ⌧ 33200/35300, 2 suites.

Da Cartuxa, Travessa da Palmeira 4 ℘ (266) 73 93 00, reservas@hotelcartuxa.pt, Fax (266) 73 93 05, 🍴, ⌧, ✿ – ⃒⃒ ▦ 📺 & ⇌ – ♨ 25/300. 𝔸𝔼 ⓞ 🅜🅔 𝑽𝑰𝑺𝑨.
※ rest   AZ f
Refeição lista 4200 a 5150 – **85 qto** ⌧ 23000/26000, 6 suites.

Dom Fernando, Av. Dr. Barahona 2 ℘ (266) 74 17 17, Fax (266) 74 17 16, ⌧ – ⃒⃒ ▦
📺 ⇌ – ♨ 25/200. 𝔸𝔼 ⓞ 🅜🅔 𝑽𝑰𝑺𝑨. ※   BZ e
Refeição 2350 – **102 qto** ⌧ 13500/18000, 2 suites.

Albergaria do Calvário sem rest, Travessa dos Lagares 3, ⊠ 7000-565, ℘ (266) 74 59 30, albergariacalvario@mail.telepac.pt, Fax (266) 74 59 39 – ⃒⃒ ▦ 📺 & ⇌. 𝔸𝔼
ⓞ 🅜🅔 𝑽𝑰𝑺𝑨   AY e
21 qto ⌧ 10500/14000, 2 suites.

Albergaria Vitória, Rua Diana de Lis 5, ⊠ 7000-871, ℘ (266) 70 71 74, albergaria victoria@ip.pt, Fax (266) 70 09 74 – ⃒⃒ ▦ 📺 – ♨ 25/55. 𝔸𝔼 ⓞ 🅜🅔 𝑽𝑰𝑺𝑨. ※ AZ y
Refeição 3500 – **48 qto** ⌧ 10000/12500.

Hospedaria d'El Rei sem rest, Loteamento Chafariz d'El Rei 1, ⊠ 7000-853, ℘ (266) 74 56 60, del.rei@netc.pt, Fax (266) 74 56 69 – ⃒⃒ ▦ 📺 ⇌. 𝔸𝔼 ⓞ 🅜🅔 𝑽𝑰𝑺𝑨. ※
33 qto ⌧ 10400/12500.   por Rua do Chafariz D'El Rei CZ

Riviera sem rest, Rua 5 de Outubro 49, ⊠ 7000-854, ℘ (266) 70 33 04, Fax (266) 70 04 67 – ▦ 📺. 𝔸𝔼 ⓞ 🅜🅔 𝑽𝑰𝑺𝑨. ※   BZ v
22 qto ⌧ 8000/11000.

Ibis Évora, Quinta da Tapada (Urb. da Muralha), ⊠ 7000-968, ℘ (266) 74 46 20, h1708@alcor-hotels.com, Fax (266) 74 46 32 – ⃒⃒ ▦ 📺 & ⇌ 🅿 – ♨ 25. 𝔸𝔼 ⓞ
🅜🅔 𝑽𝑰𝑺𝑨   AZ a
Refeição lista 2500 a 3500 – ⌧ 800 – **87 qto** 7300/8900.

Santa Clara sem rest, Travessa da Milheira 19, ⊠ 7000-545, ℘ (266) 70 41 41, hote lsantaclara@mail.telepac.pt, Fax (266) 70 65 44 – ▦ 📺. 𝔸𝔼 ⓞ 🅜🅔 𝑽𝑰𝑺𝑨 𝐽𝐶𝐵   AZ p
43 qto ⌧ 8200/10300.

O Grémio, Alcárcova de Cima 10 ℘ (266) 74 29 31, gremiores@sopo.pt, Fax (266) 74 29 31 – ▦. 𝔸𝔼 ⓞ 🅜🅔 𝑽𝑰𝑺𝑨. ※   BY u
fechado 4ª feira – **Refeição** lista 3450 a 6600.

Fialho, Travessa das Mascarenhas 14, ⊠ 7000-557, ℘ (266) 70 30 79, Fax (266) 74 48 73, « Decoração regional » – ▦. 𝔸𝔼 𝑽𝑰𝑺𝑨. ※   AY h
fechado 24 dezembro-2 janeiro, do 3 ao 24 de setembro e 2ª feira – **Refeição** lista 3780 a 5650.

Cozinha de Sto. Humberto, Rua da Moeda 39, ⊠ 7000-513, ℘ (266) 70 42 51, ginaldotur@monfalimtur.pt, Fax (266) 74 23 67, « Decoração original com motivos regionais » – ▦. 𝔸𝔼 ⓞ 🅜🅔 𝑽𝑰𝑺𝑨. ※   AZ b
fechado novembro e 5ª feira – **Refeição** lista 3600 a 5300.

O Antão, Rua João de Deus 5, ⊠ 7000-534, ℘ (266) 70 64 59, jassis@mail.telepac.pt, Fax (266) 70 70 36 – ▦. 𝔸𝔼 ⓞ 🅜🅔 𝑽𝑰𝑺𝑨 𝐽𝐶𝐵   BY f
fechado do 15 ao 30 de junho e 4ª feira – Refeição lista 2890 a 4400.

Cozinha Alentejana, Rua 5 de Outubro 51, ⊠ 7000-854, ℘ (266) 70 27 72, Fax (266) 74 47 16 – ▦. 𝔸𝔼 ⓞ 🅜🅔 𝑽𝑰𝑺𝑨 𝐽𝐶𝐵   BZ r
fechado novembro e 4ª feira – **Refeição** lista aprox. 4500.

ÉVORA

Álvaro Velho (Largo)	**BZ**	3
Aviz (Rua de)	**BY**	4
Bombeiros Voluntários de Évora (Av.)	**CZ**	6
Caraça (Trav. da)	**BZ**	7
Cenáculo (Rua do)	**BY**	9
Combatentes da Grande Guerra (Av. dos)	**BZ**	10
Conde de Vila-Flor (Largo)	**BY**	12
Diogo Cão (Rua)	**BZ**	13
Freiria de Baixo (Rua da)	**BY**	15
Giraldo (Praça do)	**BZ**	
João de Deus (Rua)	**AY**	16
José Elias Garcia (Rua)	**AY**	18
Lagar dos Dízimos (Rua do)	**BZ**	19
Luís de Camões (Largo)	**AY**	21
Marquês de Marialva (Largo)	**BY**	22
Menino Jesus (R. do)	**BY**	24
Misericórdia (Largo)	**BZ**	25
Penedos (Largo dos)	**AY**	28
República (Rua da)	**BZ**	
Santa Clara (R. de)	**AZ**	30
São Manços (Rua de)	**BZ**	31
Senhor da Pobreza (Largo)	**CZ**	33
Torta (Trav.)	**AZ**	34
Vasco da Gama (Rua)	**BY**	36
1º de Maio (Praça)	**BZ**	
5 de Outubro (Rua)	**BYZ**	37

Este guia não é uma lista de todos os hotéis e restaurantes, nem sequer de todos os bons hotéis e restaurantes de Espanha e Portugal.

Como procuramos servir todos os turistas, vemo-nos obrigados a indicar estabelecimentos de todas as categorias e a citar apenas alguns de cada uma delas.

ÉVORA

na estrada N 114 por ⑤ : 2,5 km – ⊠ 7000 Évora :

🏨 **Évorahotel,** Quinta do Cruzeiro ✆ (266) 73 48 00, Fax (266) 73 48 06, ≼, ⌁, ※ – ⌷
≡ TV P – 🛁 25/450. AE ① ◉◉ VISA. ※
Refeição 2850 – **114 qto** ⌕ 13400/16700 – PA 5500.

FAFE 4820 Braga 940 H 5 – 11 713 h.
Lisboa 375 – Amarante 37 – Guimarães 14 – Porto 67 – Vila Real 72.

🏨 **Comfort Inn,** Av. do Brasil ✆ (253) 59 52 22, Fax (253) 59 52 29 – ≡ TV ♿ P –
🛁 25/70. AE ① ◉◉ VISA JCB. ※
Refeição 2500 – **59 qto** ⌕ 9500/11000 – PA 4700.

FAIAL Madeira – ver Madeira (Arquipélago da).

FÃO Braga 940 H 3 – 2 185 h. – ⊠ 4740 Esposende – Praia.
Lisboa 365 – Braga 35 – Porto 47.

na Praia de Ofir – ⊠ 4740-405 Esposende :

🏨 **Ofir** ⌁, Av. Raul Sousa Martins ✆ (253) 98 98 00, hotelofir@esoterica.pt,
Fax (253) 98 18 71, ≼, ⌁, ⚓, ※ – ⌷ ≡ TV P – 🛁 25/200. AE ① ◉◉ VISA. ※
Refeição 3000 – **191 qto** ⌕ 13000/16300.

em Apúlia pela estrada N 13 - Sul : 6,3 km – ⊠ 4740 Esposende :

🏨 **San Remo** sem rest, Av. da Praia 45 ✆ (253) 98 15 85, Fax (253) 98 15 86 – VISA. ※
29 qto ⌕ 5500/7000.

✕ **Camelo,** Rua do Facho ✆ (253) 98 76 00 – ≡. AE ① ◉◉ VISA. ※
fechado 2ª feira e do 15 ao 31 de outubro – Refeição lista aprox. 3800.

FARO 8000 P 940 U 6 – 33 664 h. – Praia.
Ver : Vila-a-dentro★-Miradouro de Santo António ⁂★ B.
Arred. : Praia de Faro ≼★ 9 km por ① – Olhão (campanário da igreja ⁂★) 8 km por ③.
🅸 Vila Sol (Vilamoura), 23 km por ① ✆ (289) 30 05 05 – 🅸 🅸 🅸 Laguna Golf Cost (Vilamoura) ✆ (89) 31 01 80 – 🅸 Pinhal Golf Cost (Vilamoura) ✆ (289) 31 03 90 – 🅸 Old Cost (Vilamoura) ✆ (289) 31 03 41 – 🅸 🅸 Vale do Lobo, 20 km por ① ✆ (289) 39 39 39 (ext. 5612) Fax (289) 39 47 42 – 🅸 🅸 Quinta do Lago, 16 km por ① ✆ (289) 39 40 13.
✈ de Faro 7 km por ① ✆ (289) 80 08 00 – T.A.P., Rua D. Francisco Gomes 8 ⊠ 8000-168 ✆ (289) 80 02 01.
🚗 ✆ (289) 80 17 26.
🅱 Rua da Misericórdia 8 ⊠ 8000-269 ✆ (289) 80 36 04 – **A.C.P.** Rua Francisco Barreto 26 A ⊠ 8000-344 ✆ (289) 89 89 50 Fax (289) 80 21 32.
Lisboa 309 ② – Huelva 105 ③ – Setúbal 258 ②

FARO

Alex. Herculano (Praça) .... **A** 3	D. F. Gomes (Pr. e Rua) .... **A** 12	Lethes (Rua) .... **A** 21
Ataide de Oliveira (Rua) **B** 4	Dr José de Matos (Rua) ... **B** 13	Miguel Bombarda (Rua) **A** 22
Bocage (Rua do) .... **A** 6	Dr Teixeira Guedes (Rua) .... **B** 14	Mouras Velhas (Largo das) .... **A** 23
Carmo (Largo de) .... **A** 7	Eça de Queirós .... **B** 15	Pé da Cruz (Largo do) ... **B** 24
Conselheiro Bivar (Rua) .... **A** 9	Ferreira de Almeida (Praça) .... **A** 16	S. Pedro (Largo de) ...... **A** 25
Cruz das Mestras (Rua) .... **A** 10	Filipe Alistão (Rua) ...... **A** 18	Santo António (Rua de) ... **A** 27
	Francisco Barreto (Rua) .. **A** 19	São Sebastião (Largo de) .. **A** 28
	Ivens (Rua) .... **A** 20	1º de Maio (Rua) .... **A** 31

🏨 **Eva**, Av. da República 1 ✆ (289) 80 33 54, Fax (289) 80 23 04, ≤, ⌇, – ⌘ ▥ ▦ ♿ – 🅰 25/300. AE ⓞ ⓜⓒ VISA. ⌘
Refeição 4100 - *Griséus* : Refeição lista aprox. 5000 - **135 qto** ⌂ 22200/25500, 13 suites – PA 7300.
                                                                               A v

🏨 **Dom Bernardo** sem rest, Rua General Teófilo da Trindade 20 ✆ (289) 80 68 06, hdb@net.sapo.pt, Fax (289) 80 68 00 – ⌘ ▥ ▦ ♿ – 🅰 25/40. AE ⓞ ⓜⓒ VISA.
43 qto ⌂ 12000/15000.
                                                                               A c

🏨 **Alnacir** sem rest, Estrada Senhora da Saúde 24 ✆ (289) 80 36 78, Fax (289) 80 35 48 – ⌘ ▥ ▦ – 🅰 25/40. AE ⓞ ⓜⓒ VISA JCB. ⌘
53 qto ⌂ 9600/12000.
                                                                               A h

🏨 **Afonso III** sem rest, Rua Miguel Bombarda 64, ✉ 8000-394, ✆ (289) 80 35 42, Fax (289) 80 51 85 – ⌘ ▥ ▦. AE ⓞ ⓜⓒ VISA. ⌘
40 qto ⌂ 10000/15000.
                                                                               A e

🏨 **York** ⌘ sem rest, Rua de Berlim 39, ✉ 8000-278, ✆ (289) 82 39 73, Fax (289) 80 49 74, ≤ – ▦
21 qto ⌂ 8000/11000.
                                                                               B m

🏨 **Alameda** sem rest e sem ⌂, Rua Dr. José de Matos 31 ✆ (289) 80 19 62, Fax (289) 80 42 18
14 qto 6000/8000.
                                                                               B t

na estrada N 125 por ① : 2,5 km – ✉ 8000 Faro :

🏨 **Ibis Faro**, Pontes de Marchil ✆ (289) 80 67 71, Fax (289) 80 69 30, ⌘, ⌇, – ⌘ ▥ ▦ ♿ 🅿 – 🅰 25/75. AE ⓞ ⓜⓒ VISA. ⌘ rest
Refeição lista aprox. 3050 – ⌂ 800 – **81 qto** 9850.

na estrada do aeroporto por ① : 4 km – ✉ 8000 Faro :

🏨 **Mónaco**, ✆ (289) 89 50 60, hotel.monaco@mail.telepac.pt, Fax (289) 89 50 69, ⌇, – ⌘ ▥ ▦ 🅿 – 🅰 25/150. AE ⓞ ⓜⓒ VISA. ⌘
Refeição lista aprox. 3500 – **61 qto** ⌂ 15000/20000, 3 suites.

FARO

na Praia de Faro por ① : 9 km – ⊠ 8000 Faro :

XX **Camané**, Av. Nascente ℘ (289) 81 75 39, res.camane@clix-pt, Fax (289) 81 72 36, ≤,
☂ – ▤, ⌶ ⓜ ⓥⓢⓐ ✄
fechado 2ª feira – **Refeição** - peixes e mariscos, em agosto só jantar - lista aprox. 7500.

em Santa Bárbara de Nexe por ① : 12 km – ⊠ 8000 Faro :

🏛 **La Réserve** ⓢ, Estrada de Esteval ℘ (289) 99 94 74, Fax (289) 99 94 02, ≤, « Extenso
e belo jardim com ⚊ », ⚇ – ▤ 🅣 🅟 ⌶ ⓜ ⓥⓢⓐ ✄
Refeição - ver rest. **La Réserve** – **20 apartamentos** ⌸ 30000/40000.

XXX **La Réserve** - Hotel La Reserve, Estrada de Esteval ℘ (289) 99 92 34, Fax (289) 99 94 02,
☂ – ▤ 🅟 ⌶ ⓜ ⓥⓢⓐ ✄
fechado 3ª feira – **Refeição** - só jantar - lista 5400 a 7300.

em Estói por ② : 11 km – ⊠ 8000 Faro :

XX **Monte do Casal** ⓢ, com qto, Estrada de Moncarapacho - Sudeste : 3 km, ⊠ 8000-661,
℘ (289) 99 01 40, montecasal@mail.telepac.pt, Fax (289) 99 13 41, ≤, ☂, « Antiga casa
de campo com ⚊ climatizada », ⚇ – ▤ qto, 🅟 ⌶ ⓜ ⓥⓢⓐ ✄
fechado 22 novembro-8 fevereiro – **Refeição** lista 8000 a 10450 – **8 qto**
⌸ 27500/42500, 5 suites.

FÁTIMA 2495 Santarém 940 N 4 – 7 298 h. alt. 346.

Arred. : Parque natural das serras de Aire e de Candeeiros★ : Sudoeste Grutas de Mira
de Aire★ o dos Moinhos Velhos.

🛈 Av. D. José Alves Correia da Silva (Cova da Iria) ℘ (249) 53 11 39.
Lisboa 135 – Leiria 26 – Santarém 64.

XX **Tia Alice**, Rua do Adro ℘ (249) 53 17 37, Fax (249) 53 43 70, « Decoração rústica » –
▤. ⌶ ⓜ ⓥⓢⓐ ✄
fechado julho, domingo noite e 2ª feira – **Refeição** lista 4200 a 7100.

na Cova da Iria Noroeste : 2 km – ⊠ 2495 Fátima :

🏛 **De Fátima**, João Paulo II, ⊠ 2496-908, ℘ (249) 53 33 51, Fax (249) 53 26 91 – 📶 ▤
🅣 ♿ ⚇ 🅟 – 🛋 25/500. ⌶ ⓞ ⓜ ⓥⓢⓐ ✄
Refeição 3500 – **117 qto** ⌸ 12500/15000, 9 suites – PA 7000.

🏛 **Estalagem Dom Gonçalo**, Rua Jacinta Marto 100, ⊠ 2495-450, ℘ (249) 53 93 30,
hotel.d.goncalo@ip.pt, Fax (249) 53 93 35 – 📶 ▤ 🅣 ⚇ 🅟 – 🛋 25/250. ⌶ ⓞ ⓜ ⓥⓢⓐ
Refeição - ver rest. **O Convite** – **42 qto** ⌸ 10650/13900.

🏛 **Cinquentenário**, Rua Francisco Marto 175 ℘ (249) 53 34 65, Fax (249) 53 29 92 – 📶
▤ 🅣 🅟 – 🛋 25/80. ⌶ ⓜ ⓥⓢⓐ ✄
Refeição 2750 – **132 qto** ⌸ 10200/13900 – PA 5400.

🏛 **Santa Maria**, Rua de Santo António, ⊠ 2495-430, ℘ (249) 53 30 15, santamaria.sa
ojose.hoteis@ip.pt, Fax (249) 53 21 97 – 📶 ▤ 🅣 🅟 ⌶ ⓞ ⓜ ⓥⓢⓐ ⓙⓒⓑ ✄
Refeição lista 2750 a 4100 – **180 qto** ⌸ 10500/12000.

🏛 **São José**, Av. D. José Alves Correia da Silva, ⊠ 2495-402, ℘ (249) 53 22 15, santa
maria.saojose.hoteis@ip.pt, Fax (249) 53 21 97, 🅵 – 📶 ▤ 🅣 🅟 – 🛋 25/250. ⌶ ⓞ
ⓜ ⓥⓢⓐ ⓙⓒⓑ ✄
Refeição lista 2750 a 3700 – **80 qto** ⌸ 8500/10000.

🏛 **Regina**, Rua Dr. Cónego Manuel Formigão ℘ (249) 53 23 03, Fax (249) 53 26 63 – 📶 ▤
🅣 – 🛋 25/50. ⌶ ⓞ ⓜ ⓥⓢⓐ ✄
Refeição 3000 – **100 qto** ⌸ 9000/12000.

🏛 **Alecrim**, Rua Francisco Marto 84, ⊠ 2496-908, ℘ (249) 53 94 50, Fax (249) 53 94 55
– 📶 ▤ 🅣 ♿ ⌶ ⓞ ⓜ ⓥⓢⓐ ✄ rest
Refeição 2500 – **53 qto** ⌸ 7500/15000.

🏠 **Casa das Irmãs Dominicanas**, Rua Francisco Marto 50 ℘ (249) 53 33 17,
Fax (249) 53 26 88 – 📶 🅣 ♿ 🅟 – 🛋 25/100. ⓥⓢⓐ ✄
Refeição 1900 – **103 qto** ⌸ 5700/9000.

🏠 **Estrela de Fátima**, Rua Dr. Cónego Manuel Formigão, ⊠ 2496-908, ℘ (249) 53 11 50,
estrela.hoteis@ip.pt, Fax (249) 53 21 60 – 📶 ▤ 🅣 ⚇ – 🛋 25/150. ⌶ ⓞ ⓜ
ⓥⓢⓐ ✄
Refeição 1800 – **57 qto** ⌸ 9000/12000.

🏠 **Santo António**, Rua de São José 10, ⊠ 2495-434, ℘ (249) 53 36 37, hotel.sanant
onio@ip.pt, Fax (249) 53 36 34 – 📶, ▤ rest, 🅣 ⚇. ⌶ ⓜ ⓥⓢⓐ ✄
Refeição 2500 – **39 qto** ⌸ 6500/9000 – PA 5000.

🏠 **Casa Beato Nuno**, Av. Beato Nuno 271 ℘ (249) 53 30 69, Fax (249) 53 27 57 – 📶,
▤ rest, ♿ 🅟 – 🛋 25/200. ⌶ ⓜ ⓥⓢⓐ ✄
fechado dezembro – **Refeição** 2300 – **135 qto** ⌸ 7000/8000 – PA 4600.

FÁTIMA

- **Cruz Alta** sem rest, Rua Dr. Cónego Manuel Formigão, ⊠ 2496-908, ℘ (249) 53 14 81, estrela.hoteis@ip.pt, Fax (249) 53 21 60 – |‡|, TV, P., AE, ⓘ, MC, VISA. ⋙
 22 qto ⋍ 9000/12000.

- **Floresta,** Estrada da Batalha ℘ (249) 53 14 66, Fax (249) 53 31 38 – |‡|, ⬜ rest, P. AE ⓘ MC VISA. ⋙
 Refeição lista 2850 a 3850 – **31 qto** ⋍ 8000/12000.

- **O Convite** – Estalagem Dom Gonçalo, Rua Jacinto Marto 100, ⊠ 2495-450, ℘ (249) 53 93 30, hotel.d.goncalo@ip.pt, Fax (249) 53 93 35 – ⬜ P. AE ⓘ MC VISA. ⋙
 Refeição lista 4100 a 4750.

- **Arcos de Fátima,** Av. D. José Alves Correia da Silva 58 ℘ (249) 53 37 80, Fax (249) 53 37 80, 🍽 – ⬜. AE MC VISA. ⋙
 Refeição lista aprox. 3450.

- **O Recinto,** Av. D. José Alves Correia da Silva (Galerias do Parque) ℘ (249) 53 30 55, Fax (249) 53 30 28, 🍽 – ⬜. AE ⓘ MC VISA. ⋙
 Refeição lista 3050 a 3800.

em Boleiros Sul : 5 km – ⊠ 2495 Fátima :

- **O Truão,** Largo da Capela ℘ (249) 52 15 42, Fax (249) 52 11 95, Rest. típico, « Decoração rústica » – ⬜ P. AE ⓘ MC VISA. ⋙
 fechado janeiro-2 fevereiro – **Refeição** lista aprox. 5100.

FELGUEIRAS 4610 Porto 940 H 5.

Lisboa 379 – Braga 38 – Porto 65 – Vila Real 57.

- **Horus** sem rest, Av. Dr. Leonardo Coimbra, ⊠ 4614-909, ℘ (255) 31 24 00, hotelhorus@mail.com, Fax (255) 31 23 22, ₤6, 🗖 – |‡| ⬜ TV 🚗 – 🏛 25/100. AE ⓘ MC VISA. ⋙
 46 qto ⋍ 7800/10900, 12 apartamentos.

FERMENTELOS 3750 Aveiro 940 K 4 – 2 183 h.

Lisboa 244 – Aveiro 20 – Coimbra 42.

- **Ferpenta,** Rua da Fonte Roque 1, ⊠ 3754-904, ℘ (234) 72 20 92, Fax (234) 72 13 40 – |‡| TV P. AE ⓘ MC VISA
 Refeição – só jantar – 1750 – **42 qto** ⋍ 5000/8500.

na margem do lago Nordeste : 1 km – ⊠ 3750 Fermentelos :

- **Estalagem da Pateira** 🌿, Rua da Pateira 84 ℘ (234) 72 12 05, Fax (234) 72 21 81, ⋖, 🏊, 🗖 – |‡| ⬜ TV 🚗 P. – 🏛 25/200. AE MC VISA. ⋙
 Refeição 2500 – **66 qto** ⋍ 11000/14500 – PA 5000.

FERRAGUDO 8400 Faro 940 U 4 – 1 911 h. – Praia.

Lisboa 288 – Faro 65 – Lagos 21 – Portimão 3.

em Vale de Areia Sul : 2 km – ⊠ 8400 Ferragudo :

- **Casabela H.** 🌿, Praia Grande ℘ (282) 46 15 80, Fax (282) 46 15 81, ⋖ Praia da Rocha e mar, 🏊 climatizada, 🍽, ⋙ – |‡| ⬜ TV P. – 🏛 25/30. AE ⓘ MC VISA. ⋙
 Refeição – só jantar – 3500 – **63 qto** ⋍ 30000/32000.

FERREIRA DO ZÊZERE 2240 Santarém 940 M 5 – 1 974 h.

Lisboa 166 – Castelo Branco 107 – Coimbra 61 – Leiria 66.

na margem do rio Zêzere pela estrada N 348 - Sudeste : 8 km – ⊠ 2240 Ferreira do Zêzere :

- **Estalagem Lago Azul** 🌿, ℘ (249) 36 14 45, Fax (249) 36 16 64, ⋖, 🍽, « Na margem do rio Zêzere », 🏊, ⋙, ⋙ – |‡| ⬜ TV P. – 🏛 25/90. AE ⓘ MC VISA. ⋙
 Refeição 3500 – **18 qto** ⋍ 16800/19700, 2 suites.

FIGUEIRA DA FOZ 3080 Coimbra 940 L 3 – 25 929 h. – Praia.

Ver : Localidade★.

🚗 ℘ (233) 42 83 16.

🛈 Av. 25 de Abril ⊠ 3080-086 ℘ (233) 40 28 20 Fax (233) 40 28 28 – **A.C.P.** Av. 25 de Abril ⊠ 3080-055 ℘ (233) 42 88 95 Fax (233) 42 88 82.

Lisboa 181 ③ – Coimbra 44 ②

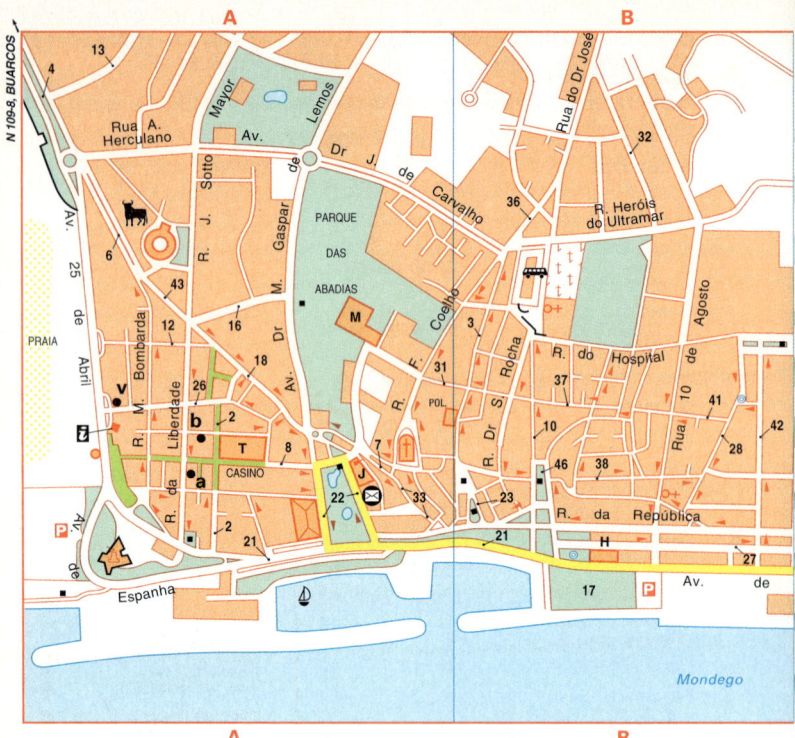

Mercure Figueira da Foz, Av. 25 de Abril 22, ⊠ 3080-086, ℘ (233) 40 39 00, h1921@accor-hotels.com, Fax (233) 40 39 01, ≤ - 🛗 ▤ TV & - 🏊 25/120. AE ⓞ ⓜⓞ VISA. ⋇
Refeição 3500 - **102 qto** ⌑ 21500/23500 - PA 7000. A v

Ibis sem rest, Rua da Liberdade 20, ⊠ 3080-168, ℘ (233) 42 20 51, h2104@accor-hotels.com, Fax (233) 42 07 56 - 🛗 ▤ TV - 🏊 25/100. AE ⓞ ⓜⓞ VISA. ⋇
⌑ 850 - **47 qto** 9800. A a

Wellington sem rest, Rua Dr. Calado 25, ⊠ 3080-153, ℘ (233) 42 67 67, hotelwellington@mail.telepac.pt, Fax (233) 42 75 93 - 🛗 ▤ TV. AE ⓞ ⓜⓞ VISA. ⋇
34 qto ⌑ 13800/15800. A b

em Buarcos A - ⊠ 3080 Figueira da Foz :

Tamargueira, Estrada do Cabo Mondego - Noroeste : 3 km ℘ (233) 43 25 14, Fax (233) 43 37 59, ≤, 🍴 - 🛗 ▤ TV P
86 qto.

Teimoso com qto, Estrada do Cabo Mondego - Noroeste : 5 km, ⊠ 3080-217, ℘ (233) 40 27 20, Fax (233) 40 27 29, ≤ - ▤ rest, TV P. AE ⓜⓞ VISA. ⋇
Refeição lista 2100 a 3750 - **14 qto** ⌑ 6500/8000.

em Caceira de Cima - ⊠ 3080 Figueira da Foz :

Casa da Azenha Velha 🍴, Antiga Estrada de Coimbra - Nordeste : 5,5 km, ℘ (233) 42 50 41, Fax (233) 42 97 04, « Instalado num agradável âmbito rural », ⛱, 🐎, ⋇ - ▤ TV P. AE. ⋇
Refeição - ver rest. **Azenha Velha** - **6 qto** ⌑ 11000/13000, 1 apartamento.

Azenha Velha Hotel Casa da Azenha Velha, Antiga Estrada de Coimbra - Nordeste : 6 km, ℘ (233) 42 61 00, Fax (233) 42 97 04 - ▤ P. ⓜⓞ VISA. ⋇
fechado novembro, domingo noite e 2ª feira - Refeição lista 2450 a 5100.

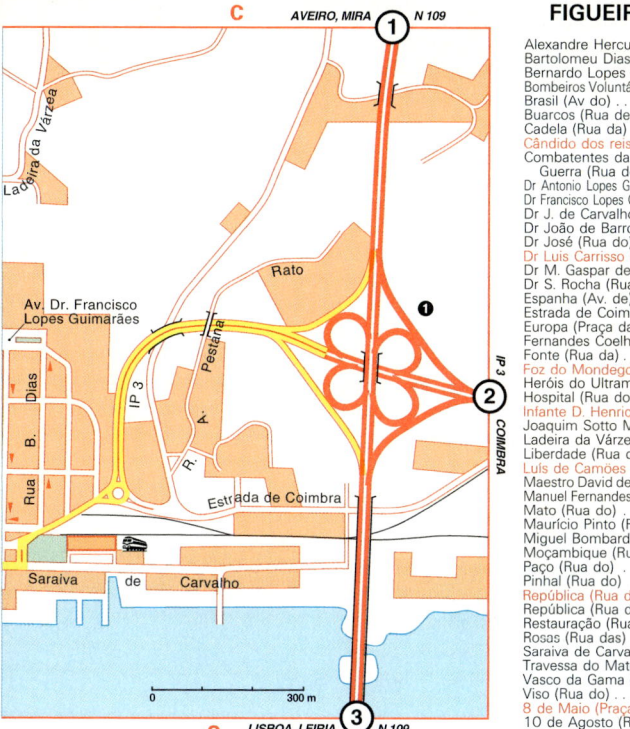

FIGUEIRA DA FOZ

Alexandre Herculano (Rua)	A	
Bartolomeu Dias (Rua)	C	
Bernardo Lopes (Rua)	A	2
Bombeiros Voluntários (Rua dos)	B	3
Brasil (Av do)	A	4
Buarcos (Rua de)	A	6
Cadela (Rua da)	A	7
Cândido dos reis (Rua)	A	8
Combatentes da Grande Guerra (Rua dos)	B	10
Dr Antonio Lopes Guimarães (Rua)	A	12
Dr Francisco Lopes Guimarães (Av.)	C	
Dr J. de Carvalho (Av.)	A	
Dr João de Barros (Rua)	A	13
Dr José (Rua do)	B	
Dr Luis Carrisso (Rua)	A	16
Dr M. Gaspar de lemos (Av.)	A	
Dr S. Rocha (Rua)	A	
Espanha (Av. de)	A	
Estrada de Coimbra	C	
Europa (Praça da)	B	17
Fernandes Coelho (Rua)	B	
Fonte (Rua da)	A	18
Foz do Mondego (Av.)	AB	
Heróis do Ultramar (Rua)	B	
Hospital (Rua do)	A	
Infante D. Henrique (P.)	A	22
Joaquim Sotto Mayor (Rua)	C	
Ladeira da Várzea	A	
Liberdade (Rua da)	A	
Luis de Camões (Largo)	B	23
Maestro David de Sousa (Rua)	B	26
Manuel Fernandes Tomaz (Rua)	B	27
Mato (Rua do)	B	28
Maurício Pinto (Rua)	AB	31
Miguel Bombarda (Rua)	A	
Moçambique (Rua de)	B	32
Paço (Rua do)	A	33
Pinhal (Rua do)	B	36
República (Rua de)	B	
República (Rua da)	B	
Restauração (Rua da)	B	37
Rosas (Rua das)	B	38
Saraiva de Carvalho (Av. de)	BC	
Travessa do Mato	B	41
Vasco da Gama (Rua)	B	42
Viso (Rua do)	A	43
8 de Maio (Praça)	B	46
10 de Agosto (Rua)	B	
25 de Abril (Av.)	A	

em Lavos *ao Sul por ③ : 11 km –* ✉ *3080 Figueira da Foz :*

🍴 **O Solar de Lavos,** ✉ 3080-461, ✆ (233) 94 67 87, solarlavos@megamail.pt, Fax (233) 94 71 68 – 🅿 AE ⓜⓞ VISA
fechado do 10 ao 25 de junho, do 1 ao 15 de novembro, domingo noite e 2ª feira –
Refeição *lista aprox. 3750.*

FIGUEIRÓ DOS VINHOS 3260 Leiria **940** **M 5** – 4662 h. alt. 450.

Arred.: *Percurso★ de Figueiró dos Vinhos a Pontão 16 km.*

🅱 *Av. Padre Diogo de Vasconcelos* ✆ *(236) 55 21 78 Fax (236) 55 22 08.*
Lisboa 205 – Coimbra 59 – Leiria 74.

FLOR DA ROSA *Portalegre – ver Crato.*

FOLGADOS *Lisboa – ver Sobral de Monte Agraço.*

FOZ DO ARELHO 2500 Leiria **940** **N 2** – 1086 h.
Lisboa 101 – Leiria 62 – Nazaré 27.

🏨 **Penedo Furado** *sem rest,* Rua dos Camarções 3, ✉ 2500-481, ✆ (262) 97 96 10, Fax (262) 97 98 32 – TV 🅿 AE ⓜⓞ VISA 🚫
28 qto ⊆ 8500/10000.

FOZ DO DOURO *Porto – ver Porto.*

FUNCHAL *Madeira – ver Madeira (Arquipélago da).*

FUNDÃO 6230 Castelo Branco 940 **L 7** – 5 900 h.

🛈 Av. da Liberdade ℘ (275) 75 27 70.

Lisboa 303 – Castelo Branco 44 – Coimbra 151 – Guarda 63.

🏨 **Samasa**, Rua Vasco da Gama, ✉ 6230-375, ℘ (275) 75 12 99, Fax (275) 75 18 09 – 🛗 ≡ 📺 ⚍ ⓐ ⓜ VISA
Refeição - ver rest. **Hermínia** – 50 qto ⚏ 8500/11500.

🍴 **Hermínia** - Hotel Samasa, Av. da Liberdade 123, ✉ 6230-398, ℘ (275) 75 25 37, Fax (275) 75 18 09 – ≡. ⚍ ⓐ ⓜ VISA. ✖
Refeição lista aprox. 3650.

na estrada N 18 Norte : 2,5 km – ✉ 6230-463 Fundão :

🏨 **O Alambique de Ouro**, Sítio da Gramenesa, ✉ 6230-463, ℘ (275) 77 41 69, Fax (275) 77 40 21, ≋ – 🛗 ≡ 📺 🄿 – 🅐 25/200. ⚍ ⓐ ⓜ VISA. ✖
Refeição (fechado do 25 ao 30 de junho e 26 outubro-6 novembro) 3000 – **109 qto** ⚏ 7500/9500, 2 suites – PA 5000.

GANDRA Porto 940 **I 4** – ✉ 4580 Paredes.

Lisboa 334 – Braga 69 – Porto 34 – Vila Real 62.

🏨 Albergaria Dom Leal sem rest, Av. Central de Gandra 1460 ℘ (22) 415 62 82, Fax (22) 411 05 80 – 🛗 ≡ 📺 ♿ 🚗 🄿 – 🅐 25/120
24 qto.

Ne confondez pas :

Confort des hôtels	: 🏨🏨🏨 ... 🏠, 🏡
Confort des restaurants	: XXXXX ... X
Qualité de la table	: ✿✿✿, ✿✿, ✿, 🍴

Do not mix up :

Comfort of hotels	: 🏨🏨🏨 ... 🏠, 🏡
Comfort of restaurants	: XXXXX ... X
Quality of the cuisine	: ✿✿✿, ✿✿, ✿, 🍴

GERÊS 4845 Braga 940 **G 5** – alt. 400 – Termas.

Excurs. : Parque Nacional da Peneda-Gerês★★ : estrada de subida para Campo de Gerês★★ – Miradouro de Junceda★, represa de Vilarinho das Furnas★, Vestígios da via romana★.

🛈 Av. Manuel Ferreira da Costa ℘ (253) 39 11 33 Fax (253) 39 12 82.

Lisboa 412 – Braga 44.

🏨 Universal e Termas, Av. Manuel Ferreira da Costa ℘ (253) 39 11 70, Fax (253) 39 11 02 – 🛗 ≡ 📺 🄿
80 qto.

em São Bento da Porta Aberta na estrada N 304 - Sudoeste : 10 km – ✉ 4845-026 Gerês :

🏨 **Estalagem de São Bento da Porta Aberta**, Ceara-Rio Caldo ℘ (253) 39 01 50, Fax (253) 39 01 79, ≤, 🌿 – 🛗 ≡ 📺 – 🅐 25/100. ⚍ ⓐ ⓜ VISA. ✖
Refeição 2800 – **25 qto** ⚏ 8300/12400.

GONDARÉM Viana do Castelo – ver Vila Nova de Cerveira.

GONDOMAR 4420 Porto 940 **I 4**.

Lisboa 306 – Braga 52 – Porto 7 – Vila Real 86.

na estrada N 108 Sul : 5 km – ✉ 4420 Gondomar :

🏠 **Estalagem Santiago**, Aboínha ℘ (22) 454 00 34, Fax (22) 450 36 75 – 🛗 ≡ 📺 🄿 ⓜ VISA. ✖
Refeição 2950 – **20 qto** ⚏ 7500/9900.

GOUVEIA 6290 Guarda 940 K 7 – 3 738 h. alt. 650.

Arred. : Estrada★★ de Gouveia a Covilhã (≤★, Poço do Inferno★ : cascata★, vale glaciário do Zêzere★★, ≤★) por Manteigas : 65 km.

🖪 Av. Bombeiros Voluntários ℘ (238) 49 21 85 Fax (238) 49 21 85.
Lisboa 310 – Coimbra 111 – Guarda 59.

De Gouveia, Av. 1º de Maio, ⊠ 6290-541, ℘ (238) 49 10 10, Fax (238) 49 43 70, ≤ – |‡| 🗏 TV ⟺ – 🎾 25/250. AE ◉ ◍◉ VISA. ✵
O Foral : Refeição lista 2250 a 3400 – **48 qto** ⊑ 9000/12000.

GRANJA Porto 940 I 4 – ⊠ 4405 Valadares – Praia.
Lisboa 317 – Amarante 79 – Braga 69 – Porto 18.

Solverde, Estrada N 109, ⊠ 4405-362, ℘ (22) 731 31 62, hotelsolverde@solverde.pt, Fax (22) 731 32 00, ≤, 🏖, 🏊, 🎾, ✵ – |‡| 🗏 TV ⟺ 🄿 – 🎾 25/500. AE ◉ ◍◉ VISA. ✵
Refeição 3600 – **170 qto** ⊑ 32000/35000, 4 suites – PA 7200.

GUARDA 6300 🅿 940 K 8 – 17 481 h. alt. 1 000.

Ver : Sé★ (interior★).
Excurs. : Castelo Melhor★ (recinto★) 77 km a Nordeste – Sortelha★ (fortaleza★, ✵★) 45 km a Sul – Vila Nova de Foz Côa (Igreja Matriz : fachada★) 92 km a Norte – Parque Arqueológico do Vale do Côa★★ 77 km a Norte.

🚗 ℘ (271) 21 15 65.
🖪 Praça Luís de Camões ℘ (271) 22 18 17.
Lisboa 361 – Castelo Branco 107 – Ciudad Rodrigo 74 – Coimbra 161 – Viseu 85.

De Turismo, Praça do Município, ⊠ 6301-909, ℘ (271) 22 33 66, Fax (271) 22 33 99, ≤, 🏊, – |‡|, 🗏 rest, TV ⟺ – 🎾 25/300. AE ◉ ◍◉ VISA. ✵
Refeição lista 3600 a 4700 – **103 qto** ⊑ 14900/18200, 2 suites.

Santos sem rest, Rua Tenente Valadim 14, ⊠ 6300-764, ℘ (271) 20 54 00, Fax (271) 21 29 31, « Nas antigas muralhas » – |‡| TV. AE ◉ ◍◉ VISA
21 qto ⊑ 5000/8000.

O Telheiro, Av. Cidade de Bejar - Este : 1,5 km, ⊠ 6300-534, ℘ (271) 21 13 56, Fax (271) 22 17 27, ≤, 🍽 – 🗏 🄿. AE ◉ ◍◉ VISA. ✵
fechado 2ª feira – Refeição lista 3000 a 3800.

D'Oliveira, Rua do Encontro 1-1º ℘ (271) 21 44 46 – 🗏. AE ◍◉ VISA. ✵
fechado domingo – **Refeição** lista aprox. 2800.

na estrada N 16 Nordeste : 7 km – ⊠ 6300 Guarda :

Pombeira, ⊠ 6300-035, ℘ (271) 23 96 95, Fax (271) 23 09 91 – 🗏 🄿. ◍◉ VISA
fechado 2ª feira – **Refeição** lista aprox. 3500.

GUIA 2298 Faro 940 U 5 – 2 298 h.
Lisboa 258 – Faro 43 – Beja 130 – Lagos 41.

La Mangerie, Largo Luís de Camões ℘ (289) 56 15 39, 🍽 – 🗏. AE ◍◉ VISA. ✵
fechado janeiro-fevereiro e 3ª feira – **Refeição** - só jantar - lista 5050 a 5950.

GUIA 3100 Leiria 940 M 3.
Lisboa 158 – Leiria 30 – Coimbra 56.

na estrada N 109 Sudoeste : 2 km – ⊠ 3100 Guia :

Casa dos Leitões da Guia, Lagôa da Guia ℘ (236) 95 24 86, Fax (236) 95 10 04 – 🗏 🄿.
Refeição - leitão assado.

Besonders angenehme Hotels oder Restaurants
sind im Führer rot gekennzeichnet.

Sie können uns helfen, wenn Sie uns die Häuser angeben,
in denen Sie sich besonders wohl gefühlt haben.

Jährlich erscheint eine komplett überarbeitete Ausgabe
aller Roten Michelin-Führer.

GUIMARÃES 4800 Braga 940 H 5 – 54 069 h. alt. 175.

Ver: Castelo★ – Paço dos Duques★ (tectos★, tapeçarias★) – Museu Alberto Sampaio★ (estátua jacente★, ourivesaria★, tríptico★, cruz processional★) – Praça de São Tiago★ – Igreja de São Francisco (azulejos★, sacristia★).

Arred.: Penha (※★) SE : 8 km – Trofa★ (SE : 7,5 km).

🛈 Alameda de S. Dâmaso 86 ✉ 4810-447 ✆ (253) 41 24 50 e Praça de Santiago ✉ 4800 ✆ (253) 51 87 90.

Lisboa 364 – Braga 22 – Porto 52 – Viana do Castelo 70.

GUIMARÃES

Agostinho Barbosa (Rua) 3
Alberto Sampaio (Avenida) ... 4
Conde Margaride (Avenida) . 7
Condessa Mumadona
 (Largo da) 8
Condessa do juncal
 (Largo da) 11
D. João VI (Avenida) 12
Dona Teresa (Rua de) 15
Dom Afonso Henriques
 (Avenida) 16
Doutor Joaquim de Meira
 (Rua) 17
Duques de Bragança (Rua) . 19
Humberto Delgado (Avenida). 20
João Franco (Largo de) 22
Martins Sarmento (Largo) ...
Martins Sarmento (Largo) .. 23
Navarros de Andrade (Largo). 25
Nuno Álvares (Rua) 26
Oliveira (Largo da) 28
Paio Galvão (Rua) 29
Rainha (Rua da) 30
Santiago (Praça de) 32
Santo António (Rua de) 33
Serpa Pinto (Rua) 34
Toural (Largo do)
Valentim Moreina de Sá
 (Largo) 38

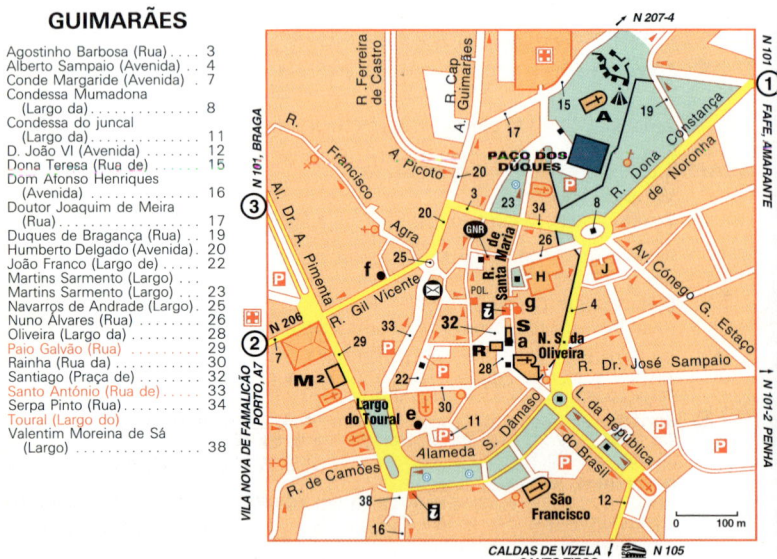

🏨 **De Guimarães**, Rua Eduardo de Almeida 189, ✉ 4810-911, ✆ (253) 42 48 00, hg@hotel-guimaraes.com, Fax (253) 42 48 99, ≼, ₅, ⬜ – ❙ ⬛ ⊺⊽ ⇌ ℙ – ♿ 25/250. 🅰🅴 ⓞ ⓜⓔ 🆅🅸🆂🅰 ⱼ𝒸ʙ. ⊛
  por Av. Dom Afonso Henriques
 Refeição lista aprox. 4600 – **112 qto** ⊑ 18000/20000, 4 suites.

🏨 **Pousada de Nossa Senhora da Oliveira**, Rua de Santa Maria, ✉ 4810-248, ✆ (253) 51 41 57, enatur@mail.telepac.pt, Fax (253) 51 42 04 – ❙, ⬛ rest, ⊺⊽ ℙ. 🅰🅴 ⓞ ⓜⓔ 🆅🅸🆂🅰. ⊛
 Refeição lista aprox. 6500 – **10 qto** ⊑ 23500/25100, 6 suites.

🏨 **Toural** sem rest, Feira do Pão, ✉ 4800-153, ✆ (253) 51 71 84, hoteltoural@ncte.pt, Fax (253) 51 71 49 – ❙ ⬛ ⊺⊽. 🅰🅴 ⓞ ⓜⓔ 🆅🅸🆂🅰 ⱼ𝒸ʙ. ⊛
 25 qto ⊑ 11500/15000, 5 suites.

🏨 **Fundador** sem rest, Av. Afonso Henriques 740, ✉ 4810-431, ✆ (253) 51 37 81, Fax (253) 51 37 86, ≼ – ❙ ⬛ ⊺⊽ ⇌ – ♿ 25/100. 🅰🅴 ⓞ ⓜⓔ 🆅🅸🆂🅰
 63 qto ⊑ 11500/13900. por Av. Dom Afonso Henriques

🏨 **Albergaria Palmeiras** sem rest, Rua Gil Vicente (Centro Comercial das Palmeiras), ✉ 4800, ✆ (253) 41 03 24, Fax (253) 41 72 61 – ❙ ⬛ ⊺⊽ ⇌. 🅰🅴 ⓞ ⓜⓔ 🆅🅸🆂🅰. ⊛
 22 qto ⊑ 9000/12000.

✕ **Solar do Arco**, Rua de Santa Maria 48, ✉ 4810-248, ✆ (253) 51 30 72, solardoarco@nete.pt, Fax (253) 41 38 23 – ⬛. 🅰🅴 ⓞ ⓜⓔ 🆅🅸🆂🅰. ⊛
 fechado domingo noite – **Refeição** lista 2550 a 4550.

na estrada da Penha Este : 2,5 km – ✉ 4810-011 Guimarães :

🏨 **Pousada de Santa Marinha** ⊛, ✆ (253) 51 44 53, enatur@mail.telepac.pt, Fax (253) 51 44 59, ≼ Guimarães, « Instalada num antigo convento », ⊛ – ❙ ⬛ ⊺⊽ ℙ. 🅰🅴 ⓞ ⓜⓔ 🆅🅸🆂🅰. ⊛
 Refeição lista aprox. 7500 – **49 qto** ⊑ 29800/31900, 2 suites.

GUIMARÃES

pela estrada N 101 Noroeste : 4 km – ✉ 4810 Guimarães :

XX **Quinta de Castelãos** com qto e sem ⌧, Lugar de Castelães ℘ (253) 55 70 02, *rica rdog@mail.telepac.pt, Fax (253) 55 70 11,* « Decoração rústica numa antiga quinta » – 🖃 TV P. AE ① ⓜ VISA. ⌘
Refeição *(fechado domingo noite e 2ª feira)* lista aprox. 5100 – **3 qto** 8000/12000.

LADOEIRO Castelo Branco 940 M 8 – 1617 h. – ✉ 6060 Idanha-a-Nova.
Lisboa 269 – Cáceres 115 – Castelo Branco 26 – Coimbra 172 – Portalegre 107.

na estrada N 240 Este : 3,7 km – ✉ 6060 Idanha-a-Nova :

🏨 **Idanhacaça** ⌘, ℘ (277) 92 71 30, *indanhacaca@mail.telepac.pt, Fax (277) 92 75 15,* ≤, 🍽, ⌇, ⌘ – ⚑ ▤ TV ⚒ P. – ⚐ 25/150. AE ① ⓜ VISA. ⌘
Refeição 2000 – **44 qto** ⌧ 10500 a 12000, 6 suites.

LAGOA 8400 Faro 940 U 4 – 3 483 h. – *Praia*.
Arred. : Carvoeiro : Algar Seco (sítio marinho★★) Sul : 6 km.
🛈 Largo da Praia do Carvoeiro 2 ℘ (282) 35 77 28.
Lisboa 300 – Faro 54 – Lagos 26.

XX **Chrissy's,** Praça da República 16 ℘ (282) 34 10 62 – 🖃. ① ⓜ VISA. ⌘
fechado 7 janeiro-12 fevereiro, domingo e 2ª feira – **Refeição** - cozinha franco-belga, só jantar - lista 5200 a 6050.

na Praia do Carvoeiro – ✉ 8400 Lagoa :

🏨🏨 **Almansor,** Vale Covo - Sul : 6 km, ✉ 8401-911, ℘ (282) 35 80 26, *almansor@mail.t elepac.pt, Fax (282) 35 87 70,* ≤, 🍽, « Relvado com ⌇ e belos socalcos ajardinados », 𝄞, ⌘ – ⚑ 🖃 TV P. – ⚐ 25/700. AE ① ⓜ VISA. ⌘
A Varanda (só jantar) **Refeição** lista aprox. 5300 – **289 qto** ⌧ 31450/35300, 4 suites.

🏨🏨 **Cristal** ⌘, Vale Centianes - Sul : 6,5 km ℘ (282) 35 86 01, *hotelcristal@mail.telepac.pt, Fax (282) 35 86 48,* ≤, 🍽, 𝄞, ⌇, ⌧, ⌘ – ⚑ 🖃 TV P. AE ① ⓜ VISA. ⌘
Refeição - só jantar - 2700 – **120 qto** ⌧ 27800/34000.

X **Centianes,** Vale Centianes - Sul : 6,5 km ℘ (282) 35 87 24, *Fax (282) 35 81 00,* 🍽 – 🖃. AE ① ⓜ VISA. JCB. ⌘
fechado 15 janeiro-15 fevereiro e domingo – **Refeição** - só jantar - lista 3440 a 7440.

X **O Castelo,** Rua do Casino 63 - Sul : 5 km ℘ (282) 35 72 18, *Fax (282) 35 74 16,* ≤, 🍽 – AE ① ⓜ VISA. JCB. ⌘
fechado 15 janeiro-15 fevereiro e 2ª feira – **Refeição** - só jantar - lista 2500 a 4530.

X **O Pátio,** Largo da Praia 6 - Sul : 5 km, ✉ 8400-517, ℘ (282) 35 73 67, *Fax (282) 35 92 14,* 🍽, « Decoração rústica » – 🖃. AE ⓜ VISA. ⌘
Refeição lista 3575 a 5925.

X **Togi,** Rua das Flores 12 - Algar Sêco - Sul : 5 km, ✉ 8401-908, ℘ (282) 35 85 17, 🍽, « Decoração regional » – ⌘
março-novembro – **Refeição** - só jantar - lista 2750 a 4700.

LAGOS 8600 Faro 940 U 3 – 11 746 h. – *Praia*.
Ver : Sítio ≤★ – Igreja de Santo António★ *(decoração barroca★)* Z **A**.
Arred. : Ponta da Piedade★★ *(sítio★★, ≤★)*, Praia de Dona Ana★ Sul : 3 km – Barragem da Bravura★ 15 km por ②.
⛳₁₈ Campo de Palmares Meia Praia, por ② ℘ (282) 76 29 53 *Fax (282) 76 25 34*.
🛈 Rua D. Vasco da Gama (São João) ✉ 8600 ℘ (282) 76 30 31.
Lisboa 290 ① – Beja 167 ① – Faro 82 ② – Setúbal 239 ①

Plano página seguinte

🏨🏨 **De Lagos,** Rua Nova da Aldeia ℘ (282) 76 99 67, *hotel.lagos@mail.telepac.pt, Fax (282) 76 99 20,* 🍽, 𝄞, ⌇ climatizada, ⌧, ⌘ – ⚑ 🖃 TV ⇌ P. – ⚐ 25/150. AE ① ⓜ VISA. ⌘ Y e
Lacóbriga (só jantar) **Refeição** 4000 - *Cantinho Italiano :* **Refeição** lista 3250 a 4100
Pateo Velho (só jantar) **Refeição** lista 3600 a 5400 – **304 qto** ⌧ 18960/30020, 11 suites.

🏨 **Marina Rio** sem rest, Av. dos Descobrimentos, ✉ 8600-645, ℘ (282) 76 98 59, *marinario@ip.pt, Fax (282) 76 99 60,* ≤, ⌇ – ⚑ 🖃 TV. AE ⓜ VISA. ⌘ Y a
36 qto ⌧ 16995/17510.

🏨 **Montemar** sem rest, Rua da Torralinha-Lote 33, ✉ 8600-549, ℘ (282) 76 20 85, *hotelmontemar@mail.telepac.pt, Fax (282) 76 20 88* – ⚑ 🖃 TV ⇌. AE ① ⓜ VISA. ⌘
65 qto ⌧ 11500/15000. Z a

89

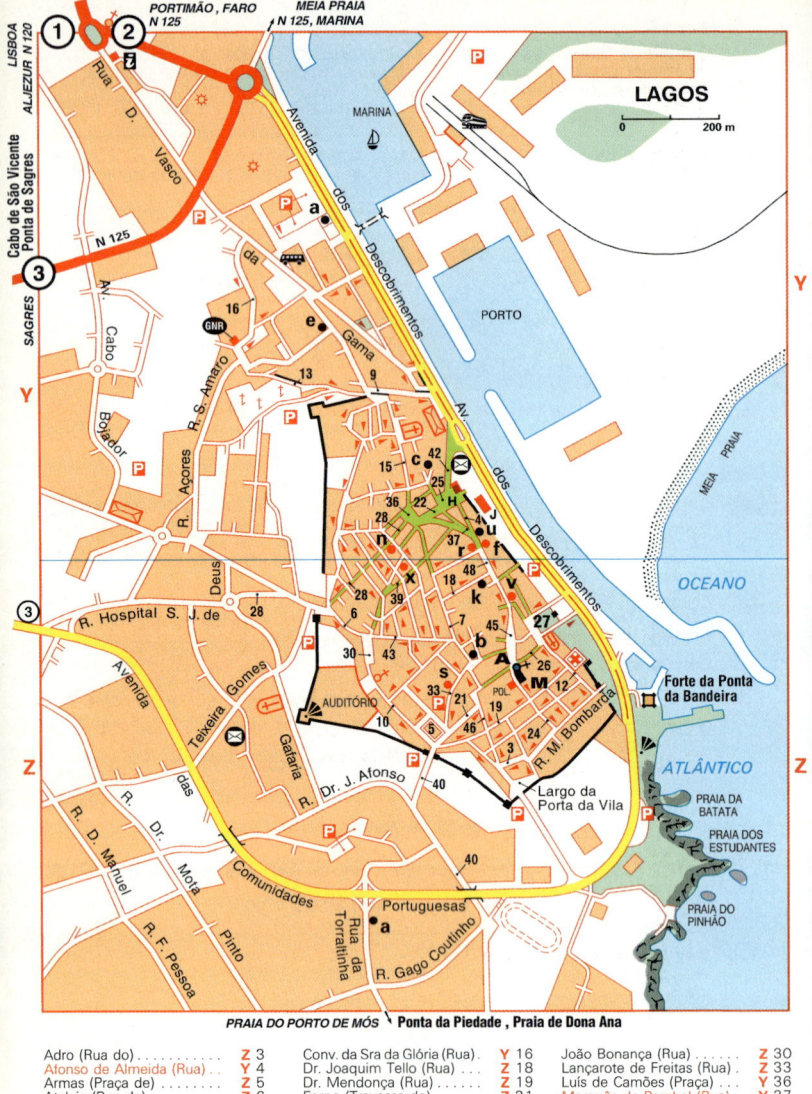

Adro (Rua do)	Z 3	Conv. da Sra da Glória (Rua) .	Y 16	João Bonança (Rua) . . . . . . Z 30
Afonso de Almeida (Rua) . .	Y 4	Dr. Joaquim Tello (Rua)	Z 18	Lançarote de Freitas (Rua) . Z 33
Armas (Praça de)	Z 5	Dr. Mendonça (Rua)	Z 19	Luís de Camões (Praça) . . . Y 36
Atalaia (Rua da)	Z 6	Forno (Travessa do)	Z 21	Marquês de Pombal (Rua) . Z 37
Cândido dos Reis (Rua) . . .	Z 7	Garrett (Rua)	Y 22	Marreiros Netto (Rua) . . . . . YZ 39
Capelinha (Rua da)	Y 9	Gen. Alberto Silveira (Rua) .	Z 24	Ponta da Piedade (Estr. da) . Z 40
Cardeal Netto (Rua)	Z 10	Gil Eanes (Praça)	Z 25	Porta de Portugal (Rua da) . Y 42
Castelo dos Governadores .	Z 12	Henrique C. da Silva		Prof. Luís de Azevedo (R.) . Z 43
Cemitério (Rua do)	Y 13	(Rua)	Z 26	Silva Lopes (Rua) . . . . Z 45
Conselheiro		Infante D. Henrique (Praça) .	Z 27	5 de Outubro (Rua) . . . . . . Z 46
J. Machado (Rua)	Y 15	Infante de Sagres (Rua) . . .	YZ 28	25 de Abril (Rua) . . . . Z 48

Um conselho da Michelin:

para ser bem sucedido nas suas viagens, prepare-as com antecedência.

Os mapas e guias Michelin dão-lhe todas as indicações úteis sobre:
itinerários, visitas aos pontos com interesse, alojamento, preços, etc...

LAGOS

🏨 **Sol a Sol** sem rest, Rua Lançarote de Freitas 22 ℰ (282) 76 12 90, Fax *(282) 76 19 55*
– 🛗 📺 ✆
15 qto ⇌ 8500/12000. Z b

🏨 **Lagosmar** sem rest, Rua Dr. Faria e Silva 13 ℰ (282) 76 37 22, Fax *(282) 76 73 24* –
🛗 📺 AE
45 qto ⇌ 10000/13000. Y c

🏨 **Cidade Velha** sem rest, Rua Dr. Joaquim Tello 7 ℰ (282) 76 20 41, Fax *(282) 76 19 55*
– 🛗 📺 ✆
17 qto ⇌ 8500/12000. Z k

⚓ **Marazul** sem rest, Rua 25 de Abril 13, ✉ 8600-763, ℰ (282) 76 97 49, *marazul@ip.pt*,
Fax *(282) 76 99 60* – 📺 MC VISA. ✆ Y u
abril-outubro – **18 qto** ⇌ 9370/9785.

XX **O Castelo**, Rua 25 de Abril 47 ℰ (282) 76 09 57 – 🍽. AE ① MC VISA JCB. ✆ Y f
fechado 8 janeiro-8 fevereiro – **Refeição** lista aprox. 4690.

X **Dom Sebastião**, Rua 25 de Abril 20, ✉ 8600-763, ℰ (282) 76 27 95, *donsebastiao*
@ip.pt, Fax *(282) 76 99 60*, 🍴, « Decoração rústica » – 🍽. AE ① MC VISA
JCB. ✆ Y r
Refeição lista aprox. 4550.

X **No Pátio**, Rua Lançarote de Freitas 46, ✉ 8600-605, ℰ (282) 76 37 77, *nopatio@m*
ail.telepac.pt, Fax *(282) 76 37 77*, 🍴 – AE ① MC VISA. ✆ Z s
abril-outubro – **Refeição** *(fechado domingo e 2ª feira)* - só jantar - lista 4500 a 6650.

X **O Galeão**, Rua da Laranjeira 1 ℰ (282) 76 39 09 – 🍽. AE ① MC VISA. ✆ Z x
fechado 26 novembro-26 dezembro e domingo – **Refeição** lista 2040 a 3510.

X **A Lagosteira**, Rua 1º de Maio 20 ℰ (282) 76 24 86, Fax *(282) 76 04 27* – 🍽. AE ①
MC VISA. ✆ Y n
fechado 10 janeiro-10 fevereiro, sábado meio-dia e domingo meio-dia – **Refeição** lista
2730 a 3940.

X **Dom Henrique**, Rua 25 de Abril 75 ℰ (282) 76 35 63, Fax *(282) 76 02 74* – 🍽. AE ①
MC VISA. ✆ Z v
Refeição lista 2400 a 4740.

na estrada da Meia Praia por ② – ✉ *8600 Lagos* :

🏨 **Marina São Roque**, 1,5 km, ✉ 8600-315, ℰ (282) 77 02 20, Fax *(282) 77 02 29*, ≤,
🏊 – 🛗 🍽 📺. AE ① MC VISA. ✆
Refeição 2750 – **33 qto** ⇌ 12000/17000, 3 suites.

X **Atlântico**, 3 km ℰ (282) 79 20 86 – AE MC VISA
fechado 15 novembro-2 janeiro e 2ª feira de novembro a março – **Refeição** lista 4500
a 6200.

na Praia de Dona Ana Z Sul : 2 km – ✉ *8600-500 Lagos* :

🏨 **Golfinho**, ✉ 8600-500, ℰ (282) 76 99 00, *hotel.golfinho@sonae.pt*,
Fax *(282) 76 99 99*, ≤, 🏊, 🔲 – 🛗 🍽 📺 – 🅿 25/400. AE ① MC VISA JCB. ✆
Refeição - buffet, só jantar - 3950 – **262 qto** ⇌ 17800/22250.

na Praia do Porto de Mós Z Sul : 2,5 km – ✉ *8600 Lagos* :

🏨 **Romantik H. Vivenda Miranda** 🌿, ℰ (282) 76 32 22, Fax *(282) 76 03 42*,
≤ mar, 🍴, « Conjunto rodeado de jardins junto ao mar », 🏊 climatizada – 📺 🅿 MC
VISA. ✆ por Rua da Torraltinha Z
Refeição lista 5400 a 6800 – **22 qto** ⇌ 25500/36000, 4 suites.

Neste guia
um mesmo símbolo, impresso a **preto** *ou a* vermelho,
ou a mesma palavra com carácteres
de tamanhos diferentes não têm o mesmo significado.

Leia atentamente as páginas de introdução.

LAMEGO 5100 Viseu 940 I 6 – 9 233 h. alt. 500.

Ver : *Museu de Lamego★ (pinturas sobre madeira★) – Capela do Desterro (tecto★).*
Arred. : *Miradouro da Boa Vista★ Norte : 5 km – São João de Tarouca : Igreja S. Pedro★*
Sudeste : 15,5 km.
🅱 *Av. Visconde Guedes Teixeira* ℰ *(254) 61 20 05 Fax (254) 61 40 14.*
Lisboa 369 – Viseu 70 – Vila Real 40.

LAMEGO

- **Albergaria do Cerrado** sem rest, Estrada do Peso da Régua - Lugar do Cerrado ℘ (254) 61 31 64, *Fax (254) 61 54 64*, ≤ - 🛗 🖥 📺 🚗 - 🏊 25/40
  30 qto ⇌ 10500/14000.

- Solar do Espírito Santo sem rest, Alexandro Herculano 1 ℘ (254) 65 50 60, *Fax (254) 65 50 60* - 🛗 🖥 📺 🚗
  28 qto.

- **São Paulo** sem rest, Av. 5 de Outubro ℘ (254) 61 31 14, *Fax (254) 61 23 04* - 🛗 📺 🚗. ❊
  34 qto ⇌ 3500/6500.

- **Solar da Sé** sem rest, Av. Visconde Guedes Teixeira ℘ (254) 61 20 60, *Fax (254) 61 59 28* - 🖥 📺. ❊
  30 qto ⇌ 5000/8000.

pela estrada N 2 Sul : 1,5 km - ✉ 5100-025 Lamego :

- **Parque** ⑤, Santuário de Na. Sra. dos Remédios ℘ (254) 60 91 40, *Fax (254) 61 52 03* - 📺 🅿 - 🏊 25/130. 🆎 ① ⓜ 💳 JCB. ❊
  Refeição lista 3800 a 5400 - **42 qto** ⇌ 6000/8500.

pela estrada N 2 Nordeste : 2 km - ✉ 5100-183 Lamego :

- **Lamego,** Quinta da Vista Alegre ℘ (254) 65 61 71, *Fax (254) 65 61 80*, ≤, 🏋, ⛲ climatizada, 🎾, ❊ - 🛗 🖥 📺 ⚘ 🚗 🅿 - 🏊 25/400. 🆎 ① ⓜ 💳.
  ❊ rest
  Refeição 2500 - **86 qto** ⇌ 11400/14500, 14 suites.

LANHELAS Viana do Castelo – ver Caminha.

LAUNDOS Porto **940** H 3 - 1 679 h. - ✉ 4490 Póvoa de Varzim.
  Lisboa 343 - Braga 35 - Porto 38 - Viana do Castelo 47.

- **Estalagem São Félix** ⑤, Monte de São Félix - Nordeste : 1,5 km ℘ (252) 60 71 76, *Fax (252) 60 74 44*, ≤ campo com o mar ao fundo, ⛲ - 🛗 🖥 📺 🚗 🅿 - 🏊 25/200. ⓜ 💳. ❊
  Refeição lista 5500 a 6200 - **32 qto** ⇌ 9500/13500, 1 suite.

LAVOS Coimbra – ver Figueira da Foz.

LEÇA DA PALMEIRA 4450 Porto **940** I 3 – Praia.
  Lisboa 322 – Amarante 76 – Braga 55 – Porto 13.
  ver plano de Porto aglomeração

- **Meliá Confort Expo Porto,** Rotunda da Exponor, ✉ 4450-801, ℘ (22) 999 00 00, *hotelmeliaporto@mail.telepac.pt, Fax (22) 999 00 99*, ⛲ - 🛗 🖥 📺 🅿 - 🏊 25/170. 🆎 ① ⓜ 💳. ❊ AU p
  Refeição lista 3000 a 4200 - **117 qto** ⇌ 16400/18400, 3 suites.

- XXX **O Chanquinhas,** Rua de Santana 243 ℘ (22) 995 18 84, *Fax (22) 996 06 19*, 🌿 - 🖥 🅿. 🆎 ① ⓜ 💳. ❊ AU s
  fechado 15 dias em agosto e domingo – **Refeição** lista aprox. 6400.

- XX **Garrafão,** Rua António Nobre 53, ✉ 4450-166, ℘ (22) 995 17 35, *Fax (22) 995 16 60*, 🌿 - 🖥. 🆎 ① ⓜ 💳. ❊ AU t
  fechado 6 agosto-8 setembro e domingo – **Refeição** - peixes e mariscos - lista aprox. 7900.

- XX **Boa Nova,** Praia de Boa Nova - Oeste : 1 km ℘ (22) 995 17 85, *Fax (22) 995 21 82*, ≤ mar - 🖥 🅿. 🆎 ① ⓜ 💳. ❊ AU f
  fechado domingo – **Refeição** lista 5000 a 7000.

- XXX **O Bem Arranjadinho,** Travessa do Matinho 2 ℘ (22) 995 21 06, *bamario@mail.tel eweb.pt, Fax (22) 996 13 89* – 🖥. 🆎 ① ⓜ 💳. ❊ AU b
  fechado domingo – **Refeição** lista 3800 a 6800.

- X A Cozinha da Maria, Rua Fresca 187 ℘ (22) 995 55 35 – 🖥 AU x

---

Esta guía no indica todos los hoteles y restaurantes,
ni siquiera todos los buenos hoteles y restaurantes de España y Portugal.

Como intentamos prestar un servicio a todos los turistas,
citamos establecimientos de todo tipo. Nuestra selección recoge
solamente algunos de cada categoría.

LEÇA DO BALIO 4465 Porto 940 I 4.

Ver : Igreja do Mosteiro★ : pia baptismal★.
Lisboa 312 – Amarante 58 – Braga 48 – Porto 7.

na estrada N 13 Oeste : 2 km – ✉ 4465 Leça do Balio :

Estalagem Via Norte, ✆ (22) 944 82 94, Fax (22) 944 83 22, ⌛ – 🛗 ▤ 📺 🅿 – 🏋 25/200
47 qto, 3 suites.

*Cuando los nombres de los hoteles y restaurantes
figuran en negrita,
significa que los hoteleros nos han señalado todos sus precios
comprometiéndose a aplicarlos a los turistas de paso
portadores de nuestra guía.
Estos precios, establecidos a finales del año 2000, pueden
no obstante variar si el coste de la vida sufre alteraciones importantes.*

LEIRIA 2400 🅿 940 M 3 – 29 808 h. alt. 50.

Ver : Castelo★ (sítio★) BY.

🛈 Jardim Luís de Camões ✉ 2410-127 ✆ (244) 82 37 73 Fax (244) 83 35 33 – **A.C.P.** Rua do Município, Lote B 1, Loja C ✉ 2410-137 ✆ (244) 82 36 32 Fax (244) 81 22 22.
Lisboa 129 ④ – Coimbra 71 ② – Portalegre 176 ③ – Santarém 83 ③

Planos páginas seguintes

Eurosol e Eurosol Jardim, Rua D. José Alves Correia da Silva, ✉ 2414-010, ✆ (244) 84 98 49, eurosol@mail.telepac.pt, Fax (244) 84 98 40, ≼, ⌘, ⌛ – 🛗 ▤ 📺 ⟵ 🅿 – 🏋 25/400. 🅰🅴 ◐ 🅼◉ VISA JCB. BZ a
Refeição 3500 – ⌛ 1150 – **134 qto** 8900/13500, 1 suite – PA 7000.

Dom João III, Av. D. João III, ✉ 2400-164, ✆ (244) 81 78 88, acaciom@mail.telepac.pt, Fax (244) 81 78 80, ≼ – 🛗 ▤ 📺 ⟵ – 🏋 25/350. 🅰🅴 ◐ 🅼◉ VISA. ⌀ CY b
Refeição 2800 – **54 qto** ⌛ 11000/13500, 10 suites.

S. Luís sem rest, Rua Henrique Sommer, ✉ 2410-089, ✆ (244) 81 31 97, Fax (244) 81 38 97 – 🛗 ▤ 📺. 🅰🅴 ◐ 🅼◉ VISA. ⌀ CZ d
48 qto ⌛ 7000/8500.

S. Francisco sem rest, Rua São Francisco 26-9º, ✉ 2400-261, ✆ (244) 82 31 10, Fax (244) 81 26 77, ≼ – 🛗 ▤ 📺. 🅰🅴 🅼◉ VISA. ⌀ CY e
18 qto ⌛ 6000/8000.

O Marquês, Edifício Nerlei-Arrabalde d'Aquém, ✉ 2400-100, ✆ (244) 82 54 93, Fax (244) 82 37 00 – ▤ 🅿. 🅰🅴 🅼◉ VISA. ⌀ AX k
fechado agosto e domingo – **Refeição** lista aprox. 4200.

em Marrazes na estrada N 109 por ① : 1 km :

Tromba Rija, Rua Professores Portelas 22, ✉ 2400-406, ✆ (244) 85 50 72, elisabete@trombarija.com, Fax (244) 85 64 21, « Rest. típico » – ▤ 🅿. 🅰🅴 🅼◉ VISA
fechado do 15 ao 31 de agosto, domingo e 2ª feira meio-dia – **Refeição** lista aprox. 4500.

Pipo Velho, Rua do Valverde 42, ✉ 2400, ✆ (244) 81 38 14 – ▤. 🅰🅴 🅼◉ VISA. ⌀
fechado setembro e 2ª feira – **Refeição** lista 3500 a 4500.

em Quintas do Sirol por ③ : 5,5 km – ✉ 2410 Quintas do Sirol :

Ares de Província, Rua 7 de Fevereiro (Estrada de Caranguejeira) ✆ (244) 80 10 90, Rest. típico – ▤ ⟵. ⌀
fechado domingo noite – **Refeição** lista aprox. 5500.

na autoestrada A I por ③ : 11,5 km – ✉ 2400 Leiria :

Pransor Leiria sem rest. com self-service, Área de Serviço Leiria, direcção Lisboa ✆ (244) 74 51 02, Fax (244) 74 51 24 – ▤ 📺 ♿ 🅿. 🅰🅴 🅼◉ VISA. ⌀
⌛ 720 – **24 qto** 6700/7800.

na estrada N I por ④ : 4,5 km – ✉ 2400 Leiria :

O Casarão, Cruzamento de Azóia ✆ (244) 87 10 80, Fax (244) 87 21 55 – ▤ 🅿. 🅰🅴 ◐ 🅼◉ VISA JCB. ⌀
fechado 2ª feira – **Refeição** lista 3500 a 4000.

LEIRIA

Street	Ref
Afonso Henriques (Rua D.)	**BY** 3
Alcobaça (Rua de)	**BZ** 4
Alfredo Keil (Rua)	**BYZ**
Barão de Viamonte (Rua)	**BY** 6
Beneficiência (Rua da)	**BY** 7
Camões (Largo de)	**CZ** 9
Cândido dos Reis (Largo)	**BYZ** 10
Capitão Mouzinho Albuquerque (R.)	**BCY** 12
Cidade de Maringá (Avenida de)	**BCY** 13
Cidade Tokushima (Rua)	**AZ** 15
Comandante João Belo (R.)	**BZ** 16
Combatentes da Grande Guerra (Av. dos)	**BZ** 18
Comendador José L. Silva (Largo)	**CY** 19
Comissão de Iniciativa (Rua)	**CY**
Comissão Municipal de Turismo (largo da)	**BZ** 21
Conde Ferreira (Rua)	**CZ**
Cristiano Cruz (Rua)	**BY**
Dom Dinis (Rua)	**BY** 22
Dom João III (Av.)	**CY** 23
Dr. Américano Cortês Pinto (Rua)	**CY** 24
Dr. Correia Mateus (Rua)	**BZ** 25
Dr. João Soares (Rua)	**ABZ**
Dr. José Jardim (Av.)	**BZ**
Dr. José Lopes Vieira (Alameda)	**BCY** 27
Dr. Magalhães Pessoa (Rua)	**BZ** 30
Dr. Manuel Arriaga (Largo)	**BY** 31
Ernesto Korrodi (Av.)	**BY**
Estação (Estrada da)	**AX**
Fabrica do Papel (Rua da)	**CZ** 33
Forças Armadas (Largo das)	**BY** 34
Francisco Pereira da Silva (R.)	**BZ** 36
Glória Barata Rodrigues (Rua)	**BCX**
Goa Damão e Diu (Praça)	**BZ** 37
Henrique Sommer (Rua)	**CZ** 39
Heróis de Angola (Av.)	**BCY**
João de Deus (Rua)	**BZ** 40
José Alves Correia da Silva (R.D.)	**BZ** 42
Manuel Simões Maia (Rua)	**ABX** 43
Marinha Grande (Estrada da)	**AYZ**
Marinheiros (Estrada dos)	**BCX**
Marquês de Pombal (Av.)	**BCZ**
Marrazes (Estrada dos)	**BX**
Mártires (Rua dos)	**BZ** 45
Mártires do Tarrafal (Rua dos)	**AY** 46
Mestre de Avis (Rua)	**BY** 48
Municipio (Rua do)	**BZ** 49
N. Sra da Encarnação (Rua da)	**CZ**
N. Sra de Fátima (Av.)	**CZ**
Nuno Alvares Pereira (Rua D.)	**BZ** 51
Padre António (Rua)	**BY** 52
Paio Guterres (Largo)	**BY** 54
Paulo VI (Praça)	**BCY**
Pero Alvito (Rua)	**BY**
Rainha Santa Isabel (Largo)	**CZ** 55
Restauração (Rua da)	**CZ** 57
Rodrigues Lobo (Praça)	**BY** 58
S. Francisco (Rua de)	**CY**
Santana (Largo de)	**BZ** 60
Santo António (Rua de)	**CY** 61
Santos (Rua dos)	**BZ**
Tomar (Rua de)	**CZ**
5 de Outubro de 1910 (Largo)	**BY** 63
25 de Abril (Av.)	**ABY**

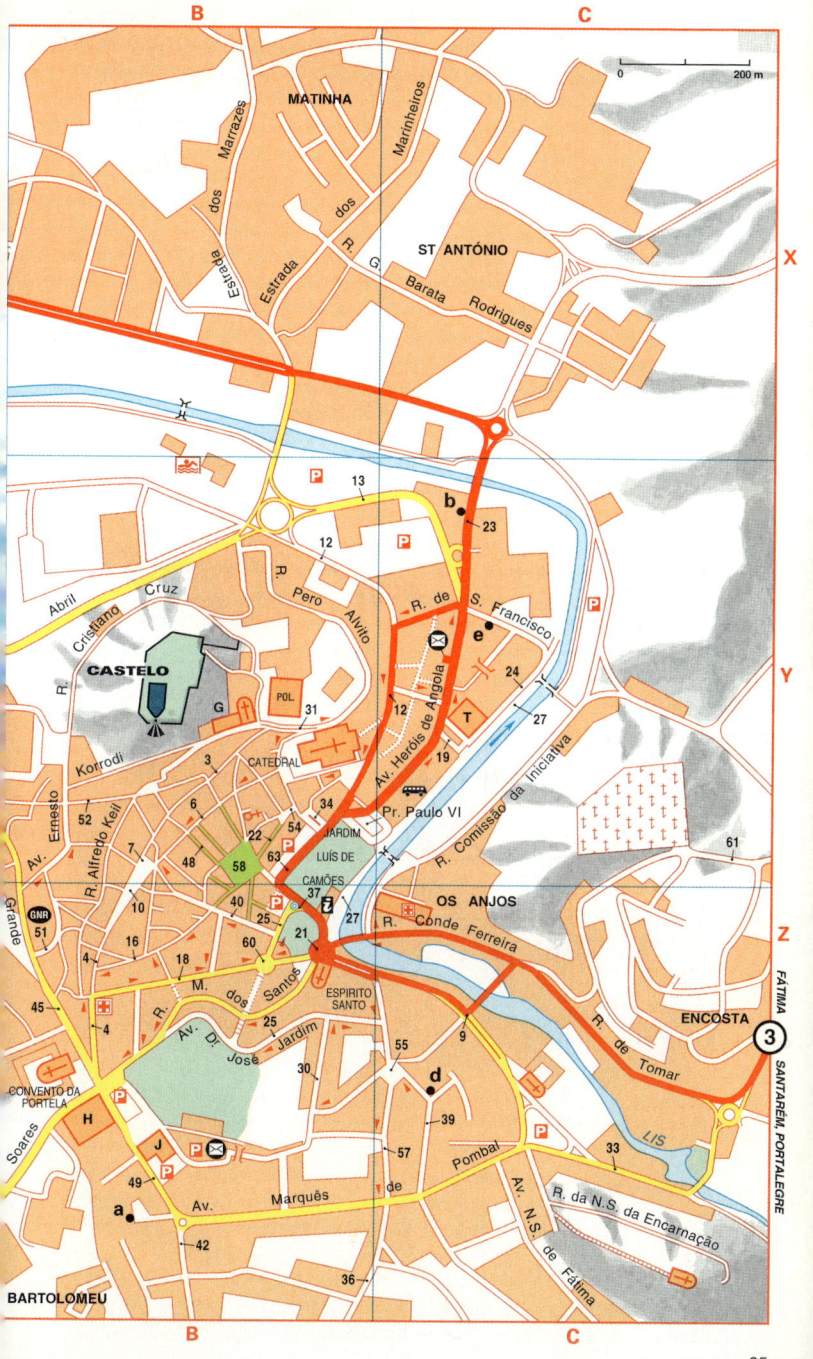

LISBOA

1100 P 940 P 2 – 662 782 h. alt. 111.

Madrid 624 ① – Bilbao 902 ① – Paris 1785 ① – Porto 310 ① – Sevilla 402 ②.

Curiosidades	p. 2
Mapas de arredores	p. 3
Planos de Lisboa	
Aglomeração	p. 4 e 5
Geral	p. 6 e 7
Centro	p. 8 e 9
Repertório das Ruas (das plantas)	p. 10 e 11
Lista alfabética dos estabelecimentos	p. 12 e 13
Classificação dos estabelecimentos por zonas	p. 14 e 21

POSTOS DE TURISMO

🛈 *Palácio Foz, Praça dos Restauradores,* ✉ *1250-187,* ✆ *(21) 343 36 72, Fax (21) 346 87 72.*

🛈 *Estação Santa Apolónia (chegadas internacionais)* ✉ *1100,* ✆ *(21) 882 16 04.*

🛈 *Aeroporto,* ✆ *(21) 844 64 73, Fax (21) 848 59 74.*

INFORMAÇÕES PRÁTICAS

BANCOS E CASAS DE CÂMBIO

Todos os bancos : Abertos de 2ª a 6ª feira das 8,30 h. às 15 h. Encerram aos sábados, domingos e feriados.
Para câmbio está aberta ao sábado a dependência do Banco Espírito Santo e Comercial de Lisboa (Rossio) : ✆ *(21) 315 83 31.*

TRANSPORTES

Taxi : Dístico com a palavra « Táxi » iluminado sempre que está livre. Companhias de rádio-táxi, ✆ *(21) 811 90 00.*

Metro, carro eléctrico e autocarros : Rede de metro, eléctricos e autocarros que ligam as diferentes zonas de Lisboa.
Para o aeroporto existe uma linha de autocarros -aerobus- com terminal no Cais do Sodré.

Aeroporto e Companhias Aéreas :
✈ *Aeroporto de Lisboa, N : 8 km,* ✆ *(21) 841 37 00* CDU.
T.A.P., Av. de Berlim (Edifício Carbo Oriente), ✉ *1800-033,* ✆ *(21) 317 91 00 e no aeroporto,* ✆ *(21) 841 50 00.*

ESTAÇÕES DE COMBÓIOS

Santa Apolónia, 🚗 ✆ *(21) 888 50 92* MX.
Rossio, ✆ *(21) 343 37 47/8* KX.
Cais do Sodré, ✆ *(21) 342 47 84 (Lisboa-Cascais)* JZ.

COMPANHIAS MARÍTIMAS

⚓ para a Madeira : E.N.M., Rua de São Julião 5 – 1º, ✉ 1100-524, ☏ (21) 887 01 22.

ACP (Automóvel Club de Portugal)
Rua Rosa Araújo 24, ✉ 1250-195, ☏ (21) 318 01 00, Fax (21) 318 02 27.

CAMPOS DE GOLF

🏌 Lisbon Sports Club 20 km por ⑤, ☏ (21) 431 00 77
🏌 Club de Campo da Aroeira 15 km por ②, ☏ (21) 297 13 14 Aroeira, Charneca da Caparica.

ALUGUER DE VIATURAS

AVIS, ☏ (21) 346 26 76 – EUROPCAR, ☏ (21) 940 77 90 – HERTZ, ☏ 0800 20 12 31 – BUDGET, ☏ (21) 994 24 02.

CURIOSIDADES

PANORÂMICAS DE LISBOA

Ponte 25 de Abril★ por ② : ≤ ★★ – Cristo Rei por ② : ≴ ★★ – Castelo de São Jorge★★ : ≤ ★★★ LX – Miradouro de Santa Luzia★ : ≤ ★★ LY L¹ – Elevador de Santa Justa★ : ≤ ★ KY – Miradouro de São Pedro de Alcântara★ : ≤★★ JX L² – Miradouro do Alto de Santa Catarina★ JZ A¹ – Miradouro da Senhora do Monte : ≤★★★ LV – Largo das Portas do Sol★ : ≤★★ LY. Igreja e Convento de Nossa Senhora da Graça (Miradourou★) LX.

MUSEUS

Museu Nacional de Arte Antiga★★★ (políptico da Adoração de S. Vicente★★★, Tentação de Santo Antão★★★, Biombos japoneses★★, Doze Apóstolos★, Anunciação★, Capela★) EU M¹⁶ – Fundação Gulbenkian (Museu Calouste Gulbenkian★★★ FR, Centro de Arte Moderna★ FR M²) – Museu da Marinha★★ (modelos★★★ de embarcações) AQ M⁷ – Museu Nacional do Azulejo (Convento da Madre de Deus)★★ : igreja★★, sala do capítulo★ DP M¹⁷ – Museu da Água da EPAL★ HT M⁵ – Museu Nacional do Traje★ BN M²¹ – Museu Nacional do Teatro★ BN M¹⁹ – Museu Militar (tectos★) MY M¹⁵ – Museu de Artes Decorativas★★ (Fundação Ricardo do Espírito Santo Silva) LY M¹³ – Museu Arqueológico – Igreja do Carmo★ KY M⁴ – Museu de Arte Sacra de São Roque★ (ornamentos sacerdotais★) JKX M¹¹ – Museu Nacional do Chiado★ KZ M¹⁸ – Museu da Música★ BN M⁹ – Museu Rafael Bordalo Pinheiro (cerâmicas★) CN M²³.

IGREJAS E MOSTEIROS

Sé★★ (túmulos góticos★, grade★, tesouro★) LY – Mosteiro dos Jerónimos★★★ (Igreja de Santa Maria★★★ : abóbada★★, claustro★★★ ; Museu Nacional de Arqueologia : tesouro★) AQ – Igreja de São Roque★ (capela de São João Baptista★★, interior★) JX – Igreja de São Vicente de Fora (azulejos★) MX – Igreja de Nossa Senhora de Fátima (vitrais★) FR D² – Basílica da Estrela★ (jardim★) EU A² – Igreja da Conceição Velha (fachada sul★) LZ D¹ – Igreja de Santa Engrácia★ MX.

BAIRROS HISTÓRICOS

Belém★★ (Centro Cultural★) AQ – A Baixa pombalina★★ JKXYZ – Alfama★★ LY – Chiado e Bairro Alto★ JKY.

LUGARES PITORESCOS

Praça do Comércio (ou Terreiro do Paço★★) KZ – Torre de Belém★★★ AQ – Palacio dos Marqueses de Fronteira★★ (azulejos★★) ER – Rossio★ (estação : fachada★ neo-manuelina) KX – Rua do Carmo e Rua Garrett★ KY – Avenida da Liberdade★ JV – Parque Eduardo VII★ (≤★, Estufa fria★) FS – Jardim Zoológico★★ ER– Aqueduto das Águas Livres★ ES – Jardim Botânico★ JV– Parque Florestal de Monsanto★ (Miradouro : ≴★) APQ – Campo de Santa Clara★ MX – Escadinhas de Santo Estêvão★ (≤★) MY – Palacio da Ajuda★ AQ – Fundação Arpad Szenes-Vieira da Silva★ EFS – Passeio no Tejo★ (≤★★) – Ponte Vasco da Gama★★ DN – Oceanário de Lisboa★★ DN – Estação de Oriente★ DN.

COMPRAS

Bairros comerciais : *Baixa (Rua Augusta), Chiado (Rua Garrett).*
Antiguidades : *Rua D. Pedro V, Rua da Escola Politécnica, Feira da Ladra (3ª feira e sábado).*
Centro comercial : *Torres Amoreiras, Colombo.*
Desenhadores : *Bairro Alto.*

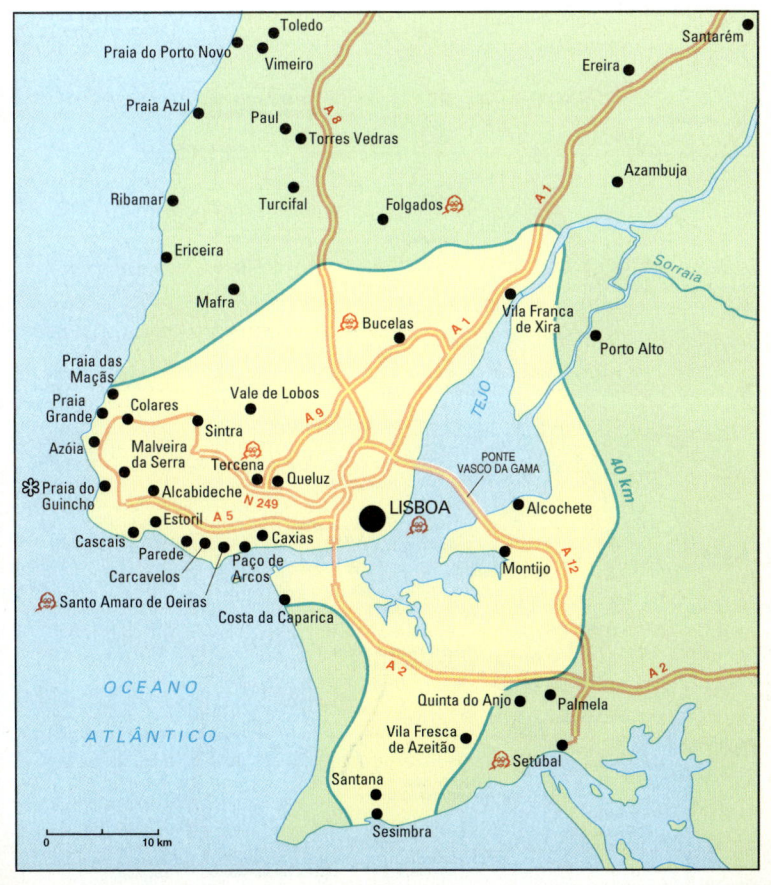

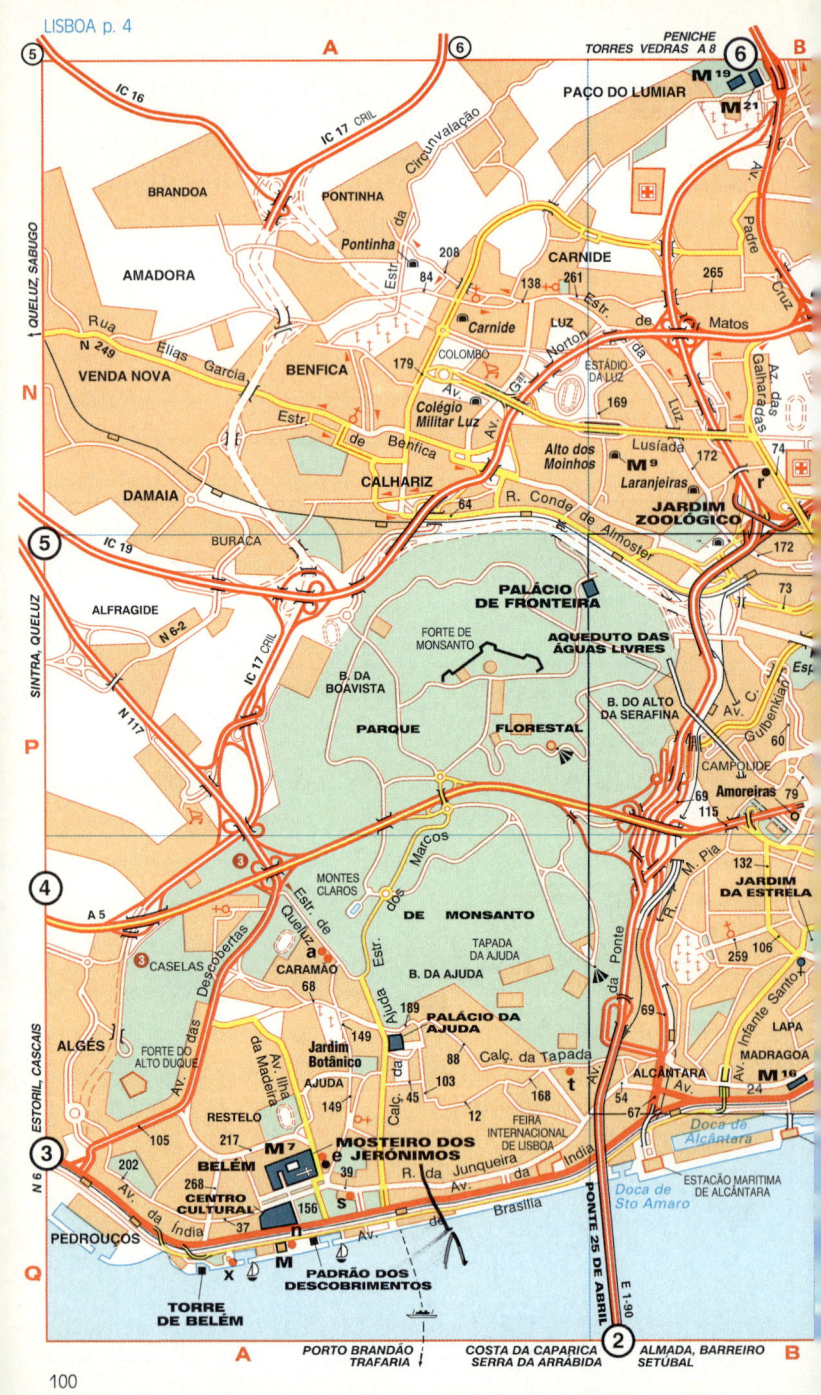

LISBOA p. 8

REPERTÓRIO DAS

Afonso Costa (Av.) .... p. 7 **HR**
Afonso III (Av.) .... p. 5 **DP** 4
Ajuda (Calç. da) ...... p. 4 **AQ**
Alecrim (R. do) .... p. 8 **JZ**
Alegria (R. da) .... p. 8 **JX**
Alexandre
  Herculano (R.) ..... p. 6 **FT** 7
Alfândega (R. da) .... p. 9 **LZ** 10
Aliança Operária (R.) . . p. 4 **AQ** 12
Almeida e Sousa (R.) . . p. 6 **ET**
Almirante Gago
  Coutinho (Av.) ..... p. 5 **DN**
Almirante Reis (Av.) . . . p. 7 **HR**
Amoreiras (R. das) .... p. 6 **FT** 13
Angelina Vidal (R.) .... p. 9 **LV**
António Augusto
  de Aguiar (Av.) ..... p. 6 **FR** 15
António José
  de Almeida (Av.) ... p. 7 **GR** 18
António Maria
  Cardoso (R.) .... p. 8 **JZ** 21
António Pereira
  Carrilho (R.) .... p. 7 **HR** 22
Arco do Carvalhão
  (R. do) .... p. 6 **ET**
Arco do Cego (R. do) . . p. 7 **GR** 25
Arsenal (R. do) .... p. 8 **KZ**
Artilharia Um (R. da) . . p. 8 **FS** 27
Atalaia (R. da) .... p. 8 **JY** 28
Augusta (R.) .... p. 8 **KY**
Augusto Rosa (R.) .... p. 9 **LY** 31
Avelino Texeira da
  Mota (Av.) .... p. 5 **DN** 32
Barão (R. do) .... p. 9 **LY** 33
Barão de Sabrosa (R.) . p. 7 **HR**
Barata Salgueiro (R.) . . p. 6 **FT** 34
Barbadinhos
  (Calç. dos) .... p. 5 **DQ** 35
Bartolomeu
  de Gusmão (R.) .... p. 9 **LY** 36
Bartolomeu Dias (R.) . . p. 4 **AQ** 37
Belém (R. de) .... p. 4 **AQ** 39
Beneficência (R. da) . . . p. 6 **FR** 40
Benfica (Estr. de) ..... p. 4 **AN**
Berlim (Av. de) .... p. 5 **DN**
Berna (Av. de) .... p. 6 **FR** 42
Bica do Marquês
  (R. da) .... p. 4 **AQ** 45
Boa vista (R. da) ..... p. 8 **JZ**
Bombarda (R.) .... p. 9 **LV**
Borges Carneiro (R.) . . p. 6 **FU**
Braancamp (R.) ...... p. 6 **FS** 48
Brasil (Av. do) .... p. 5 **DN**
Brasília (Av. de) ...... p. 4 **AQ**
Cais de Santarém (R.) . p. 9 **LZ** 49
Calhariz de Benfica
  (Estr. do) .... p. 4 **AP** 51
Calouste Gulbenkian
  (Av.) .... p. 6 **ER**
Calvário (L. do) .... p. 4 **EU** 54
Campo das Cebolas . . p. 9 **LZ**
Campo de Ourique
  (R. de) .... p. 6 **ET** 57
Campo de Santa Clara . p. 9 **MX**
Campo dos Mártires
  da Pátria .... p. 8 **KV**
Campo Grande ...... p. 5 **CN**
Campolide (R. de) .... p. 4 **BP** 60
Carmo (R. do) .... p. 8 **KY** 63
Carolina M. de
  Vasconcelos (R.). . . . p. 4 **AN** 64
Casal Ribeiro (Av.) .... p. 7 **GR** 66
Cascais (R.) .... p. 6 **EU** 67
Caselas (Estr. de) ..... p. 4 **AQ** 68
Castilho (R.) .... p. 6 **FS**
Cavaleiros (R. dos) . . . p. 9 **LX**
Ceuta (Av. de) .... p. 4 **BQ** 69
Chafariz de Dentro
  (L. do) .... p. 9 **MY**
Chão da Feira (R. do) . p. 9 **LY** 70
Chelas (Estr. de) ...... p. 5 **DP**
Chiado (L. do) .... p. 8 **KY** 72
Cidade do Porto
  (Av.) .... p. 5 **DN**
Columbano Bordalo
  Pinheiro (Av.) ...... p. 4 **BP** 73
Combatentes
  (Av. dos) .... p. 4 **BN** 74
Combro (Calç. do) .... p. 8 **JY**
Comércio (Pr. do)
  (Terreiro do Paço) . . p. 8 **KZ**
Conceição da Glória (R.) p. 8 **JX** 75
Conde de Almoster (R.) p. 6 **ER**

Conde de Valbom
  (Av.) .... p. 6 **FR** 76
Conde de Redondo (R.) . p. 7 **GS** 78
Conselheiro
  F. de Sousa (Av.) ... p. 6 **ES** 79
Correeiros (R. dos) . . . p. 8 **KY** 82
Correia (Estr. da) ..... p. 4 **AN** 84
Corvos (R. dos) ...... p. 9 **MX** 85
Costa do Castelo ..... p. 9 **LX**
Cruz da Pedra
  (Calç. da) .... p. 5 **DP** 87
Cruzeiro (R. do) ...... p. 4 **AQ** 88
Cruzes da Sé (R.) ..... p. 9 **LZ** 90
Damasceno Monteiro
  (R.) .... p. 9 **LV**
Descobertas (Av. das). . p. 4 **AQ**
Diário de Notícias
  (R. do) .... p. 8 **JY** 91
Dom Afonso
  Henriques (Alameda) . p. 7 **HR** 93
Dom Carlos I (Av.) .... p. 6 **FU** 94
Dom João da Câmara
  (Pr.) .... p. 8 **KX** 97
Dom João V (R.) ..... p. 5 **CQ** 99
Dom Luís I (R.) ...... p. 8 **JZ**
Dom Pedro IV (Pr.)
  (Rossio) .... p. 8 **KX**
Dom Pedro V (R.) .... p. 8 **JX**
Dom Vasco (R. de) . . . p. 4 **AQ** 103
Dom Vasco da Gama
  (Av.) .... p. 4 **AQ** 105
Domingos Sequeira
  (R.) .... p. 6 **ET** 106
Dona Estefânia (R. de) p. 7 **GS**
Dona Filipa
  de Vilhena (Av.) .... p. 7 **GR** 109
Doutor Alfredo
  Bensaúde (Av.) ..... p. 5 **DN**
Duque de Ávila (Av.) . . p. 7 **GR**
Duque de Loulé (Av.) . . p. 6 **GS** 111
Duque de Saldanha
  (Pr.) .... p. 7 **GR** 112
Duque de Terceira
  (Pr.) .... p. 8 **JZ**
Elias Garcia (R.) ...... p. 4 **AN**
Engenheiro Arantes
  e Oliveira (Av.) ..... p. 7 **HR** 114
Engenheiro Duarte
  Pacheco (Av.) ...... p. 4 **BP** 115
Engenheiro Ferreira
  Dias (R.) .... p. 5 **DN**
Escola do Exército (R.) p. 7 **HS** 117
Escolas Gerais (R. das) p. 9 **LY** 118
Escola Politécnica
  (R. da) .... p. 6 **FT** 120
Espanha (Pr. de) ..... p. 6 **FR** 124
Estados Unidos
  da América (Av.) . . . p. 5 **DN**
Estrela (Calç. da) ..... p. 6 **FU**
Fanqueiros (R. dos) . . . p. 8 **KY** 127
Febo Moniz (R.) ...... p. 7 **HS** 129
Ferreira Borges (R.) . . . p. 6 **ET** 132
Figueira (Pr. da) ...... p. 8 **KX**
Filipe da Mata (R.) .... p. 6 **FR** 136
Fonte (R. da) .... p. 4 **AN** 138
Fontes Pereira
  de Melo (Av.) ...... p. 7 **GS** 139
Forças Armadas
  (Av. das) .... p. 5 **CN** 142
Forno do Tijolo (R.) . . . p. 7 **HS** 147
Francisco Gentil
  Martins (R.) .... p. 6 **ER**
Francisco
  Sá Carneiro (Pr.) . . . p. 7 **HR**
Funil (Trav. do) .... p. 9 **LY** 148
Furnas (R. das) ...... p. 6 **ER**
Galhardas (Az. das) . . . p. 4 **BN**
Galvão (Calç. do) ..... p. 4 **AQ** 149
Garcia de Horta (R.) . . p. 6 **FU** 150
Garrett (R.) (Chiado) . . p. 8 **KY**
General Domingos
  de Oliveira (Pr.) .... p. 6 **EU**
General Norton
  de Matos (Av.) ..... p. 4 **BN**
General Roçadas (Av.) p. 7 **HS**
Glória (Calç. da) ...... p. 8 **JX** 151
Glória (R. da) .... p. 8 **JX**
Gomes Freire (R.) .... p. 7 **GS**
Graça (Calç. da) ...... p. 9 **LX** 152
Graça (L. da) .... p. 9 **LX**
Graça (R. da) .... p. 9 **LV**
Gualdim Pais (R.) ..... p. 5 **DP** 153
Guilherme Braga (R.) . . p. 9 **LY** 154

Ilha da Madeira (Av.) . . p. 4 **AQ**
Império (Pr. do) ...... p. 4 **AQ** 156
Imprensa
  Nacional (R.) ...... p. 6 **FT** 157
Índia (Av. da) .... p. 4 **AQ**
Infante D. Henrique
  (Av.) .... p. 9 **MY**
Infante Santo (Av.) .... p. 6 **EU**
Instituto Bacteriológico
  (R. do) .... p. 8 **KV** 160
Ivens (R.) .... p. 8 **KY**
Jacinta Marto (R.) .... p. 7 **GS** 162
Janelas Verdes
  (R. das) .... p. 6 **EU** 163
Jardim do Tabaco
  (R. do) .... p. 9 **MY** 165
João de Barros (R.) . . . p. 4 **AQ** 168
João de Freitas
  Branco (R.) .... p. 4 **BN** 169
João XXI (Av.) .... p. 7 **HR**
Joaquim António
  de Aguiar (R.) ...... p. 6 **FS** 171
José Fontana (Pr.) .... p. 7 **GS**
José Malhôa (Av.) .... p. 6 **ER**
Junqueira (R. da) .... p. 4 **AQ**
Lagares (R. dos) ..... p. 9 **LX**
Lapa (R. da) .... p. 6 **EU**
Laranjeiras
  (Estr. das) .... p. 6 **ER** 172
Leite de Vasconcelos
  (R.) .... p. 9 **MX**
Liberdade (Av. da) . . . . p. 8 **JV**
Limoeiro (R. do) ...... p. 9 **LY** 175
Linhas de Torres
  (Alameda das) ..... p. 5 **CN**
Lóios (L. dos) .... p. 9 **LY**
Londres (Pr. de) ...... p. 5 **DP** 177
Luís de Camões (Pr.) . p. 8 **JY**
Lusíada (Av.) .... p. 4 **ABN**
Luz (Estrada da) ..... p. 4 **BN**
Madalena (R. da) .... p. 8 **KY**
Manuel da Maia (Av.) . . p. 7 **HR** 178
Marcos (Estr. dos) . . . p. 4 **AQ**
Marechal Craveiro
  Lopes (Av.) .... p. 5 **CN**
Marechal Gomes
  da Costa (Av.) ..... p. 5 **DN**
Marechal Teixeira
  Rebelo (Av.) .... p. 4 **AN** 179
Maria Andrade (R.) . . . p. 7 **HS** 180
Maria da Fonte (R.) . . . p. 9 **LV**
Maria Pia (R.) .... p. 6 **ET**
Marquês da Fronteira
  (R.) .... p. 5 **CP** 181
Marquês de Pombal
  (Pr.) .... p. 6 **FS**
Martim Moniz (L.) .... p. 8 **KX** 184
Mayer (Parque) ...... p. 8 **JV**
Miguel Bombarda
  (Av.) .... p. 7 **GR** 186
Mirante (Calç. do) .... p. 4 **AQ** 189
Mirante (R. do) ...... p. 9 **MX**
Misericórdia (R. da) . . . p. 8 **JY** 190
Monte (Tr. do) .... p. 9 **LV**
Morais Soares (R.) . . . p. 7 **HR**
Mouzinho de
  Albuquerque (Av.) . . p. 5 **DP** 192
Norberto de Araújo
  (R.) .... p. 9 **LY** 193
Nova da Almada (R.) . . p. 8 **KY**
Olaias
  (Rotunda das) ..... p. 7 **HR**
Ouro (R. do) (Aurea) . . p. 8 **KY**
Paço da Rainha (L.) . . p. 7 **HS** 195
Paço do Lumiar
  (Estr. do) .... p. 4 **AN**
Padre Cruz (Av.) ..... p. 4 **BN**
Palma (R. da) .... p. 8 **KV**
Paraíso (R. do) .... p. 9 **MX**
Pascoal de Melo (Rua) p. 5 **DP** 196
Passos Manuel (R.) . . . p. 7 **HS** 198
Pedro Álvares Cabral
  (Av.) .... p. 6 **FT** 199
Pedrouços (R. de) . . . p. 4 **AQ** 202
Penha de França
  (R. da) .... p. 7 **HS**
Poço dos Mouros
  (Calç. do) .... p. 7 **HR** 204
Poço dos Negros
  (R. do) .... p. 6 **FU** 205
Poiais de S. Bento (R.) p. 6 **FU** 207
Ponte (Av. da) .... p. 6 **ET**
Pontinha (Estr. da) . . . p. 4 **AN** 208

RUAS DE LISBOA

Portas de
  Santo Antão (R.) . . p. 8 **KX**
Portas do Sol (L. das) p. 9 **LY** 210
Possidónio da Silva
  (R.) . . . . p. 6 **EU**
Prata (R. da) . . . . p. 8 **KY**
Presidente Arriaga
  (R.) . . . . p. 6 **EU** 211
Príncipe Real
  (Pr. do) . . . . p. 8 **JX** 213
Prior (R. do) . . . . p. 6 **EU**
Quelhas
  (R. do) . . . . p. 6 **FU**
Queluz (Estr. de) . . . . p. 4 **AQ**
Ramalho Ortigão (R.) . p. 6 **FR**
Rato (L. do) . . . . p. 6 **FT**
Regueira (R. da) . . . . . p. 9 **LY** 214
Relógio (Rotunda do). p. 5 **DN** 215
Remédios (R. dos) . . . p. 9 **MY**
República (Av. da) . . . p. 5 **CP** 216
Restauradores
  (Pr. dos) . . . . p. 8 **KX**
Restelo (Av. do) . . . . . p. 4 **AQ** 217
Ribeira das Naus
  (Av. da) . . . . p. 8 **KZ**
Ribeiro Sanches
  (R.) . . . . p. 6 **EU**
Rio de Janeiro (Av.) . . p. 5 **CN**
Rodrigo da Fonseca
  (R.) . . . . p. 6 **FS** 219
Rodrigues de Freitas
  (L.) . . . . p. 9 **LX** 220
Roma (Av. de) . . . . . . p. 5 **CN**
Rosa (R. da) . . . . p. 8 **JY**
Rovisco Pais (Av.) . . . p. 7 **GR** 222

Saco (R. do) . . . . p. 8 **KV**
Sacramento
  (Calç. do) . . . . p. 8 **KY** 225
Salitre (R. do) . . . . . . p. 8 **JV**
Salvador (R. do) . . . . . p. 9 **LY** 226
Sampaio Bruno (R.) . . p. 6 **ET**
Santa Catarina (R. de) p. 8 **JY** 228
Santa Justa (R. de) . . p. 8 **KY** 229
Santa Luzia
  (Trav. de) . . . . p. 9 **LY** 231
Santana (Calç. de) . . . p. 8 **KX**
Santo André
  (Calç. de) . . . . p. 9 **LX**
Santo António (R. de). p. 6 **EU** 232
Santo António da Sé
  (L.) . . . . p. 9 **LY** 233
Santo António dos
  Capuchos (R.) . . . . p. 8 **KV** 234
Santo Condestável
  (Av. do) . . . . p. 5 **DN** 235
Santo Estêvão
  (Escadinhas de) . . p. 9 **MY** 236
S. Bento (R. de) . . . . . p. 5 **CQ** 237
S. Bernardo (R. de) . . p. 6 **FT** 238
S. Caetano (R. de) . . . p. 6 **EU**
S. Domingos (L. de) . p. 8 **KX** 240
S. Filipe Neri (R. de) . p. 6 **FT** 241
S. Francisco
  (Calç. de) . . . . p. 8 **KZ** 243
S. João da Mata (R.) . p. 6 **FU** 244
S. João da Praça
  (R. de) . . . . p. 9 **LY** 246
S. José (R. de) . . . . . . p. 8 **JV**
S. Lázaro (R. de) . . . . p. 8 **KX**
S. Marçal (R. de) . . . . p. 6 **FT** 247

S. Miguel (R. de) . . . . p. 9 **LY** 249
S. Paulo (R. de) . . . . . p. 8 **JZ**
S. Pedro (R. de) . . . . . p. 9 **LY** 250
S. Pedro de Alcântara
  (R. de) . . . . p. 8 **JX** 252
S. Tiago (R. de) . . . . . p. 9 **LY** 253
S. Tomé (R. de) . . . . . p. 9 **LX** 255
S. Vicente (Calç. de) . p. 9 **LX** 256
S. Vicente (R. de) . . . p. 9 **LX**
Sapadores (R. dos) . . p. 9 **MV**
Sapateiros (R. dos) . . p. 8 **KY** 258
Saraiva de Carvalho
  (R.) . . . . p. 4 **BQ** 259
Saudade (R. da) . . . . . p. 9 **LY**
Século (R. do) . . . . . . p. 8 **JX**
Seminário (R. do) . . . p. 4 **AN** 261
Senhora da Glória
  (R.) . . . . p. 9 **MV**
Serpa Pinto (R.) . . . . . p. 8 **KZ** 262
Sol (R. do) . . . . p. 6 **FT** 264
Tapada (Calç. da) . . . p. 4 **AQ**
Telhal (R. do) . . . . p. 8 **KV**
Telheiras (Estr. de) . . . p. 4 **BN** 265
Terreiro do Trigo
  (R. do) . . . . p. 9 **LY** 267
Torre de Belém (Av.) . p. 4 **AQ** 268
Vale de Sto António
  (R.) . . . . p. 9 **MV**
Verónica (R. da) . . . . . p. 9 **MX**
Vitor Cordon (R.) . . . . p. 8 **KZ**
Vigário (R. do) . . . . . . p. 9 **MY** 270
Voz do Operário (R.) . p. 9 **LX**
Xabregas (R. de) . . . . p. 5 **DP** 271
5 de Outubro (Av.) . . p. 5 **CN** 273
24 de Julho (Av.) . . . p. 6 **FU**

Lista alfabética dos estabelecimentos
Lista alfabética de los establecimientos
Liste alphabétique des établissements
Elenco alfabetico degli esercizi
Alphabetische liste der Häuser
Alphabetical list of establishments

A

- 21 Adega Machado
- 20 Adega Tia Matilde
- 16 Afonso Henriques (D.)
- 14 Albergaria Senhora do Monte
- 17 Alfa Lisboa
- 16 Alicante
- 16 Alif
- 17 Altis
- 16 Altis Park H.
- 18 Amazónia Jamor
- 18 Amazónia Lisboa
- 16 A.S. Lisboa
- 14 Avenida Palace
- 17 Avis (D')

B

- 15 Bachus
- 18 Barcelona
- 19 Berna
- 14 Botánico
- 14 Britânia

C

- 15 Cais da Avenida
- 19 Casa da Comida
- 15 Casa do Leão
- 20 Caseiro
- 17 Celtas
- 19 Chester
- 15 Clara
- 21 Clube de Fado
- 20 Coelho da Rocha
- 16 Comfort H. Embaixador
- 19 Comfort Príncipe
- 15 Consenso
- 19 Conventual

D – E

- 19 Da Torre
- 20 Delfim
- 18 Diplomático
- 18 Do Reno
- 16 Dom Carlos
- 16 Dom João
- 18 Dom Manuel I
- 17 Dom Pedro Lisboa
- 18 Eduardo VII
- 15 Escorial

F

- 20 Faia (O)
- 15 Faz Figura (O)
- 18 Fénix
- 19 Flamingo
- 18 Flórida
- 21 Forcado (O)
- 17 Four Seasons H. The Ritz Lisbon
- 20 Frei Papinhas
- 20 Funil (O)

G – H

- 15 Gambrinus
- 16 Holiday Inn Lisboa
- 17 Holiday Inn Lisboa-Continental
- 19 Horizonte

I

- 19 Ibis José Malhoa
- 16 Ibis Lisboa-Saldanha
- 14 Insulana

J

- 18 Janelas Verdes (As)
- 19 Jorge V

L

17 Lapa Palace
16 Lar do Areeiro
14 Lisboa
17 Lisboa Penta
14 Lisboa Plaza
14 Lisboa Regency Chiado
14 Lisboa Tejo
16 Lutécia

M

16 Madrid
20 Mãe d'Água
18 Marquês de Pombal
18 Marquês de Sá
16 Meliá Confort Lisboa
16 Meliá Confort Oriente
20 Mercado da Carne (O)
15 Mercado de Santa Clara
20 Mercado do Peixe (O)
17 Meridien Park Atlantic Lisboa (Le)
14 Metropole
17 Metropolitan Lisboa H.
18 Miraparque
14 Mundial
15 Múni (O)

N

19 Nacional
19 Nazareth
14 NH Liberdade
17 Nobre (O)
18 Novotel Lisboa

P

19 Pabe
17 Panorâmico
20 Papagaio da Serafina
15 Paris
20 Polícia (O)
15 Porta Branca
16 Presidente

Q

18 Quality H.
19 Quinta dos Frades

R

16 Radisson SAS
17 Real Parque
19 Real Residência
14 Residência Roma
16 Roma

S

16 Sana Classic Capitol H.
18 Sana Classic Executive H.
19 Sana Classic Rex H.
19 São Jerónimo
20 Saraiva's
19 Sétimo
20 Severa (A)
17 Sheraton Lisboa H.
14 Sofitel Lisboa
20 Solar dos Nunes
20 Sr. Vinho
15 Stravaganza
20 Sua Excelência

T

19 T Clube
20 Tachino (O)
15 Tágide
15 Tavares
14 Tivoli Jardim
14 Tivoli Lisboa
20 Travessa (A)

V

17 Vasku's Grill
20 Vela Latina
14 Veneza
15 Verdemar
15 Via Graça

X – Y – Z

19 XL
18 York House
18 Zurique

LISBOA p. 14

Centro : Av. da Liberdade, Praça dos Restauradores, Praça Dom Pedro IV (Rossio), Praça do Comércio, Rua Dom Pedro V, Rua de Santa Catarina, Campo de Santa Clara, Rua dos Sapadores (planos p. 8 e 9)

Tivoli Lisboa, Av. da Liberdade 185, ✉ 1269-050, ℘ (21) 319 89 00, htlisboa@mail.telefac.pt, Fax (21) 319 89 50, «Terraço com ≤ cidade», climatizada, – |≑| ≡ TV ♿ ⟺ – 40/200. AE ① ⓦ VISA.
JV d
Grill Terraço : Refeição lista 5850 a 9200 - **Zodíaco :** Refeição lista 3900 a 5950 – **300 qto** ⊡ 42000/46000, 29 suites.

Sofitel Lisboa, Av. da Liberdade 127, ✉ 1269-038, ℘ (21) 322 83 00, h1319@accor-hotels.com, Fax (21) 322 83 60 – |≑| ≡ TV ♿ ⟺ – 25/300. AE ① ⓦ VISA
JV r
Refeição - ver rest. **Cais da Avenida** – ⊡ 3000 – **165 qto** 40000/45000, 5 suites.

Lisboa Plaza, Travessa do Salitre 7, ✉ 1269-066, ℘ (21) 321 82 18, plaza.hotels@heritage.pt, Fax (21) 347 16 30 – |≑| ≡ TV – 25/140. AE ① ⓦ VISA JCB.
JV b
Refeição 4100 – ⊡ 2200 – **94 qto** 34900/38800, 12 suites.

Mundial, Rua D. Duarte 4, ✉ 1100-198, ℘ (21) 884 20 00, mundial.hot@mail.telepac.pt, Fax (21) 884 21 10, – |≑| ≡ TV ♿ ⟺ – 25/120. AE ① ⓦ VISA.
KX a
Refeição 3100 - **Varanda de Lisboa :** Comida lista 4700 a 8600 – **245 qto** ⊡ 16960/21220, 10 suites.

Tivoli Jardim, Rua Julio Cesar Machado 7, ✉ 1250-135, ℘ (21) 353 99 71, htjardim@mail.telepac.pt, Fax (21) 355 65 66, climatizada, – |≑| ≡ TV ♿ ⟺ 𝐏 – 25/40. AE ① ⓦ VISA.
JV a
Refeição 4000 – **119 qto** ⊡ 25000/29000.

Lisboa Regency Chiado, Rua Nova do Almada 114, ✉ 1200-290, ℘ (21) 325 61 00, regencychiado@madeiraregency.pt, Fax (21) 325 61 61 – |≑| ≡ TV ⟺. AE ① ⓦ VISA JCB.
KY c
Refeição lista 3900 a 5100 – **40 qto** ⊡ 27500/28500.

Lisboa sem rest. com snack-bar, Rua Barata Salgueiro 5, ✉ 1166-069, ℘ (21) 355 41 31, hotlis@ip.pt, Fax (21) 355 41 39 – |≑| ≡ TV ⟺. AE ① ⓦ VISA JCB.
JV e
55 qto ⊡ 22000/30000, 6 suites.

Avenida Palace sem rest, Rua 1° de Dezembro 123, ✉ 1200-359, ℘ (21) 346 01 51, hotel.av.palace@mail.telepac.pt, Fax (21) 342 28 84 – |≑| ≡ TV – 25/100. AE ① ⓦ VISA JCB.
KX z
64 qto ⊡ 35000/40000, 18 suites.

Britânia sem rest, Rua Rodrigues Sampaio 17, ✉ 1150-278, ℘ (21) 315 50 16, britania.hotel@heritage.pt, Fax (21) 315 50 21 – |≑| ≡ TV. AE ① ⓦ VISA JCB.
JV y
⊡ 2200 – **30 qto** 32700/36300.

NH Liberdade, Av. da Liberdade 180-B, ✉ 1250-146, ℘ (21) 314 36 77, Fax (21) 314 36 74, – |≑| ≡ TV ⟺ – 25/35. AE ① ⓦ VISA JCB. rest
JV z
Refeição 3000 – **83 qto** ⊡ 25500/30500.

Veneza sem rest, Av. da Liberdade 189, ✉ 1250-141, ℘ (21) 352 26 18, Fax (21) 352 66 78, «Instalado num antigo palacete» – |≑| TV 𝐏. AE ① ⓦ VISA.
JV d
36 qto ⊡ 25000/30000.

Metropole sem rest, Praça do Rossio 30, ✉ 1100-200, ℘ (21) 321 90 30, almeidahotels@ip.pt, Fax (21) 346 91 66 – |≑| ≡ TV. AE ① ⓦ VISA JCB
KY s
36 qto ⊡ 25000/27000.

Albergaria Senhor do Monte sem rest, Calçada do Monte 39, ✉ 1170-250, ℘ (21) 886 60 02, Fax (21) 887 77 83, ≤ Castelo de São Jorge, cidade e rio Tejo – |≑| ≡ TV. AE ① ⓦ VISA.
LV c
28 qto ⊡ 19000/30000.

Lisboa Tejo sem rest, Poço do Borratém 4, ✉ 1100-408, ℘ (21) 886 61 82, hlt.reservas@mail.telepac.pt, Fax (21) 886 51 63 – |≑| ≡ TV. AE ① ⓦ VISA.
KX r
58 qto ⊡ 16000/18000.

Botánico sem rest, Rua Mãe de Água 16, ✉ 1250-156, ℘ (21) 342 03 92, Fax (21) 342 01 25 – |≑| ≡ TV. AE ① ⓦ VISA JCB.
JX s
30 qto ⊡ 16000/18000.

Insulana sem rest, Rua da Assunção 52, ✉ 1100-044, ℘ (21) 342 76 25, Fax (21) 342 89 24 – |≑| ≡ TV. AE ① ⓦ VISA.
KY e
32 qto ⊡ 10000/12000.

Residência Roma sem rest, Travessa da Glória 22-A, ✉ 1250-118, ℘ (21) 346 05 57, Fax (21) 346 05 57 – ≡ TV. AE ⓦ VISA.
JX t
24 qto ⊡ 8900/12500.

XXXX **Tágide,** Largo da Académia Nacional de Belas Artes 18, ✉ 1200-005, ✆ (21) 342 07 20, Fax (21) 347 18 80, ≤ – 🍽. AE ① ⓜ VISA JCB. ⌘
KZ z
fechado sábado e domingo – **Refeição** lista 7600 a 9600.

XXXX **Clara,** Campo dos Mártires da Pátria 49, ✉ 1150-225, ✆ (21) 885 30 53, clararestaurant@mail.telepat.pt, Fax (21) 885 20 82, 🍴, « Terraço-jardim » – 🍽. AE ① ⓜ VISA JCB. ⌘
KV f
fechado do 1 ao 15 de agosto, sábado meio-dia e domingo – **Refeição** lista aprox. 5500.

XXXX **Tavares,** Rua da Misericórdia 37, ✉ 1200-270, ✆ (21) 342 11 12, Fax (21) 347 81 25, « Estilo fim do século XIX » – 🍽. AE ① ⓜ VISA JCB. ⌘
JY t
fechado sábado e domingo ao meio-dia – **Refeição** lista 7000 a 9200.

XXX **Bachus,** Largo da Trindade 9, ✉ 1200-466, ✆ (21) 342 28 28, Fax (21) 342 12 60 – 🍽. AE ① ⓜ VISA JCB. ⌘
JY s
fechado sábado meio-dia, feriados meio-dia e domingo – **Refeição** lista 7860 a 8180.

XXX **Gambrinus,** Rua das Portas de Santo Antão 25, ✉ 1150-264, ✆ (21) 342 14 66, Fax (21) 346 50 32 – 🍽. AE ⓜ VISA. ⌘
KX n
Refeição lista 13000 a 16000.

XXX **Cais da Avenida** - Hotel Sofitel Lisboa, Av. da Liberdade 127 A/B, ✉ 1269-038, ✆ (21) 322 83 00, sofitel.lisboa@mail.telepac.pt, Fax (21) 322 83 60, 🍴 – 🍽 ⌬. AE ① ⓜ VISA JCB. ⌘
JV r
Refeição lista 4000 a 5450.

XXX **Consenso,** Rua da Académia das Ciências 1-A, ✉ 1200-003, ✆ (21) 343 13 13, reservas@restauranteconsenso.com, Fax (21) 343 13 12, « Decoração moderna num ambiente rústico » – 🍽. AE ① ⓜ VISA JCB
JY a
fechado sábado meio-dia, domingo meio-dia e feriados meio-dia – **Refeição** lista 2900 a 5550.

XXX **Escorial,** Rua das Portas de Santo Antão 47, ✉ 1150-160, ✆ (21) 346 44 29, Fax (21) 346 37 58, 🍴 – 🍽. AE ① ⓜ VISA JCB. ⌘
KX e
Refeição lista aprox. 6900.

XXX **Casa do Leão,** Castelo de São Jorge, ✉ 1100-129, ✆ (21) 887 59 62, Fax (21) 887 63 29, ≤ – 🍽. AE ① ⓜ VISA. ⌘
LXY s
Refeição lista 4800 a 7150.

XX **Via Graça,** Rua Damasceno Monteiro 9-B, ✉ 1170, ✆ (21) 887 08 30, Fax (21) 887 03 05, ≤ Castelo de São Jorge, cidade e rio Tejo – 🍽. AE ① ⓜ VISA JCB. ⌘
LV d
fechado do 27 ao 31 de agosto, sábado meio-dia e domingo – **Refeição** lista 3580 a 5160.

XX **O Faz Figura,** Rua do Paraíso 15-B, ✉ 1100-396, ✆ (21) 886 89 81, Fax (21) 886 89 81, ≤, 🍴 – 🍽. AE ① ⓜ VISA. ⌘
MX n
fechado domingo – **Refeição** lista 4900 a 6350.

XX **Verdemar,** Rua das Portas de Santo Antão 142, ✉ 1150-269, ✆ (21) 346 44 01 – 🍽. ⌘
KX f
fechado sábado – **Refeição** lista aprox. 4700.

X **Stravaganza,** Rua do Grémio Lusitano 20, ✉ 1200-212, ✆ (21) 346 88 68 – 🍽. AE ① ⓜ VISA JCB. ⌘
JY c
Refeição - cozinha italiana, sábado, domingo e feriados so jantar - lista 2400 a 5700.

X **Porta Branca,** Rua do Teixeira 35, ✉ 1200-459, ✆ (21) 342 10 24, Fax (21) 347 92 57 – 🍽. AE ① ⓜ VISA. ⌘
JX e
fechado domingo e 2ª feira meio-dia – **Refeição** lista 2800 a 3800.

X **Paris,** Rua dos Sapateiros 126, ✉ 1100-580, ✆ (21) 346 97 97 – 🍽. AE ① ⓜ VISA. ⌘
KY a
Refeição lista 2900 a 5700.

X **O Múni,** Rua dos Correeiros 115, ✉ 1100-163, ✆ (21) 342 89 82 – 🍽. AE ⓜ VISA. ⌘
KY r
fechado setembro, sábado, domingo e feriados – **Refeição** lista 4000 a 5750.

X **Mercado de Santa Clara,** Campo de Santa Clara (no mercado), ✉ 1170, ✆ (21) 887 39 86, Fax (21) 887 39 86, ≤ – 🍽. AE ① ⓜ VISA. ⌘
MX c
fechado agosto, domingo noite e 2ª feira – **Refeição** lista 3650 a 4700.

LISBOA p. 16

Este : Praça Marquês de Pombal, Av. da Liberdade, Av. Almirante Reis, Av. João XXI, Av. da República, Av. Estados Unidos de América, Av. de Berlim (planos p. 5 e 7)

Radisson SAS, Av. Marechal Craveiro Lopes 390, ✉ 1749-009, ℘ (21) 759 96 39, Fax (21) 758 66 05, – |≣| ▭ ⌨ ⇌ – 🅰 25/200
205 qto, 16 suites. CN u

Altis Park H., Av. Engenheiro Arantes e Oliveira 9, ✉ 1900-221, ℘ (21) 843 42 00, altisparkhotel@mail.telepac.pt, Fax (21) 846 08 38 – |≣| ▭ ⌨ ⇌ – 🅰 25/600. rest
Refeição 3750 – ⌂ 1500 – **285 qto** 24000/28000, 15 suites. HR z

Meliá Confort Lisboa, Av. Duque de Loulé 45, ✉ 1050-086, ℘ (21) 351 04 80, rese rvas@net.sapo.pt, Fax (21) 353 18 65, – |≣| ▭ ⌨ ⇌ – 🅰 25/50.
Refeição (fechado domingo) lista 3400 a 5300 – **80 qto** ⌂ 30000/32000, 4 suites. GS z

Holiday Inn Lisboa, Av. António José de Almeida 28-A, ✉ 1000-044, ℘ (21) 793 52 22, Fax (21) 793 66 72, – |≣| ▭ ⌨ ⇌ – 🅰 25/300
161 qto, 8 suites. GR c

Lutécia, Av. Frei Miguel Contreiras 52, ✉ 1749-086, ℘ (21) 840 31 21, Fax (21) 840 78 18, ≤ – |≣| ▭ ▭ – 🅰 25/100.
Refeição lista 4200 a 5800 – **143 qto** ⌂ 19500/24000, 8 suites. DN b

Roma, Av. de Roma 33, ✉ 1749-074, ℘ (21) 796 77 61, info@hotelroma.pt, Fax (21) 793 29 81, ≤, , – |≣| ▭ ▭ – 🅰 25/230.
Refeição 2950 – **263 qto** ⌂ 15000/17500 – PA 5400. CN a

Alif sem rest, Campo Pequeno 51, ✉ 1000-304, ℘ (21) 782 62 10, hotelalif@ip.pt, Fax (21) 795 41 16 – |≣| ▭ ⌨ ⇌ – 🅰 25/40.
107 qto ⌂ 15000/17500, 8 suites. GR w

Dom Carlos sem rest. com snack-bar, Av. Duque de Loulé 121, ✉ 1050-089, ℘ (21) 351 25 90, hdcarlos@mail.telepac.pt, Fax (21) 352 07 28 – |≣| ▭ – 🅰 25/40.
76 qto ⌂ 18000/21600. GS n

Presidente sem rest, Rua Alexandre Herculano 13, ✉ 1150-005, ℘ (21) 317 35 70, hpresidente@mail.telepac.pt, Fax (21) 352 02 72 – |≣| ▭ – 🅰 25/40.
59 qto ⌂ 16800/19500. GS t

Madrid sem rest, Rua do Conde de Redondo 24, ✉ 1150-106, ℘ (21) 319 17 60, 3k.h oteis@mail.telepac.pt, Fax (21) 315 75 75 – |≣| ▭ ⌨ ⇌ – 🅰 25/100.
⌂ 1600 – **86 qto** 16000/18000. GS v

Confort H. Embaixador sem rest, Av. Duque de Loulé 73, ✉ 1050-088, ℘ (21) 319 40 00, Fax (21) 355 75 96 – |≣| ▭ – 🅰 25/80
96 qto. GS a

A.S. Lisboa sem rest, Av. Almirante Reis 188, ✉ 1000-055, ℘ (21) 842 93 60, info@hote l-aslisboa.pt, Fax (21) 842 93 74 – |≣| ▭ – 🅰 25/80.
75 qto ⌂ 13500/15500. HR e

Meliá Confort Oriente, Av. D. João II (Parque das Nações), ✉ 1990-083, ℘ (21) 893 00 00, melia.confort.oriente@esoterica.pt, Fax (21) 893 00 99, ≤, « Frente ao esturário do Tejo » – |≣| ▭ ⌨ ⇌ – 🅰 25/100.
Refeição 2300 – **115 qto** ⌂ 18400/20400, 1 suite. DN d

Sana Classic Capitol H. sem rest. com snack-bar, Rua Eça de Queiroz 24, ✉ 1050-096, ℘ (21) 353 68 11, sanaclassic.capitol@sanahotels.com, Fax (21) 352 61 65 – |≣| ▭ – 🅰 25/75.
57 qto ⌂ 18000/20000. GS f

Ibis Lisboa-Saldanha, Av. Casal Ribeiro 23-25, ✉ 1000-090, ℘ (21) 319 16 90, Fax (21) 319 16 99 – |≣| ▭ ⌨ ⇌ – 🅰 25/150
116 qto. GR r

D. Afonso Henriques sem rest, Rua Cristóvão Falcão 8, ✉ 1900-172, ℘ (21) 814 65 74, Fax (21) 812 33 75 – |≣| ▭ ⇌ – 🅰 25/80.
39 qto ⌂ 11500/13600. HR t

Dom João sem rest, Rua José Estêvão 43, ✉ 1150-200, ℘ (21) 314 41 71, Fax (21) 352 45 69 – |≣| ▭.
18 qto ⌂ 7500/9000. HS e

Alicante sem rest, Av. Duque de Loulé 20, ✉ 1050-090, ℘ (21) 353 05 14, alicante @clix.pt, Fax (21) 352 02 50 – |≣| ▭.
42 qto ⌂ 8500/10500. GS c

Lar do Areeiro sem rest, Praça Dr. Francisco Sá Carneiro 4, ✉ 1000-159, ℘ (21) 849 31 50, Fax (21) 840 63 21 – |≣| ▭.
44 qto ⌂ 8000/10000. HR v

LISBOA p. 17

XXX **O Nobre**, Edifício Nau F-18 (Marina Expo), ✉ 1800, ℘ (21) 893 16 00, Fax (21) 896 99 88, ≤, 佘 – ■. 旺 ① ⑩ 沤. ※
fechado do 1 ao 15 de agosto e domingo – **Refeição** lista 5140 a 8210.
DN c

XX **Panorâmico**, Torre Vasco da Gama, ✉ 1998, ℘ (21) 893 95 50, Fax (21) 895 60 50, « No Parque das Nações com ≤ rio Tejo e cidade » – |‡| ■. 旺 ① ⑩ 沤 ⒿⒸⒷ. ※
fechado 2ª feira – **Refeição** lista 6200 a 7700.
DN e

X **D'Avis**, Rua do Grilo 98, ✉ 1900-707, ℘ (21) 868 13 54, Fax (21) 868 13 54, « Rest. típico » – ■. ※
fechado domingo – **Refeição** - cozinha alentejana - lista 2450 a 3700.
DP a

X **Vasku's Grill**, Rua Passos Manuel 30, ✉ 1150-260, ℘ (21) 352 22 93, Fax (21) 315 54 32 – ■. 旺 ① ⑩ 沤. ※
fechado sábado meio-dia e domingo – **Refeição** - grelhados - lista aprox. 5800.
HS a

X **Celtas**, Rua Gomes Freire 148, ✉ 1150-180, ℘ (21) 357 30 69, Fax (21) 357 30 69 – ■. 旺 ⑩ 沤. ※
fechado domingo – **Refeição** lista 4960 a 8040.
GS k

Oeste : Av. da Liberdade, Av. 24 de Julho, Largo de Alcântara, Av. da India, Av. Infante Santo, Praça Marquês de Pombal, Av. António Augusto de Aguiar, Av. de Berna, Praça de Espanha (planos p. 4 e 6)

🏨🏨🏨 **Four Seasons H. The Ritz Lisbon**, Rua Rodrigo da Fonseca 88, ✉ 1099-039, ℘ (21) 381 14 00, lisha@fourseasons.com, Fax (21) 383 17 83, ≤, 佘, 囗 – |‡| ■ 📺 & 🚗 🅿 – 🏊 25/500. 旺 ① ⑩ 沤 ⒿⒸⒷ. ※ rest
Varanda : Refeição lista 7800 a 10700 – 🛏 3500 – **264 qto** 63000/68000, 20 suites.
FS b

🏨🏨🏨 **Sheraton Lisboa H.**, Rua Latino Coelho 1, ✉ 1069-025, ℘ (21) 312 00 00, lisboa@sheratonatsheraton.com, Fax (21) 354 71 64, ≤, 囗, ∑ climatizada – |‡| ■ 📺 & 🚗 – 🏊 25/550. 旺 ① ⑩ 沤. ※
Alfama Grill : Refeição lista 8800 a 10200 - **Caravela** : Refeição lista 6400 a 7300 – 🛏 3000 – **374 qto** 43000/46000, 7 suites.
GR s

🏨🏨 **Lapa Palace** ⚘, Rua do Pau de Bandeira 4, ✉ 1249-021, ℘ (21) 394 94 94, info@hotelapa.com, Fax (21) 395 06 65, ≤, 佘, « Belo jardim entre árvores com cascata e ∑ », 囗, 🎾 – |‡| ■ 📺 & 🚗 🅿 – 🏊 25/250. 旺 ① ⑩ 沤. ※
Hotel Cipriani : Refeição lista 6000 a 10100 – 🛏 3000 – **86 qto** 60000/65000, 8 suites.
EU a

🏨🏨 **Dom Pedro Lisboa**, Av. Engenheiro Duarte Pacheco 24, ✉ 1070-109, ℘ (21) 389 66 00, dp.lisboa@mail.telepac.pt, Fax (21) 389 66 01, ≤, 佘 – |‡| ■ 📺 & 🏊 25/500. 旺 ① ⑩ 沤. ※
Il Gattopardo (cozinha italiana, fechado agosto) **Refeição** lista 5400 a 7500 – 🛏 2750 – **254 qto** 50500/56000, 9 suites.
ES e

🏨🏨 **Le Meridien Park Atlantic Lisboa**, Rua Castilho 149, ✉ 1099-034, ℘ (21) 381 87 00, Fax (21) 389 05 05, ≤ – |‡| ■ 📺 & 🚗 – 🏊 25/550. 旺 ① ⑩ 沤. ※
L'Appart : Refeição lista 5150 a 6600 – 🛏 2500 – **313 qto** 43000/48000, 17 suites.
FS a

🏨🏨 **Altis**, Rua Castilho 11, ✉ 1269-072, ℘ (21) 310 60 00, reservations@hotel-altis.pt, Fax (21) 310 62 62, 囗, ⌂ – |‡| ■ 📺 & 🚗 – 🏊 25/700. 旺 ① ⑩ 沤 ⒿⒸⒷ. ※
Girassol : Refeição (só almoço salvo domingo) lista 5200 a 9100 - **Grill Dom Fernando** (fechado domingo) Refeição lista 7200 a 11600 – **290 qto** 🛏 33000/37000, 13 suites, 40 apartamentos.
FT z

🏨🏨 **Alfa Lisboa**, Av. Columbano Bordalo Pinheiro, ✉ 1099-031, ℘ (21) 726 21 21, alfa.hotel@mail.telepac.pt, Fax (21) 726 30 31, ≤, 囗, ∑ – |‡| ■ 📺 – 🏊 25/700. 旺 ① ⑩ 沤. ※
A Aldeia : Refeição lista 4000 a 5500 – **433 qto** 🛏 47000/49000, 7 suites.
ER a

🏨🏨 **Holiday Inn Lisboa-Continental**, Rua Laura Alves 9, ✉ 1069-169, ℘ (21) 793 50 05, vcordeiro@grupo-continental.com, Fax (21) 797 36 69 – |‡| ■ 📺 & 🚗 – 🏊 25/180. 旺 ① ⑩ 沤 ⒿⒸⒷ. ※
Refeição 4600 – 🛏 1800 – **210 qto** 30000/35000, 10 suites.
FR q

🏨🏨 **Real Parque**, Av. Luís Bívar 67, ✉ 1069-146, ℘ (21) 357 01 01, realparque@mail.telepac.pt, Fax (21) 357 07 50 – |‡| ■ 📺 & 🚗 – 🏊 25/100. 旺 ① ⑩ 沤 ⒿⒸⒷ. ※ rest
Cozinha do Real : Refeição lista 4900 a 5700 – **147 qto** 🛏 28000/32000, 6 suites.
FR a

🏨🏨 **Lisboa Penta**, Av. dos Combatentes, ✉ 1600-042, ℘ (21) 723 54 00, pentahotel@telepac.pt, Fax (21) 726 42 81, ≤, 佘, 囗, ∑, 🎾 – |‡| ■ 📺 & 🚗 🅿 – 🏊 25/600. 旺 ① ⑩ 沤 ⒿⒸⒷ. ※
Verde Pino : Refeição lista 3900 a 7200 – 🛏 2500 – **588 qto** 28000, 4 suites.
BN r

🏨🏨 **Metropolitan Lisboa H.**, Rua Soeiro Pereira Gomes-parcela 2, ✉ 1600-198, ℘ (21) 798 25 00, comer@metropolitan-lisboa-hotel.pt, Fax (21) 795 08 64 – |‡| ■ 📺 & 🚗 – 🏊 25/250. 旺 ① ⑩ 沤. ※
Refeição 4200 – **315 qto** 🛏 20000/24000.
CN v

LISBOA p. 18

🏨 **Fénix,** Praça Marquês de Pombal 8, ✉ 1269-133, ℰ (21) 386 21 21, hfenix@ip.pt, Fax (21) 386 01 31 – 📶 🍴 📺 ⚒ – 🛌 25/100. AE ① ⓜ VISA JCB. ✀ FS g
Bodegón : Refeição lista 4250 a 5550 – **119 qto** ⌑ 22000/25000, 4 suites.

🏨 **Marquês de Pombal** sem rest. com snack-bar, Av. da Liberdade 243, ✉ 1250-143, ℰ (21) 319 79 00, info@hotel-marquesdepombal.pt, Fax (21) 319 79 90 – 📶 🍴 📺 ⚒ ⟵ – 🛌 25/120. AE ① ⓜ VISA JCB. ✀ FS e
123 qto ⌑ 28000/30000.

🏨 **Do Reno** sem rest, Av. Duque d'Ávila 195-197, ✉ 1050-082, ℰ (21) 313 50 00, rex.hotel@mail.telepac.pt, Fax (21) 313 50 01, ⤫ – 📶 🍴 📺 ⚒ ⟵ – 🛌 25/115. AE ① ⓜ VISA. ✀ FR m
89 qto ⌑ 18000/20000, 3 suites.

🏨 Zurique, Rua Ivone Silva 18, ✉ 1050-124, ℰ (21) 781 40 00, Fax (21) 793 72 90, ⤫ – 📶 🍴 📺 ⟵ – 🛌 25/250 FR s
248 qto, 4 suites.

🏨 **Diplomático,** Rua Castilho 74, ✉ 1250-071, ℰ (21) 383 90 20, reservas@hotel-diplomatico.mailpac.pt, Fax (21) 386 21 55 – 📶 🍴 📺 🅿 – 🛌 25/80. AE ① ⓜ VISA JCB. ✀ FS c
Refeição lista aprox. 3900 – **90 qto** ⌑ 25000/27000.

🏨 **Barcelona** sem rest, Rua Laura Alves 10, ✉ 1050-138, ℰ (21) 795 42 73, 3k.hoteis@mail.telepac.pt, Fax (21) 795 42 81 – 📶 🍴 📺 ⚒ ⟵ – 🛌 25/230. AE ① ⓜ VISA. ✀ FR z
⌑ 1600 – **120 qto** 25000/30000, 5 suites.

🏨 **Quality H.,** Campo Grande 7, ✉ 1700-087, ℰ (21) 791 76 00, quality.lisboa@mail.telepac.pt, Fax (21) 791 76 98, ⤫ – 📶 🍴 📺 ⚒ ⟵ – 🛌 25/70. AE ① ⓜ VISA JCB. ✀ CN c
Refeição 3200 – **80 qto** ⌑ 23000/26000, 2 suites.

🏨 **Amazónia Jamor,** Av. Tomás Ribeiro 129 Queijas, ✉ 2795-891 Linda-A-Pastora, ℰ (21) 417 56 34, Fax (21) 417 56 30, ≤, ⤫, ⤫, 🅿, ✀ – 📶 🍴 📺 ⚒ ⟵ 🅿 –
🛌 25/200. AE ① ⓜ VISA. ✀ por ④: 10 km
Refeição 3600 – **93 qto** ⌑ 14200/15400, 4 suites.

🏨 **Flórida** sem rest, Rua Duque de Palmela 34, ✉ 1250-098, ℰ (21) 357 61 45, florida@mail.telepac.pt, Fax (21) 354 35 84 – 📶 🍴 📺 – 🛌 25/100. AE ① ⓜ VISA JCB. ✀ FS x
72 qto ⌑ 23500/28200.

🏨 **Amazónia Lisboa** sem rest, Travessa Fábrica dos Pentes 12, ✉ 1250-106, ℰ (21) 387 70 06, Fax (21) 387 90 90, ⤫ climatizada – 📶 🍴 📺 ⚒ ⟵ – 🛌 25/200. AE ① ⓜ VISA. ✀ FS d
192 qto ⌑ 13800/15000.

🏨 **York House,** Rua das Janelas Verdes 32, ✉ 1200-691, ℰ (21) 396 25 44, yorkhouse@hlcmm.pt, Fax (21) 397 27 93, 🍽, « Instalado num convento do século XVI decorado num estilo português » – 📺 – 🛌 25/90. AE ① ⓜ VISA. ✀ FU e
Refeição lista 5300 a 8200 – **34 qto** ⌑ 34100/40000.

🏨 **Novotel Lisboa,** Av. José Malhoa 1642, ✉ 1099-051, ℰ (21) 724 48 00, h076@accor-hotels.com, Fax (21) 724 48 01, ≤, 🍽, ⤫ – 📶 🍴 📺 ⚒ ⟵ – 🛌 25/300. AE ① ⓜ VISA. ✀ rest ER e
Refeição 3300 – ⌑ 1250 – **246 qto** 12600/13600.

🏨 **Dom Manuel I** sem rest, Av. Duque d'Ávila 189, ✉ 1050-082, ℰ (21) 359 30 00, Fax (21) 357 69 85 – 📶 🍴 📺. AE ① ⓜ VISA. ✀ FR p
64 qto ⌑ 14200/16300.

🏨 **Sana Classic Executive H.** sem rest, Av. Conde Valbom 56, ✉ 1050-069, ℰ (21) 795 11 57, sanaclassic.executive@sanahotels.cem, Fax (21) 795 11 66 – 📶 🍴 📺 ⚒ ⟵ – 🛌 25/55. AE ① ⓜ VISA JCB. ✀ FR g
72 qto ⌑ 18000/20000.

🏨 **Miraparque,** Av. Sidónio Pais 12, ✉ 1050-214, ℰ (21) 352 42 86, miraparque@esoterica.pt, Fax (21) 357 89 20 – 📶 🍴 📺. AE ① ⓜ VISA. ✀ FS k
Refeição 2600 – **101 qto** ⌑ 12600/15500 – PA 5200.

🏨 **Eduardo VII,** Av. Fontes Pereira de Melo 5, ✉ 1069-114, ℰ (21) 356 88 22, sales@hoteleduardovii.pt, Fax (21) 356 88 33, ≤ – 📶 🍴 📺 – 🛌 25/100. AE ① ⓜ VISA. ✀ FS p
Varanda : Refeição lista 3800 a 7100 – **137 qto** ⌑ 17300/19700, 1 suite.

🏨 **Marquês de Sá,** Av. Miguel Bombarda 130, ✉ 1050-167, ℰ (21) 791 10 14, marquessahotel@mail.telepac.pt, Fax (21) 793 69 86 – 📶 🍴 📺 ⟵ – 🛌 25/150. AE ① ⓜ VISA. ✀ FR c
Refeição 3000 – **97 qto** ⌑ 18000/20000 – PA 5000.

🏨 **As Janelas Verdes** sem rest, Rua das Janelas Verdes 47, ✉ 1200-670, ℰ (21) 396 81 43, jverdes@heritage.pt, Fax (21) 396 81 44, « Mansão de fim do século XVIII com belo patio » – 📶 🍴 📺. AE ① ⓜ VISA JCB. ✀ FU e
⌑ 2200 – **29 qto** 35400/38000.

Nacional sem rest, Rua Castilho 34, ✉ 1250-070, ☎ (21) 355 44 33, *hotelnacional @mail.telepac.pt*, *Fax (21) 356 11 22* – 📶 🖃 📺 🅰 🚗. AE ① ⓜ VISA. ※ FST s
59 qto ⇌ 12500/14600, 2 suites.

Sana Classic Rex H., Rua Castilho 169, ✉ 1070-050, ☎ (21) 388 21 61, *info@san ahotels.com*, *Fax (21) 388 75 81* – 📶 🖃 📺 – 🅰 25/50. AE ① ⓜ VISA. ※ FS a
Refeição 1600 – 68 qto ⇌ 20000/22000.

Da Torre, Rua dos Jerónimos 8, ✉ 1400-211, ☎ (21) 363 62 62, *Fax (21) 364 59 95* – 📶 🖃 📺 – 🅰 25/50. AE ① ⓜ VISA JCB. ※ AQ e
Refeição - ver rest. **São Jerónimo** – 59 qto ⇌ 13400/15900.

Berna sem rest, Av. António Serpa 13, ✉ 1069-199, ☎ (21) 781 43 00, *hotelberna @viphotels.com*, *Fax (21) 793 62 78* – 📶 🖃 📺 🚗 – 🅰 25/180. AE ① ⓜ VISA JCB. ※ GR a
⇌ 1280 – 240 qto 10500/12500.

Jorge V sem rest, Rua Mouzinho da Silveira 3, ✉ 1250-165, ☎ (21) 356 25 25, *info @hoteljorgev.com*, *Fax (21) 315 03 19* – 📶 🖃 📺. AE ① ⓜ VISA. ※ FT r
49 qto ⇌ 13000/15000.

Real Residência, Rua Ramalho Ortigão 41, ✉ 1070-228, ☎ (21) 382 29 00, *info@h oteisreal.com*, *Fax (21) 382 29 30* – 📶 🖃 📺 🅿 – 🅰 25/70. AE ① ⓜ VISA. ※ rest FR e
Refeição lista aprox. 5100 – 24 apartamentos ⇌ 35000.

Flamingo sem rest, Rua Castilho 41, ✉ 1250-068, ☎ (21) 386 21 91, *Fax (21) 386 12 16* – 📶 🖃 📺. AE ① ⓜ VISA. ※ FS n
39 qto ⇌ 12000/14000.

Comfort Príncipe, Av. Duque d'Ávila 201, ✉ 1050-082, ☎ (21) 353 61 51, *comfo rtprincipe@esoterica.pt*, *Fax (21) 353 43 14* – 📶 🖃 📺 🅿. AE ① ⓜ VISA JCB. ※ FR m
Refeição lista aprox. 3400 – 67 qto ⇌ 13000/16000.

Ibis José Malhoa, Av. José Malhoa-Lote H, ✉ 1070-158, ☎ (21) 723 57 00, *Fax (21) 723 57 01* – 📶 🖃 📺 🅰 🚗 – 🅰 25/100 ER d
211 qto.

Nazareth sem rest, Av. António Augusto de Aguiar 25-4°, ✉ 1050-012, ☎ (21) 354 20 16, *Fax (21) 356 08 36* – 📶 🖃 📺. AE ① ⓜ VISA. ※ FRS y
32 qto ⇌ 8000/9000.

Horizonte sem rest, Av. António Augusto de Aguiar 42, ✉ 1050-017, ☎ (21) 353 95 26, *Fax (21) 353 84 74* – 📶 🖃 📺. AE ① ⓜ VISA. ※ FS t
52 qto ⇌ 8100/10300.

Casa da Comida, Travessa das Amoreiras 1, ✉ 1250-025, ☎ (21) 388 53 76, *rese rvas@casadacomida.pt*, *Fax (21) 387 51 32*, « Patio com plantas » – 🖃. AE ① ⓜ VISA JCB. ※ FT e
fechado sábado meio-dia e domingo – **Refeição** lista 10000 a 12500.

Pabe, Rua Duque de Palmela 27-A, ✉ 1250, ☎ (21) 353 74 84, *Fax (21) 353 64 37*, « Pub inglês » – 🖃. AE ① ⓜ VISA JCB. ※ FS x
Refeição lista aprox. 7100.

Conventual, Praça das Flores 45, ✉ 1200-192, ☎ (21) 390 91 96, *Fax (21) 390 91 96* – 🖃. AE ① ⓜ VISA FT m
fechado sábado meio-dia, domingo, feriados meio-dia e 2ª feira meio-dia – **Refeição** lista 4500 a 7800.

São Jerónimo - *Hotel Da Torre*, Rua dos Jerónimos 12, ✉ 1400, ☎ (21) 364 87 97, *Fax (21) 363 26 92*, « Decoração moderna » – 🖃. AE ① ⓜ VISA JCB. ※ AQ e
fechado sábado meio-dia e domingo – **Refeição** lista 4950 a 7450.

T Clube, Av. de Brasília, ✉ 1400-038, ☎ (21) 301 66 52, *Fax (21) 301 58 81* – 🖃. AE ① ⓜ VISA. ※ AQ n
fechado sábado meio-dia e domingo – **Refeição** lista aprox. 6600.

Chester, Rua Rodrigo da Fonseca 87-D, ✉ 1250, ☎ (21) 385 73 47, *Fax (21) 388 78 11* – 🖃. AE ① ⓜ VISA JCB. ※ FS w
fechado sábado meio-dia e domingo – **Refeição** lista 4850 a 6600.

Quinta dos Frades, Rua Luís Freitas Branco 5-D, ✉ 1600-488, ☎ (21) 759 89 80, *Fax (21) 758 67 18* – 🖃. AE ① ⓜ VISA. ※ CN r
fechado agosto, sábado noite, domingo e feriados – **Refeição** lista aprox. 4500.

Sétimo, Clube VII-Parque Eduardo VII, ✉ 1070-099, ☎ (21) 386 75 52, *Fax (21) 386 58 20*, 🍽, « Num parque » – 🖃. AE VISA. ※ FS v
fechado do 6 ao 19 de agosto, sábado meio-dia e domingo – **Refeição** lista aprox. 4600.

XL, Calçada da Estrela 57, ✉ 1200-661, ☎ (21) 395 61 18, *Fax (21) 395 85 12* – 🖃. AE ⓜ VISA. ※ FU n
fechado agosto e domingo – **Refeição** - só jantar, reservas aconselháveis - lista 3580 a 5650.

LISBOA p. 20

XX **Vela Latina**, Doca do Bom Sucesso, ✉ 1400-038, ℘ (21) 301 71 18, vela-latina@ip.pt, Fax (21) 301 93 11, « Agradável terraço com ≤ » – ■. AE ⓪ ⓜ VISA. ⌦ AQ x
fechado domingo – **Refeição** lista 4000 a 6600.

XX **Saraiva's**, Rua Engenheiro Canto Resende 3, ✉ 1050-104, ℘ (21) 354 06 09, Fax (21) 353 19 87, « Decoração moderna » – ■. AE ⓪ ⓜ VISA JCB. ⌦ FR v
fechado sábado e feriados – **Refeição** lista 3150 a 5350.

XX **Adega Tia Matilde**, Rua da Beneficência 77, ✉ 1600-017, ℘ (21) 797 21 72, Fax (21) 797 21 72 – ■. AE ⓪ ⓜ VISA. ⌦ FR h
fechado sábado noite e domingo – **Refeição** lista 4140 a 6500.

XX **Papagaio da Serafina**, Parque Recreativo do Alto da Serafina-Monsanto, ✉ 1070-257, ℘ (21) 774 28 88, Fax (21) 778 80 81, ≤, ☆, « Pavilhão moderno num belo parque » – ■. P. AE ⓪ ⓜ VISA. ⌦ ER f
Refeição lista aprox. 5200.

XX **O Mercado do Peixe**, Estrada do Casal Pedro Teixeira-Caramão da Ajuda, ✉ 1400-047, ℘ (21) 361 60 70, Fax (21) 362 30 23 – ■ P. AE ⓪ ⓜ VISA JCB. ⌦ AQ a
fechado domingo noite e 2ª feira – **Refeição** - peixes e mariscos - lista aprox. 7500.

XX **O Mercado da Carne**, Estrada do Casal Pedro Teixeira-Caramão da Ajuda, ✉ 1400-047, ℘ (21) 361 09 13, Fax (21) 362 23 30 – ■ P. AE ⓪ ⓜ VISA JCB. ⌦ AQ a
fechado domingo noite e 3ª feira – **Refeição** - carnes - lista aprox. 7500.

XX **O Polícia**, Rua Marquês Sá da Bandeira 112, ✉ 1050-150, ℘ (21) 796 35 05, Fax (21) 796 97 91 – ■. AE ⓪ ⓜ VISA. ⌦ FR c
fechado sábado noite e domingo – **Refeição** lista 4250 a 5100.

X **Frei Papinhas**, Rua D. Francisco Manuel de Melo 32, ✉ 1070, ℘ (21) 385 87 57, Fax (21) 383 14 59, « Decoração rústica » – ■. AE ⓪ ⓜ VISA JCB. ⌦ FS r
Refeição lista aprox. 4550.

X **Mãe d'Água**, Travessa das Amoreiras 10, ✉ 1250-025, ℘ (21) 388 28 20, Fax (21) 387 12 66 – ■. AE ⓪ ⓜ VISA. ⌦ FT e
fechado domingo – **Refeição** lista 5850 a 7850.

X **Solar dos Nunes**, Rua dos Lusíadas 68-72, ✉ 1300, ℘ (21) 364 73 59, Fax (21) 363 16 31 – ■. AE ⓪ ⓜ VISA. ⌦ AQ t
fechado do 7 ao 21 de agosto e domingo – **Refeição** lista 3180 a 5560.

X **Sua Excelência**, Rua do Conde 34, ✉ 1200-367, ℘ (21) 390 36 14, sua xcelencia @mail.telepac.pt, Fax (21) 396 75 85, ☆ – ■. AE ⓪ ⓜ VISA. ⌦ EU t
fechado setembro, sábado meio-dia, domingo meio-dia e 4ª feira – **Refeição** lista aprox. 7500.

X **O Tachino**, Rua do 4 de Infantaria 6 E-D, ✉ 1350, ℘ (21) 395 77 00, Fax (21) 396 26 84, ☆ – ■. AE ⓜ VISA. ⌦ ET u
fechado domingo – **Refeição** lista 2900 a 5200.

X **A Travessa**, Travessa das Inglesinhas 28, ✉ 1200-687, ℘ (21) 390 20 34, Fax (21) 397 03 68 – ■. AE VISA. ⌦ FU c
fechado domingo – **Refeição** - cozinha francesa - lista 3500 a 4600.

X **Coelho da Rocha**, Rua Coelho da Rocha 104-A, ✉ 1350-079, ℘ (21) 390 08 31 – ■. AE ⓜ VISA. ⌦ ET x
fechado agosto e domingo – **Refeição** lista 3600 a 6000.

X **Caseiro**, Rua de Belém 35, ✉ 1300-354, ℘ (21) 363 88 03, « Rest. típico » – ■. AE ⓪ ⓜ VISA JCB. ⌦ AQ s
fechado agosto e domingo – **Refeição** lista aprox. 5500.

X **O Funil**, Av. Elias Garcia 82-A, ✉ 1050-100, ℘ (21) 796 60 07, ofunil@clix.pt, Fax (21) 793 30 51 – ■. ⓪ ⓜ VISA. ⌦ GR n
fechado domingo noite – **Refeição** lista aprox. 4100.

X **Delfim**, Rua Nova de São Mamede 25, ✉ 1250-190, ℘ (21) 383 05 32, Fax (21) 383 05 32 – ■. AE ⓪ ⓜ VISA JCB. ⌦ FT t
fechado sábado – **Refeição** lista 4880 a 6560.

Restaurantes de Fados

XX **O Faia**, Rua da Barroca 56, ✉ 1200-050, ℘ (21) 342 67 42, Fax (21) 342 19 23 – ■. AE ⓪ ⓜ VISA JCB. ⌦ JY f
fechado domingo – **Refeição** - só jantar - lista aprox. 8380.

XX **Sr. Vinho**, Rua do Meio-à-Lapa 18, ✉ 1200-723, ℘ (21) 397 74 56, restsrvinho@tel epac.pt, Fax (21) 395 20 72 – ■. AE ⓪ ⓜ VISA. ⌦ FU r
fechado domingo – **Refeição** - só jantar - lista aprox. 8500.

XX **A Severa**, Rua das Gáveas 51, ✉ 1200-206, ℘ (21) 342 83 14, Fax (21) 346 40 06 – ■. AE ⓪ ⓜ VISA JCB. ⌦ JY b
fechado 5ª feira – **Refeição** lista 6400 a 9300.

LISBOA p. 21

- ✗ **Clube de Fado,** São João da Praça, ✉ 1100, ℘ (21) 885 27 04, mario.pacheco@ne
  tc.pt, Fax (21) 888 26 94 – 🍴. 🆎 ① ⓂⓄ 🆅🅸🆂🅰. ✖
  Refeição - só jantar - lista 4900 a 8600. LYZ h

- ✗ **Adega Machado,** Rua do Norte 91, ✉ 1200-284, ℘ (21) 322 46 40,
  Fax (21) 346 75 07 – 🍴. 🆎 ① ⓂⓄ 🆅🅸🆂🅰 🅹🅲🅱. ✖ JY k
  fechado 2ª feira – **Refeição** - só jantar - lista aprox. 7300.

- ✗ **O Forcado,** Rua da Rosa 221, ✉ 1200-464, ℘ (21) 346 85 79, Fax (21) 347 48 87 –
  🍴. 🆎 ① ⓂⓄ 🆅🅸🆂🅰. ✖ JX r
  fechado 4ª feira – **Refeição** - só jantar - lista 4000 a 7800.

  MICHELIN - Companhia Luso Pneu, Lda Av. Severiano Falcão 6/6A, Zona Industrial
  do Prior Velho, ✉ 2686-402 PRIOR VELHO ℘ (21) 940 49 00, Fax (21) 941 12 90

LOULÉ 8100 Faro 🗺 U 5 – 19 398 h.

🅱 Edifício do Castelo ℘ (289) 46 39 00.
Lisboa 299 – Faro 16.

- 🏨 **Loulé Jardim H.** sem rest, Praça Manuel de Arriaga, ✉ 8100-665, ℘ (289) 41 30 94,
  Fax (289) 46 31 77, 🏊, – 🛗 🍴 📺 🚗 – 🅿 25/100. 🆎 ① ⓂⓄ 🆅🅸🆂🅰
  52 qto 😴 9600/12400.

- ✗ **O Avenida,** Av. José da Costa Mealha 13 ℘ (289) 46 21 06 – 🍴. 🆎 ① ⓂⓄ 🆅🅸🆂🅰. ✖
  fechado 15 novembro-15 dezembro e domingo – **Refeição** lista 1300 a 3800.

- ✗ **Bica Velha,** Rua Martin Moniz 17 ℘ (289) 46 33 76, Fax (289) 46 33 76, « Decoração
  rústica » – 🆎 ① ⓂⓄ 🆅🅸🆂🅰 🅹🅲🅱. ✖
  fechado do 15 ao 30 de novembro e domingo salvo julho-agosto – **Refeição** lista 3625
  a 4990.

LOURINHÃ 2530 Lisboa 🗺 O 2 – 2 671 h. – Praia.

Lisboa 74 – Leiria 94 – Santarém 81.

- 🏨 **Estalagem Bela Vista** 🌿, Rua D. Sancho I - Santo André ℘ (261) 41 41 61,
  Fax (261) 41 41 38, 🏊, 🌊, ✖ – 📺 🅿. ✖ rest
  Refeição 2900 – **31 qto** 😴 10000/13000.

- 🏡 **Figueiredo** 🌿 sem rest, Largo Mestre Anacleto Marcos da Silva ℘ (261) 42 25 37 – 📺
  18 qto 😴 7500.

LOUSÃ 3200 Coimbra 🗺 L 5 – alt. 200.

Lisboa 212 – Coimbra 36 – Leiria 83.

- 🏡 **Martinho** sem rest, Rua Movimento das Forças Armadas ℘ (239) 99 13 97,
  Fax (239) 99 43 35 – 📺 🅿. ✖
  13 qto 😴 5000/6000.

LUSO Aveiro 🗺 K 4 – 2 726 h. alt. 200 – ✉ 3050 Mealhada – Termas.

🅱 Rua Emídio Navarro ℘ (231) 93 91 33 Fax (231) 93 91 33.
Lisboa 230 – Aveiro 44 – Coimbra 28 – Viseu 69.

- 🏨 **Grande H. de Luso** 🌿, Rua dos Banhos, ✉ 3050, ℘ (231) 93 79 37, geral@hotel
  uso.com, Fax (231) 93 79 30, 🏊, 🌊, 🌊, ✖ – 🛗 🍴 📺 🅿 – 🅿 25/205. 🆎 ① ⓂⓄ
  🆅🅸🆂🅰. ✖
  Refeição 3400 – **143 qto** 😴 13600/16600 – PA 6700.

- 🏨 **Eden,** Rua Emídio Navarro ℘ (231) 93 01 91, Fax (231) 93 01 93 – 🛗 🍴 📺 🅿 –
  🅿 25/150. 🆎 ① ⓂⓄ 🆅🅸🆂🅰. ✖
  Refeição 1750 – **57 qto** 😴 7000/9000.

MACEDO DE CAVALEIROS 5340 Bragança 🗺 H 9 – 4 435 h. alt. 580.

Lisboa 510 – Bragança 42 – Vila Real 101.

- 🏨 **Estalagem do Caçador,** Largo Manuel Pinto de Azevedo ℘ (278) 42 63 54,
  Fax (278) 42 63 81, 🍽, 🏊, – 🛗 📺 🚗. 🆎 ① ⓂⓄ 🆅🅸🆂🅰. ✖ rest
  Refeição lista aprox. 3800 – **25 qto** 😴 13200/17600.

- 🏡 Muchacho, Pereira Charula 29 ℘ (278) 42 16 40 – 🍴 rest, 📺
  20 qto.

na estrada de Mirandela Noroeste : 1,7 km – ✉ 5340 Macedo de Cavaleiros :

- 🏡 **Costa do Sol,** ℘ (278) 42 63 75, Fax (278) 42 63 76 – 🍴 rest, 📺 🅿. 🆎 ① ⓂⓄ 🆅🅸🆂🅰. ✖
  Refeição 2500 – **30 qto** 😴 4000/7000.

MACHICO Madeira – ver Madeira (Arquipélago da).

MADEIRA
(Arquipélago da)★★★

940 – 255 427 h.

Arquipélago de origem volcânico, está situado a 800 km da Costa Africana e a mais de 900 km ao sudoeste de Lisboa.

O clima suave todo o ano (entre 16ºC e 20ºC) e sua vegetação exuberante fazem das ilhas um lugar privilegiado para o descanso e o ócio.

O arquipélago da Madeira, com uma superfície de 782 km² é composto de duas ilhas (Madeira e Porto Santo) e dois grupos de ilhéus inabitados, as ilhas Desertas e as ilhas Selvagens.

MADEIRA : A ilha é constituída por uma cadeia de montanhas com uma altitude superior a 1.200 m., onde culminam alguns picos (Pico Ruivo : 1.862 m.). O litoral é muito escarpado. As praias são raras e geralmente pedregosas.

A capital da ilha é Funchal.

A cultura do vinho da ilha foi introduzida na Madeira a partir do séc. XV. As três principais castas são o Sercial, o Boal e o Malvasia, o mais afamado. Também se produz o Verdelho.

Os bordados (em tela, linho, organdi) são uns dos principais recursos da ilha.

PORTO SANTO : A ilha prestase aos maiores contrastes. É constituída por uma vasta planície onde se erguem alguns picos, sendo o mais elevado o Pico do Facho (517 m.).

Uma imensa praia de areia dourada com mais de 7 km., situada ao longo da Costa Sul, um clima ameno e mais seco do que na Madeira, atraem os turistas para esta ilha pacata.

Os habitantes de Porto Santo vivem da pesca e de algumas culturas. A vinha produz um excelente vinho branco, muito doce.

MADEIRA (Arquipélago da) ★★★ 940 – 255 427 h.

✈ ver : Funchal e Vila Baleira.
⛴ para Madeira ver : Lisboa. Em Madeira ver : Funchal, Vila Baleira.

MADEIRA

Caniçal 9206 940 B Y.
Funchal 34.

🏨 **Estalagem Quinta do Lorde** ⑤, Sítio da Piedade ℘ (291) 96 02 00, Fax (291) 96 02 02, ≤ cidade e Ponta de São Lourenço, ⌕, ☞ – ≡ 📺 🅿 – 🅐 25/70. AE ① ⓜ VISA. ⋇
Refeição 3500 – **9 qto** ⌑ 15000/24000 – PA 7000.

Caniço 9125 940 B Z – 7 249 h.
Funchal 8.

🏨 **Quinta Splendida** ⑤, Sítio da Vargem, ✉ 9125-001, ℘ (291) 93 04 00, *quintaspl endida@mail.telepac.pt*, Fax (291) 93 04 01, ≤, 🍴, « Harmonioso conjunto em torno dum belo jardim com ⌕ climatizada », ₤ₔ – 📺 . AE ① ⓜ VISA. ⋇
Refeição 4000 - **La Perla** (só jantar, fechado 5ª feira) **Refeição** lista 4650 a 8100 – ⌑ 2000 – **109 apartamentos** 28000, 6 suites.

em Caniço de Baixo Sul : 2,5 km – ✉ 9125 Caniço :

🏨 **Oasis Atlantic** ⑤, ✉ 9125-024, ℘ (291) 93 01 00, *oasis.atlantic@mail.telepac.pt*, Fax (291) 93 01 09, ≤, ⌕ climatizada – 🛗 ≡ 📺 🅰 🅿 – 🅐 25/250. AE ① ⓜ VISA. ⋇
Atalaia (só jantar) **Refeição** lista 6000 a 7500 – **55 qto** ⌑ 30000/32000, 68 apartamentos.

🏨 **Ondamar** ⑤, ℘ (291) 93 09 30, *ondamar@galeresort.com*, Fax (291) 93 45 55, ≤, ⌕ – 🛗 📺 🅿. AE ① ⓜ VISA. ⋇
Refeição - só jantar - 3200 – **51 qto** ⌑ 19000/31000, 2 suites.

🏨 **Tropical** ⑤ sem rest, ℘ (291) 93 49 91, *hote.tropical@net.pt*, Fax (291) 93 49 93, ≤, ⌕ – 🛗 📺. AE ① ⓜ VISA. ⋇
⌑ 1350 – **39 apartamentos** 9600/16000.

🏨 **Roca Mar** ⑤, ℘ (291) 93 43 34, Fax (291) 93 40 44, ≤, 🍴, ⌕ – 🛗 📺. AE ① ⓜ VISA. ⋇
Refeição lista aprox. 3900 – **100 qto** ⌑ 14000/26000.

MADEIRA (Arquipélago da) - Caniço

 Galomar 🛏️, ℰ (291) 93 09 30, ondamar@galoresort.com, Fax (291) 93 45 55, ≤, 🏊
– 🛗 📺 AE ① ⓂⓈ VISA ⌇
O Galo (só jantar, fechado 2ª feira) **Refeição** lista 4200 a 4800 – **36 qto** ⌇ 16800/26000.

 Studios Ondamar 🛏️ sem rest. com snack-bar, ℰ (291) 93 09 30, ondamar@galoresort.com, Fax (291) 93 45 55, ≤, 🏊 – 📺 AE ① ⓂⓈ VISA ⌇
42 apartamentos ⌇ 23000/38000.

Estreito de Câmara de Lobos 9325 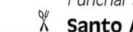 B Y.

Funchal 9.

✗ **Santo António,** ℰ (291) 91 03 60, Fax (291) 91 03 69
🅿️ AE ① ⓂⓈ VISA ⌇
Refeição lista aprox. 3200.

Faial 940 B Y – 2622 h. – ✉ 9225 Porto da Cruz.

Arred. : Santana★ (estrada ≤★) Noroeste : 8 km – Estrada do Porto da Cruz (≤★★) Sudeste : 8 km.
Funchal 50.

Funchal 9000 940 B Y – 99 244 h.

Ver : ≤★ de ponta da angra BZ V- Sé★ (tecto★) BZ – Museu de Arte Sacra (colecçaõ de quadros★) BY M1- Museu Frederico de Freitas★ BY – Quinta das Cruzes★★ AY – Largo do Campo Santo★ DZ – Jardim Botânico★ ≤★ Y.
Arred. : Miradouro do Pináculo★★ 4 km por ② - Pico dos Barcelos★★ (❋★★) 3 km por ③ - Monte (localidade★) 5 km por ① – Quinta do Palheiro Ferreiro★★ 5 km por ② – Câmara de Lobos (localidade★, estrada ≤★) passeio pela levada do Norte★ - Cabo Girão★ 9 km por ③ X – Eira do Serrado ❋★★★ (estrada ≤★★, ≤★) Noroeste : 13 km pela Rua Dr. Pita – Curral das Freiras (localidade★, ≤★) Noroeste : 17 km pela Rua Dr. Pita.
🏌 🏌 Santo da Serra, 25 km por ② ℰ (291) 55 23 21 Fax (291) 55 23 67.
✈ do Funchal 23 km por ② - Direcção dos aeroportos da Madeira ℰ (291) 52 49 41 Fax (291) 52 42 23.
⚓ para Porto Santo : E.N.M., Rua da Praia 45 ✉ 9000 ℰ (291) 23 01 95 Fax (291) 23 27 58 – para Porto Santo : Porto Santo Line ℰ (291) 22 65 11.
🅱 Av. Arriaga 18 ✉ 9004-519 ℰ (291) 22 90 57 Fax (291) 23 21 51 – **A.C.P.** Rua Dr. Antonio José de Almeida 17 ✉ 9000-026 ℰ (291) 22 36 59 Fax (291) 22 05 52.
Porto Moniz 98 ① – Santana 55 ①

Planos páginas seguintes

 Reid's Palace, Estrada Monumental 139, ✉ 9000-098, ℰ (291) 71 71 71, reidshtl@mail.telepac.pt, Fax (291) 71 71 77, ≤ baía do Funchal, 🍽, « Magnífico jardim semi-tropical sob um promontório rochoso », 🏊 climatizada, ✗ – 🛗 ☰ 📺 🅿 – 🔨 25/80.
AE ① ⓂⓈ VISA JCB ⌇ rest
          X z
Les Faunes (só jantar, fechado junho-setembro, domingo e 2ª feira) **Refeição** lista 8700 a 12100 – **143 qto** ⌇ 55000/78000, 15 suites.

 The Cliff Bay Resort H. 🛏️, Estrada Monumental 147, ✉ 9004-532, ℰ (291) 70 77 00, emailinfo@cliffbay.com, Fax (291) 76 25 25, ≤, 🍽, 🛁, 🏊 climatizada, ✗, 🍽,
✗ – 🛗 ☰ 📺 & ↔ 🅿 – 🔨 25/80. AE ① ⓂⓈ VISA JCB ⌇
          X c
Il Gallo D'Oro (cozinha italiana, só jantar, fechado domingo) **Refeição** lista 4400 a 8050 ***The Rose Garden*** (só jantar) **Refeição** lista 4300 a 5900 – ***Blue Lagoon*** (só almoço) **Refeição** lista 3550 a 5500 – **197 qto** ⌇ 62000/77000, 4 suites.

 Savoy, Av. do Infante, ✉ 9000-542, ℰ (291) 22 20 31, savoy@mail.telepac.pt, Fax (291) 22 31 03, ≤, 🍽, 🛁, 🏊 climatizada, ✗, 🍽, ✗ – 🛗 📺 🅿 – 🔨 25/300.
AE ① ⓂⓈ VISA JCB ⌇
          X n
Grill Fleur de Lys (só jantar) **Refeição** lista 6650 a 8750 - ***Cúpula*** (só jantar) **Refeição** lista 5600 a 6600 – **325 qto** ⌇ 32000/48000, 12 suites.

 Madeira Carlton H., Largo António Nobre, ✉ 9000, ℰ (291) 23 95 00, Fax (291) 22 33 77, ≤, 🍽, 🛁, 🏊 climatizada, ✗, 🍽, ✗ – 🛗 ☰ 📺 🅿 – 🔨 25/450
          X s
Refeição Taverna Grill (só jantar) Os Arcos (só jantar) Buffet Atlântico Pool (só almoço) – **360 qto**, 15 suites.

Estalagem Quintinha S. João, Rua da Levada de São João 4, ✉ 9000-191, ℰ (291) 74 09 20, quintinasj@mail.telepac.pt, Fax (291) 74 09 28, 🛁, 🏊 climatizada, ✗ – 🛗 ☰ 📺 ↔, AE ① ⓂⓈ VISA JCB ⌇
          AZ d
Refeição - ver rest. ***A Morgadinha*** – **37 qto** ⌇ 23500/31400, 6 suites.

121

FUNCHAL

Alfândega (R. da) . . . . **BZ** 3
Aljube (R. do) . . . . **BZ** 4
Aranhas (R. dos) . . . . **ABZ** 6
Autonomia (Pr. da) . . . . . . **CZ** 7
Bettencourt (R. do) . . . . . . **CY** 9
Brigadeiro Oudinot (R.) . . . **CY** 10
Carne Azeda (R. da) . . . . . **BY** 12
Carvalho Araújo (R.) . . . . . **AZ** 15
Chafariz (Largo do) . . . . . . **CZ** 19
Conceição (R. da) . . . . **CY** 22
Conselheiro
 Aires Ornelas (R.) . . . . . **CY** 24
Conselheiro
 José Silvestre Ribeiro (R.) . **BZ** 25
Dr Fernão de Ornelas (R.) . **CZ** 28
Encarnação (Calç. da) . . . **BY** 30
Hospital Velho (R. do) . . . **CYZ** 34
Imperatriz D. Amélia
 (R. da) . . . . **AZ** 36

Estalagem Quinta da Bela Vista ⌘, Caminho do Avista Navios 4 - 3 km, ⌂ 9000-129, ℰ (291) 70 64 00, Fax (291) 70 64 01, ≤, « Quinta de fim do século XIX com belo jardin », ⌕ climatizada, ※ – 🛗 ≣ 📺 🅿 AE ① VISA. ※
Refeição 6000 – **82 qto** ⌕ 34000/40000, 7 suites.   por Rua Doctor Pita X

Pestana Palms H. ⌘, Rua do Gorgulho 17 - 2,7 km, ⌂ 9000-107, ℰ (291) 70 92 00, palms@pestana.org, Fax (291) 76 62 47, ≤, 🌴, 🎿, ⌕ climatizada, ※ – 🛗 ≣ rest, 📺 🅿 AE ① MC VISA. ※ rest   X a
Refeição - buffet, só jantar - 4400 – **75 apartamentos** ⌕ 26600/28000.

Ivens (R.) . . . . **BZ** 37	Mouraria (R.) . . . . **BY** 52	São Francisco
João Tavira (R.) . . . . **BZ** 39	Phelps (Largo do) . . . . **CY** 58	(R. de) . . . . **BZ** 69
Latino Coelho (R.) . . . . **CZ** 40	Ponte de S. Lázaro (R.) . . . **AZ** 60	Saúde (Calç.) . . . . **BY** 72
Lazarêto (Caminho do) . . . **DZ** 42	Pretas (R. das) . . . . **BY** 61	Til (R. do) . . . . **BY** 73
Maravilhas (R. das) . . . . **AZ** 46	Ribeirinho (R.) . . . . **CY** 63	Visconde do Anadia
Marquês do Funchal (R.) . . **BY** 49	Sabão (R. do) . . . . **CZ** 66	(Rua) . . . . **CYZ** 78
Miguel Carvalho (R.) . . . . . . **CY** 51	Santa Clara (Calç.) . . . . **BY** 67	Zarco (Av.) . . . . **BZ** 81

🏛 **Estalagem Quinta da Casa Branca**, Rua da Casa Branca 7, ✉ 9000-088, ✆ (291) 70 07 70, *estalagem@quintacasabranca.pt, Fax (291) 76 50 70*, 🍴, « Instalações modernas nos jardins duma antiga quinta com ⛲ » – 🍽 qto, 📺 🅿 AE ⓘ Ⓜ 🅶 *VISA*. ⊗   X t
Refeição 6500 – **30 qto** ⚏ 23500/30000 – PA 13000.

🏛 **Eden Mar**, Rua do Gorgulho 2 - 2,7 Km, ✉ 9004-537, ✆ (291) 70 97 00, *edenmar @mail.telepac.pt, Fax (291) 76 19 66*, ≤, 🦶, ⛲ climatizada, ⛱ – 🛗 🍽 📺 🅿 – 🚗 25/120.
AE ⓘ Ⓜ 🅶 *VISA*. ⊗   X r
Refeição 3900 – ⚏ 1700 – **146 apartamentos** 19000/23000 – PA 7800.

FUNCHAL

Carne Azeda (R. da)		**V** 12
Carvalho Araújo (R.)		**X** 15
Casa Branca (Caminho da)		**X** 18
Comboio (R. do)		**V** 21

Dom João Abel de Freitas (Estr.)		**V** 27
Favila (R.)		**X** 31
Gorgulho (R.)		**X** 33
Lazarêto (Caminho do)		**X** 42
Levada dos Barreiros (R.)		**X** 43
Luís de Camões (Av.)		**X** 45
Maravilhas (R. das)		**X** 46

Nova (Estr.)		**V** 54
Palheiro (Caminho do)		**X** 55
Pedro José Ornelas (R.)		**V** 57
Rochinha (R. da)		**V** 64
São Roque (Caminho de)		**V** 70
V. Cacongo (Estr.)		**V** 75
Velho da Ajuda (Caminho)		**X** 76
Voltas (Caminho das)		**V** 79

Monumental Lido, Estrada Monumental 284 - 2,7 km, ✉ 9004-541, ✆ (291) 76 64 66, *monumental.lido@mail.telepac.pt*, Fax (291) 76 63 45, ≤, ⌂, ⌇ climatizada – 📶, 🍽 rest, 📺 ⇌ – 🍴 25/200. AE ⓘ ⓜ VISA. ✂   **X** x
Refeição 3000 – **201 qto** ⇌ 25000/26000 – PA 6000.

Carlton Village, Estrada Monumental 194, ✉ 9000, ✆ (291) 70 16 00, *Fax (291) 76 39 88*, ⌂, ⌇ climatizada – 📶 📺 ♿ 🅿 – 🍴 25/40   **X** v
Refeição - buffet, só jantar – **93 apartamentos**.

Madeira sem rest. com snack bar, Rua Ivens 21, ✉ 9001-801, ✆ (291) 23 00 71, *Fax (291) 22 90 71*, ⌇ – 📶 📺 – 🍴 25/70. AE ⓘ ⓜ VISA JCB. ✂   **BZ** z
47 qto ⇌ 10500/12300, 6 suites.

Quinta da Penha de França ⌘ sem rest. com snack-bar, Rua da Penha de França 2, ✉ 9000-014, ✆ (291) 20 46 50, *info@hotelquintapenhafranca.com*, Fax (291) 22 92 61, « Jardim », ⌇ climatizada – AE ⓘ ⓜ VISA. ✂   **AZ** e
76 qto ⇌ 15500/23400.

Penha França Mar sem rest. com snack-bar ao almoço, Rua Carvalho Araújo 1, ✉ 9000-014, ✆ (291) 20 46 50, *info@hotelquintapenhafranca.com*, Fax (291) 22 92 61, ≤, ⌇ – 📶 📺 – 🍴 AE ⓘ ⓜ VISA. ✂   **AZ** b
33 qto ⇌ 15500/23400.

Estalagem Quinta Perestrello, Rua Dr. Pita 3, ✉ 9000-089, ✆ (291) 76 37 20, *Fax (291) 76 37 77*, ≤, ⌇, 🌿 – 📺 🅿 AE ⓘ ⓜ VISA. ✂   **X** d
Refeição - só jantar - 4250 – **30 qto** ⇌ 27000/32000.

Windsor sem rest. com snack-bar, Rua das Hortas 4-C, ✉ 9050, ✆ (291) 233 081, *Fax (291) 233 080*, ⌇ – 📶 📺. ✂   **CY** r
67 qto ⇌ 10800/13000.

Santa Clara ⌘ sem rest, Calçada do Pico 16-B, ✉ 9000, ✆ (291) 74 21 94, *Fax (291) 74 32 80*, ≤, « Antiga casa senhorial », ⌇, 🌿 – 📶. ✂   **AY** b
15 qto ⇌ 5500/8000.

MADEIRA (Arquipélago da) - Funchal

XXXX **Quinta Palmeira**, Av. do Infante 5, ✉ 9000-015, ℘ (291) 22 18 14, Fax (291) 22 29 13, 🍴, « Antiga quinta e terraço com plantas », 🌿 – 🅿. AE ① ⓜ VISA. ⚹
Refeição lista 6150 a 11090.
AZ h

XXX **Casa Velha**, Rua Imperatriz D. Amélia 69, ✉ 9000, ℘ (291) 20 56 00, albatroz.cvelha@mail.telepac.pt, Fax (291) 22 25 04, 🍴 – 🍽. AE ① ⓜ VISA. ⚹
Refeição lista 4300 a 4700.
AZ a

XX **Dona Amélia**, Rua Imperatriz D. Amélia 83, ✉ 9000, ℘ (291) 22 57 84, albatroz.cvelha@mail.telepac.pt, Fax (291) 22 25 04 – 🍽. AE ① ⓜ VISA JCB. ⚹
Refeição lista 4200 a 4600.
AZ c

X **A Morgadinha** - Hotel Estalagem Quintinha S. João, Rua da Levada de São João 4, ✉ 9000-191, ℘ (291) 74 09 20, quintinhasj@mail.telepac.pt, Fax (291) 74 09 28 – 🍽. AE ① ⓜ VISA. ⚹
Refeição lista aprox. 4400.
AZ d

X O Celeiro, Rua dos Aranhas 22, ✉ 9000, ℘ (291) 23 06 22, « Decoração rústica » – 🍽
BZ a

ao Sudoeste da cidade – ✉ 9000 Funchal :

🏨 **Madeira Palácio**, Estrada Monumental 265 - 4,5 km, ✉ 9001-853, ℘ (291) 70 27 02, mpalacio@mail.telepac.pt, Fax (291) 70 27 03, ≤, 🏊 climatizada, 🌿, ⚹ – 🛗 🍽 📺 🅿 – 🚗 25/220. AE ① ⓜ VISA. ⚹
Vice Rei (só jantar) Refeição lista 6000 a 11600 - *Cristovão Colombo* (só jantar) Refeição lista aprox. 6500 - *La Terrasse* : Refeição lista 4100 a 6100 – **228 qto** ⊇ 40000/53000, 25 suites.

🏨 Jardins d'Ajuda, Caminho Velho da Ajuda - 4 km ℘ (291) 70 80 00, Fax (291) 708 00 10, ≤, 🏋, 🏊, 🖳 – 🛗 🍽 📺
108 qto.

🏛 **Baía Azul**, Estrada Monumental - 3,5 km ℘ (291) 76 62 60, hotelbaiaazul@net.sapo.pt, Fax (291) 76 42 45, ≤, 🏋, 🏊 climatizada – 🛗 🍽 📺 – 🚗 25/400. AE ① ⓜ VISA. ⚹
Refeição lista aprox. 4200 – **215 qto** ⊇ 27500/31000.

🏛 **Atlantic Bay** ≤, Praia Formosa - 5,8 km, ✉ 9000-247, ℘ (291) 70 19 00, bay@pestana.org, Fax (291) 76 16 95, ≤, 🏊 – 🛗 📺 🅿 – 🚗 25/180. AE ① ⓜ VISA. ⚹
Refeição 4200 – **193 qto** ⊇ 17000/20000, 13 suites.

🏛 **Atlantic Gardens** ≤, sem rest. com snack-bar, Praia Formosa - 5,8 km, ✉ 9000-247, ℘ (291) 70 01 20, atgreservas@pestaua.org, Fax (291) 76 67 33, ≤, 🏊 climatizada – 🛗 📺 🅿. AE ① ⓜ VISA. ⚹
⊇ 1600 – **51 apartamentos** 17000.

XX **Dom Pepe**, Edifício Horizonte-Piornais-São Martinho : 4,5 km, ✉ 9000-248, ℘ (291) 76 32 40, dompepe@netmadeira.com, Fax (291) 77 46 83 – 🍽. AE ① ⓜ VISA. ⚹
fechado domingo noite – **Refeição** lista aprox. 5700.

En ciertos restaurantes de grandes ciudades, es difícil a veces encontrar una mesa libre. Le aconsejamos que reserve de antemano.

Machico 9200 940 B Y – 2 142 h.

Arred. : Miradouro Francisco Álvares da Nóbrega★ Sudoeste : 2 km – Santa Cruz (Igreja de S. Salvador★) Sul : 6 km.
🛈 Forte do Amparo ℘ (291) 96 22 89.
Funchal 29.

🏛 **Dom Pedro Baía**, ℘ (291) 96 95 00, Fax (291) 96 95 01, ≤ mar e montanha, 🏊 climatizada, 🌿, ⚹ – 🛗, 🍽 rest, 📺 🅿 – 🚗 25/150. AE ① ⓜ VISA. ⚹
Refeição 3000 – **218 qto** ⊇ 16500/22500.

Pico do Arieiro 940 B Y – ✉ 9006 Funchal.

Ver : Mirador★★.
Excurs. : Pico Ruivo★★★ (✱★★) 3 h. a pé.
Funchal 23.

🏛 **Pousada do Pico do Arieiro** ≤, alt. 1 818 ℘ (291) 23 01 10, Fax (291) 22 86 11, ≤ montanhas e mar – 📺 🅿 AE ① ⓜ VISA. ⚹
Refeição 4500 – **25 qto** ⊇ 15800/18100.

MADEIRA (Arquipélago da)

Porto Moniz 9270 940 A Y – 3 920 h.
　　Ver : Localidade★, escolhos★.
　　Arred. : Estrada de Santa ≤★ Sudoeste : 6 km – Seixal (localidade★) Sudeste : 10 km –
　　Estrada escarpada★★ (≤★) de Porto Moniz a São Vicente, Sudeste : 18 km.
　　🛈 ℰ (291) 85 25 94.
　　Funchal 106.

　　Gaivota, ℰ (291) 85 00 40, Fax (291) 85 00 41 – TV
　　9 qto, 1 apartamento.

　　Calhau ⌂ sem rest, ✉ 9270-095, ℰ (291) 85 31 04, Fax (291) 85 34 43, ≤ – ⓂⓄ VISA
　　maio-dezembro – **15 qto** ⌑ 5000/7000.

　　Cachalote, ℰ (291) 85 31 80, Fax (291) 85 37 25, ≤ – AE ⓞ ⓂⓄ VISA
　　Refeição - só almoço - lista 3100 a 4800.

> *Verwechseln Sie nicht :*
> Komfort der Hotels　　　　　　: 🏨🏨🏨 ... 🏠, ⌂
> Komfort der Restaurants　　　 : XXXXX ... X
> Gute Küche　　　　　　　　　: ✿✿✿, ✿✿, ✿, 🍴

Prazeres 940 A Y – 707 h. – ✉ 9370 Calheta.
　　Funchal 66.

　　Jardim Atlântico ⌂, Lombo da Rocha - Sudoeste : 1,8 km, ✉ 9370-605, ℰ (291)
　　82 02 20, refugioatlantic@mail.telepac.pt, Fax (291) 82 02 21, ≤, Ⅰ₆, ⊒, ▣, % – ⌷,
　　▣ rest, TV 🅿. AE ⓞ ⓂⓄ VISA. % rest
　　Refeição 3600 – **61 qto** ⌑ 10225/19045, 36 apartamentos.

　　Estalagem Casa de Chá dos Prazeres, Sítio da Estacada ℰ (291) 82 30 70,
　　solprazeus@mail.telepac.pt, Fax (291) 82 30 72, ☕ – TV 🅿. AE ⓞ ⓂⓄ
　　VISA. %
　　Refeição 3000 – **10 qto** ⌑ 10000/12000.

Ribeira Brava 9350 940 A Y – 6 084 h.
　　Funchal 30.

　　Valemar, Sítio do Muro ℰ (291) 95 25 63, Fax (291) 95 11 66, ☕ – ⌷, ▣ rest, TV 🚗.
　　AE ⓞ ⓂⓄ VISA. %
　　Refeição 2200 – **20 apartamentos** ⌑ 8000/12000.

Santana 9230 940 B Y.
　　Funchal 39.

　　O Colmo, Sítio do Serrano ℰ (291) 57 24 78, Fax (291) 57 43 12, ☕ – 🅿
　　16 qto.

São Vicente 9240 940 A Y – 4 374 h.
　　Funchal 55.

　　Estalagem do Mar, Estrada da Ponte Delgada ℰ (291) 84 00 10, estalagem.mar.@m
　　ail.telepac.pt, Fax (291) 84 00 19, ≤, Ⅰ₆, ⊒, ▣, % – ⌷, ▣ rest, TV 🅿. AE ⓞ ⓂⓄ
　　VISA. %
　　Refeição 3000 – **91 qto** ⌑ 8500/12000 – PA 6000.

　　Estalagem Praia Mar, Sítio do Calhãu ℰ (291) 84 23 83, Fax (291) 84 27 49, ≤ – ⌷
　　TV. AE ⓞ ⓂⓄ VISA. % rest
　　Refeição 1950 – **24 qto** ⌑ 5500/8000 – PA 3800.

Serra de Água 940 A Y – 1 426 h. – ✉ 9350 Ribeira Brava.
　　Ver : Sítio★.
　　Funchal 39.

na estrada de São Vicente – ✉ 9350 Ribeira Brava :

　　Pousada dos Vinháticos, Norte : 2,2 km ℰ (291) 95 23 44, Fax (291) 95 25 40, ≤
　　montanhas – TV 🅿. AE ⓞ ⓂⓄ VISA. %
　　Refeição lista 3750 a 4700 – **21 qto** ⌑ 10400/13300.

　　Encumeada ⌂, Norte : 3,8 km ℰ (291) 95 12 82, Fax (291) 95 12 81, ☕ – TV 🅿. AE
　　ⓞ ⓂⓄ VISA. %
　　Refeição lista aprox. 4500 – **50 qto** ⌑ 7500.

MADEIRA (Arquipélago da)

PORTO SANTO

Vila Baleira 940 D X – ✉ 9400 Porto Santo – Praia.
  Ver : *Largo do Pelourinho★*.
  Arred.: *A Pedreira★ 8 km a Sudoeste – Pico das Flares ≤★ 9 km a Sudoeste*.
  ⛵ *do Porto Santo 2 km* ℘ *(291) 98 01 20 Fax (291) 52 46 88*.
  🚢 *para Funchal : Porto Santo Line* ℘ *(291) 21 03 00*.
  🛈 *Av. Henrique Vieira de Castro* ℘ *(291) 98 23 61 (ext. 203) Fax (291) 98 35 62*.

  Torre Praia Suite H. ⚜, Rua Goulart Medeiros ℘ (291) 98 52 92, *Fax (291) 98 24 87*,
  ≤ mar e montanha, ₤ₐ, ⛱, – 🛗 ▬ 📺 🅿 – 🛀 25/300. 📇 ① 🆘 VISA. ※
  Refeição 3000 – **62 qto** ⊑ 19000/22000, 3 suites – PA 5600.

  Praia Dourada sem rest, Rua D. Estêvão (d'Alencastre) ℘ (291) 98 23 15, *terrepraia
  @telepac.pt, Fax (291) 98 24 84*, ⛱ – 📺. 📇 ① 🆘 VISA. ※
  100 qto ⊑ 12000/14000.

ao Sudoeste – ✉ 9400 Porto Santo :

  Porto Santo ⚜, 2 km ℘ (291) 98 01 40, *hotelpsanto@mail.telepac.pt,
  Fax (291) 98 26 11*, ≤, 🍽, ⛱, ⚓, ※ – ▬ 📺 🅿
  97 qto.

  Luamar Suite H. ⚜ sem rest, Cabeço da Ponta - 5,5 km ℘ (291) 98 41 21, *luamar.suite.h
  otel@netc.pt, Fax (291) 98 31 00*, ≤, ₤ₐ, ⛱, ※ – 🛗 📺 🅿. 📇 ① 🆘 VISA. ※
  113 apartamentos ⊑ 22500.

MAFRA 2640 Lisboa 940 P 1 – *13 334 h. alt. 250*.
  Ver : *Palácio e Convento de Mafra★★ : basílica★★ (zimbório★), palácio e convento
  (biblioteca★)*.
  🛈 *Av. 25 de Abril* ℘ *(261) 81 20 23 Fax (261) 81 41 04*.
  Lisboa 47 – Sintra 23.

  Castelão, Av. 25 de Abril, ✉ 2640-456, ℘ (261) 81 60 50, *Fax (261) 81 60 59* – 🛗,
  ▬ rest, 📺 – 🛀 25/300. 📇 ① 🆘 VISA. ※
  Refeição 3300 – **35 qto** ⊑ 11700/13500.

MAIA 4470 Porto 940 I 4 – *6 734 h*.
  Lisboa 314 – Braga 44 – Porto 11 – Vila Real 98.

  Central Parque sem rest, Av. Visconde de Barreiros 83, ✉ 4470-151, ℘ (22) 947 55 63,
  hcp.maia@mail.telepac.pt, Fax (22) 947 55 65 – 🛗 ▬ 📺 ⚛ ⇔ – 🛀 25. 📇 ① 🆘 VISA. ※
  40 qto ⊑ 13700/15000.

em Pedras Rubras Noroeste : *6 km* – ✉ 4470 Maia :

  Aeroporto sem rest, Rua Pedras Rubras 157 ℘ (22) 942 80 81, *Fax (22) 941 77 15* – ▬
  📺 ⇔ 🅿
  26 qto.

MALVEIRA DA SERRA Lisboa 940 P 1 – ✉ 2750 Cascais.
  Lisboa 37 – Sintra 13.

  XX **Adega do Zé Manel**, Estrada de Alcabideche ℘ (21) 487 06 38, « *Decoração rústica* »
  – ▬. 📇 ① 🆘 VISA. ※
  fechado do 16 ao 29 de junho e do 8 ao 22 de novembro – **Refeição** lista aprox. 4600.

  X Quinta do Farta Pão, Estrada de Cascais N 9-1, Sul : 1,7 km ℘ (21) 487 05 68, « *Rest.
  típico. Decoração rústica* » – ▬ 🅿.

  X **O Camponês**, ℘ (21) 487 01 16, « *Rest. típico. Decoração rústica* » – 📇 ① 🆘 VISA. ※
  fechado do 15 ao 30 de junho, do 15 ao 30 de novembro e 2ª feira – **Refeição** lista aprox.
  3800.

MANGUALDE 3530 Viseu 940 K 6 – *5 113 h. alt. 545*.
  🚗 ℘ *(232) 62 32 22*.
  Lisboa 317 – Guarda 67 – Viseu 18.

  Estalagem Casa d'Azurara, Rua Nova 78 ℘ (232) 61 20 10, *Fax (232) 62 25 75*,
  « *Antiga casa solarenga* », ⚓ – 🛗 ▬ 📺 🅿. 📇 ① 🆘 VISA. ※
  Refeição 3000 – **15 qto** ⊑ 18000/19500.

  Estalagem Cruz da Mata, Estrada N 16 ℘ (232) 61 95 60, *Fax (232) 61 27 22*, ⛱,
  ※ – ▬ 📺 🅿 – 🛀 25/150. 📇 ① 🆘 VISA
  Refeição 2500 – **28 qto** ⊑ 9500/11500.

MANGUALDE

pela estrada N 16 Este : 2,8 km – ✉ 3534-909 Mangualde :

Senhora do Castelo, Monte da Senhora do Castelo ☎ (232) 61 16 08, hotel.sr a.castelo@mail.telepac.pt, Fax (232) 62 38 77, ≤ Serras da Estrela e Caramulo, ⌇, ⌇, ※ – ∥ 🆃🆅 🅿 – 🛁 25/150. 🅰🅴 ⓘ ⓜⓒ 𝕍𝕀𝕊𝔸. ※ rest
Refeição 1600 – **83 qto** ⇌ 9000/11500, 4 suites.

MANTEIGAS 6260 Guarda 𝟿𝟺𝟶 K 7 – 3 428 h. alt. 775 – Termas – Desportos de Inverno na Serra da Estrela : ⚐ 3.
Arred. : Poço do Inferno★ (cascata★) Sul : 9 km – Sul : Vale glaciário do Zêzere★★, ≤★.
🄱 Rua Dr. José Carvalho 2 ☎ (275) 98 11 29 Fax (275) 98 11 29.
Lisboa 355 – Guarda 49.

pela estrada das Caldas Sul : 2 km e desvío a esquerda 1,5 km – ✉ 6260 Manteigas :

Albergaria Berne, Santo António ☎ (275) 98 13 51, albergaria-berne@hotmail. com, Fax (275) 98 21 14, ≤, 🍴, ⌇ – ∥, ▬ rest, 🆃🆅 🅿 🅰🅴 ⓘ ⓜⓒ 𝕍𝕀𝕊𝔸. ※ fechado do 15 ao 30 de setembro – **Refeição** (fechado 2ª feira) 2600 – **17 qto** ⇌ 6000/8000.

na estrada de Gouveia Norte : 13 km – ✉ 6260 Manteigas :

Pousada de São Lourenço, ✉ 6260-200, ☎ (275) 98 24 50, enatur@mail.te lepac.pt, Fax (275) 98 24 53, ≤ vale e montanha – ▬ rest, 🆃🆅 🅿 🅰🅴 ⓘ ⓜⓒ 𝕍𝕀𝕊𝔸 🅹🅲🅱. ※
Refeição 3700 – **21 qto** ⇌ 21800/23400 – PA 7450.

MARCO DE CANAVESES 4630 Porto 𝟿𝟺𝟶 I 5 – 46 131 h.
🄱 Alameda Dr. Miranda da Rocha ☎ (255) 53 41 01 Fax (255) 53 40 32.
Lisboa 383 – Braga 72 – Porto 53 – Vila Real 83.

Marco sem rest (obras em curso), Rua Dr. Sá Carneiro 236 ☎ (255) 52 20 93 – ∥ 🆃🆅 **19 qto.**

MARINHA GRANDE 2430 Leiria 𝟿𝟺𝟶 M 3 – 25 504 h. alt. 70 – Praia em São Pedro de Moel.
🄱 Rua da Nazaré ☎ (244) 56 66 44.
Lisboa 143 – Leiria 12 – Porto 199.

Cristal, Estrada de Leiria (Embra), ✉ 2430-091, ☎ (244) 56 01 00, hoteis ristal@hot eiscristal.com, Fax (244) 56 00 65 – ∥ ▬ 🆃🆅 🅿 – 🛁 25/100. 🅰🅴 ⓘ ⓜⓒ 𝕍𝕀𝕊𝔸 🅹🅲🅱
Refeição 2400 – **64 qto** ⇌ 9500/12500.

Paris sem rest, Av. do Vidreiro 13, ✉ 2430-202, ☎ (244) 56 98 21, Fax (244) 56 98 48 – 🆃🆅. 🅰🅴 ⓘ ⓜⓒ 𝕍𝕀𝕊𝔸
25 qto ⇌ 6000/10000.

MARRAZES Leiria – ver Leiria.

MARTINCHEL 2200 Santarém 𝟿𝟺𝟶 N 5.
Lisboa 136 – Castelo Branco 121 – Leiria 74.

ao Nordeste : 2 km – ✉ 2200-648 Martinchel :

Estalagem Vale Manso, ☎ (241) 84 00 00, reservas@estalagemvalepemanso.com, Fax (241) 84 91 09, ≤ barragem e montanhas, ⌇, ※ – ∥ ▬ 🆃🆅 ♿ 🅿 – 🛁 25/120. 🅰🅴 ⓘ ⓜⓒ 𝕍𝕀𝕊𝔸. ※
Refeição lista 4100 a 6300 – **22 qto** ⇌ 25750/29500, 2 suites.

MARVÃO 7330 Portalegre 𝟿𝟺𝟶 N 7 – 309 h. alt. 865.
Ver : Sítio★★ – A Vila★ (balaustradas★) – Castelo★ (✻★★) : aljibe★.
🏌 Estrada N 246-1, Sudoeste : 8 km ☎ (245) 99 37 55 Fax (245) 99 38 05.
🄱 Rua Dr. António Matos Magalhães ☎ (245) 99 38 86 Fax (245) 99 35 26.
Lisboa 226 – Cáceres 127 – Portalegre 22.

Pousada de Santa Maria, Rua 24 de Janeiro 7, ✉ 7330-122, ☎ (245) 99 32 01, enat ur@mail.telepac.pt, Fax (245) 99 34 40, ≤, « Decoração regional » – ∥ ▬ 🆃🆅. 🅰🅴 ⓘ ⓜⓒ 𝕍𝕀𝕊𝔸. ※
Refeição lista 4050 a 5200 – **28 qto** ⇌ 23500/25100, 1 suite.

Albergaria El Rei D. Manuel, Largo do Terreiro, ✉ 7330-104, ☎ (245) 90 91 50, alberg.d.manuel@mail.telepac.pt, Fax (245) 90 91 59, ≤ – ∥ ▬ 🆃🆅. 🅰🅴 ⓘ ⓜⓒ 𝕍𝕀𝕊𝔸. ※
Refeição lista 2700 a 3300 – **15 qto** ⇌ 10500/12000.

MATOSINHOS Porto – ver Porto.

MEALHADA 3050 Aveiro 940 K 4 – 5 239 h. alt. 60.
Lisboa 221 – Aveiro 35 – Coimbra 19.

na estrada N 1 Norte : 1,5 km – ⊠ 3050 Mealhada :

🏨 **Quinta dos 3 Pinheiros,** ⊠ 3050-382, ℘ (231) 20 23 91, Fax (231) 20 34 17, ⊼ –
≡ 📺 P – 🛏 25/450. AE ⓘ ⓜ VISA. ⌘
Refeição 2500 – **50 qto** ⊇ 9500/12500 – PA 5000.

🍴 Pedro dos Leitões, ℘ (231) 20 99 50, Fax (231) 20 37 45 – ≡ P
Refeição – leitão assado.

> **Prices** For full details of the prices quoted in this Guide, consult the introduction.

MELGAÇO 4960 Viana do Castelo 940 F 5 – Termas.
🛈 Rua da Loja Nova ℘ (251) 40 24 40 Fax (251) 40 24 40.
Lisboa 451 – Braga 110 – Orense/Ourense 61 – Viana do Castelo 89 – Vigo 54.

🍴🍴 **Panorama,** Edifício do Mercado Municipal ℘ (251) 41 04 00, Fax (251) 40 42 83 – ≡.
AE ⓜ VISA. ⌘
fechado do 15 ao 31 de outubro e 2ª feira – **Refeição** lista 3600 a 4500.

em Peso Oeste : 3,5 km – ⊠ 4960-235 Melgaço :

🏨 **Albergaria Boavista,** ℘ (251) 41 64 64, Fax (251) 41 63 50, ⊼, ⌘ – 🛗 ≡ 📺 🛁
P. AE ⓘ ⓜ VISA JCB. ⌘
Refeição lista 4350 a 5350 – **51 qto** ⊇ 11500/12500.

MESÃO FRIO 5040 Vila Real 940 I 6 – 3 076 h.
Lisboa 375 – Braga 88 – Porto 77 – Vila Real 36 – Viseu 89.

na estrada N 108 Este : 2 km – ⊠ 5040 Mesão Frio :

🏨 **Pousada Solar da Rede** ⌘, Santa Cristina ℘ (254) 89 01 30, enatur@mail.telepac.pt,
Fax (254) 89 01 39, 🌳, « Magnífica casa solarenga com ≤ vinhedos, vale e rio Douro »,
⊼, ⌘ – ≡ 📺 P – 🛏 25/400. AE ⓘ ⓜ VISA. ⌘
Refeição 3900 – **31 qto** ⊇ 29800/31900.

MIRA 3070 Coimbra 940 K 3 – 4 563 h. – Praia.
Arred. : Varziela : Capela (retábulo★) Sudeste : 11 km.
Lisboa 221 – Coimbra 38 – Leiria 90.

🏨 **Canhota,** Rua Dr. Antonio José Almeida 104 ℘ (231) 48 05 80, Fax (231) 45 12 86, ⌘
– 📺 P – 🛏 25/200. ⓜ VISA. ⌘
Refeição 900 – **16 qto** ⊇ 6000/7000.

na praia Noroeste : 7 km – ⊠ 3070 Mira :

🏨 **Sra. da Conceição** sem rest, Av. Cidade de Coimbra, ⊠ 3070-761, ℘ (231) 47 16 45,
Fax (231) 47 16 45 – 🛗 ≡ 📺 P. ⓜ VISA
fechado do 5 ao 20 de outubro – **23 qto** ⊇ 9000/10000.

🏨 **Do Mar** sem rest, Av. do Mar, ⊠ 3070-806, ℘ (231) 47 11 44, residencialmar@hotm
ail.com, Fax (231) 47 11 44, ≤ – 📺 ⓘ ⓜ VISA
14 qto ⊇ 10500/11500.

MIRANDA DO DOURO 5210 Bragança 940 H 11 – 1 841 h. alt. 675.
Ver : Sé (retábulos★) – Museu Regional da Terra de Miranda★.
Arred. : Barragem de Miranda do Douro★ Este : 3 km – Barragem de Picote★ Sudoeste :
27 km.
🛈 Largo Menino Jesus da Cartolinha ℘ (273) 43 11 32.
Lisboa 524 – Bragança 85.

🏨 **Pousada de Santa Catarina** ⌘, ℘ (273) 43 12 55, enatur@mail.telepac.pt,
Fax (273) 43 10 65, ≤ – ≡ 📺 P. AE ⓘ ⓜ VISA. ⌘
Refeição lista 4100 a 5400 – **9 qto** ⊇ 14700/16300, 3 suites.

🏨 **Turismo** sem rest, Rua 1º de Maio 5 ℘ (273) 43 80 30, Fax (273) 43 13 35 – 🛗 ≡ 📺.
AE ⓘ ⓜ VISA
29 qto ⊇ 7000/9000.

MIRANDELA 5370 Bragança 940 H 8 – 7862 h.
Ver : Museu Municipal Armindo Teixeira Lopes★.
🖪 Praça do Mercado ✆ (278) 20 02 72 Fax (278) 26 57 68.
Lisboa 475 – Bragança 67 – Vila Real 71.

- Grande H. Dom Dinis, Av. Nossa Senhora do Amparo ✆ (278) 26 01 00, Fax (278) 26 01 01, ≤ – 🛗 🗐 📺 🚗 🅿 – 🏊 25/250
  130 qto.

- **Miratua** sem rest, Rua da República 42 ✆ (278) 20 01 40, Fax (278) 20 01 43 – 🛗 📺. ① ⓜ VISA. ※
  30 qto ⚏ 5000/8000.

- Globo, Rua Cidade de Ortez 35 ✆ (278) 24 82 10, Fax (278) 24 88 71 – 🛗 🗐 📺 🅿
  40 qto.

- **D. Maria,** Rua Dr. Jorge Pires 3 ✆ (278) 24 84 55, Fax (278) 24 84 55 – 🗐. AE ⓜ VISA. ※
  Refeição lista aprox. 5500.

- **O Grês,** Av. Nossa Senhora do Amparo, ✉ 5370-210, ✆ (278) 24 82 02 – 🗐. AE ⓜ VISA. ※
  Refeição lista 2500 a 4200.

na estrada N 15 Noreste : 1,3 km – ✉ 5370 Mirandela :

- **Jorge V** sem rest, Av. das Comunidades Europeias ✆ (278) 26 50 24, Fax (278) 26 50 25 – 📺 🚗 🅿. AE ① ⓜ VISA. ※
  32 qto ⚏ 6000.

MOGADOURO 5200 Bragança 940 H 9 – 2648 h.
Lisboa 471 – Bragança 94 – Guarda 145 – Vila Real 153 – Zamora 97.

- **A Lareira** com qto, Av. Nossa Senhora do Caminho 58, ✉ 5200-207, ✆ (279) 34 23 63 – 🗐 rest, 📺. ※ qto
  fechado janeiro – Refeição (fechado 2ª feira) lista 2000 a 2800 – **10 qto** ⚏ 3000/5000.

MONÇÃO 4950 Viana do Castelo 940 F 4 – 2687 h. – Termas.
Ver : Miradouro★.
🖪 Largo do Loreto ✆ (251) 65 27 57 Fax (251) 65 27 57.
Lisboa 451 – Braga 71 – Viana do Castelo 69 – Vigo 48.

- **Albergaria Atlântico** sem rest, Rua General Pimenta de Castro 15 ✆ (251) 65 23 55, Fax (251) 65 23 76 – 🛗 🗐 📺. AE ① ⓜ VISA. ※
  16 qto ⚏ 8000/12000.

- **Esteves** sem rest e sem ⚏, Rua General Pimenta de Castro ✆ (251) 65 23 86 – 📺. ※
  fechado novembro – **22 qto** 5500/6500.

MONCHIQUE 8550 Faro 940 U 4 – 2540 h. alt. 458 – Termas.
Arred. : Estrada★ de Monchique à Fóia ≤★, Monte Fóia★ ≤★.
Lisboa 260 – Faro 86 – Lagos 42.

- **Albergaria Bica-Boa** com qto, Estrada de Lisboa 266 ✆ (282) 91 22 71, Fax (282) 91 23 60, 🍴 – AE ⓜ VISA
  Refeição lista aprox. 3730 – **4 qto** ⚏ 11500.

na estrada da Fóia – ✉ 8550 Monchique :

- **Estalagem Abrigo da Montanha** 🍃, Sudoeste : 2 km ✆ (282) 91 21 31, abrigo damontanha@hotmail.com, Fax (282) 91 36 60, ≤ vale, montanha e mar, 🍴, « Terraços floridos », ⌇ – 🗐. AE ① ⓜ VISA. ※
  Refeição 4000 – **11 qto** ⚏ 13000/19000, 3 suites.

- **Quinta de São Bento** 🍃 com qto, Sudoeste : 5 km ✆ (282) 91 27 00, Fax (282) 91 21 43, ≤, 🍴, « Numa paragem entre árvores », ⌇ – 🅿. AE ⓜ VISA. ※
  Refeição lista 3800 a 5850 – **5 qto** ⚏ 10000/13000, 1 apartamento.

nas Caldas de Monchique Sul : 6,5 km – ✉ 8550 Monchique :

- **Albergaria do Lageado** 🍃, ✆ (282) 91 26 16, Fax (282) 91 13 10, 🍴, ⌇ de água termal – ※
  fechado dezembro – **Refeição** 2400 – **20 qto** ⚏ 8000/10000.

MONDIM DE BASTO 4880 Vila Real 940 H 6 – 3 165 h.
Lisboa 404 – Amarante 35 – Braga 66 – Porto 96 – Vila Real 45.

pela estrada de Vila Real Sul : 2,5 km – ✉ 4880 Mondim de Basto :

Quinta do Fundo ⬙, Vilar de Viando ✆ (255) 38 12 91, Fax (255) 38 20 17, 🍽,
« Quinta agrícola com adegas próprias », 🏊, ℘ – 🅿.
Refeição - só clientes - 3000 – **5 qto** ⇌ 7500/8500, 2 suites.

MONFORTINHO (Termas de) 6060 Castelo Branco 940 L 9 – 879 h. alt. 473 – Termas.
🛈 Av. Conde da Covilhã - Edifício das Piscinas Municipais ✆ (277) 43 42 23 Fax (277) 43 42 23.
Lisboa 310 – Castelo Branco 70 – Santarém 229.

Astória ⬙, ✉ 6060-072, ✆ (277) 43 04 00, hotelastoria@monfortur.pt, Fax (277) 43 04 09, 🍽, 🎾, 🏊, 🏓, 🐎, ℘ – 🛗 🖂 📺 🅿 – 🔒 25/150. 🅰🅴 ⓞ ⓜⓞ 𝗩𝗜𝗦𝗔. ℘
Refeição 2800 – **83 qto** ⇌ 12000/18500 – PA 5500.

Fonte Santa ⬙, ✉ 6060-072, ✆ (277) 43 03 00, hotel.fonte.santa@monfortur.pt, Fax (277) 43 03 09, « Num parque », 🏊, ℘ – 🛗 🖂 📺 🅿. 🅰🅴 ⓞ ⓜⓞ 𝗩𝗜𝗦𝗔. ℘
Refeição 2800 – **47 qto** ⇌ 12000/18500 – PA 5500.

Dos Termas, Padre Alfredo ✆ (277) 43 03 10, Fax (277) 43 03 11 – 🖂 📺 🅿.
fechado 15 dezembro-30 janeiro – **Refeição** 2250 – **20 qto** ⇌ 6500/7500.

MONSANTO 6060 Castelo Branco 940 L 8 – alt. 758 – ✉ 6085 Medelim.
Ver : Castelo : ※★★.
Madrid 328 – Castelo Branco 73 – Ciudad Rodrigo 132 – Guarda 90.

Pousada de Monsanto ⬙, Rua da Capela 1, ✉ 6060-091, ✆ (277) 31 44 71, enatur@mail.telepac.pt, Fax (277) 31 44 81, ≼ – 🛗 🖂 📺. 🅰🅴 ⓞ ⓜⓞ 𝗩𝗜𝗦𝗔. ℘ rest
Refeição lista 4100 a 5000 – **10 qto** ⇌ 16300/17900.

MONSARAZ Évora 940 Q 7 – 1 182 h. alt. 342 – ✉ 7200 Reguengos de Monsaraz.
Ver : Localidade★★ – Sítio★★ – Rua Direita★.
Lisboa 191 – Badajoz 96 – Évora 59 – Portalegre 144 – Setúbal 159.

ao Sul : 2,5 km – ✉ 7200-999 Reguengos de Monsaraz :

Horta da Moura ⬙, ✉ 7200-999 apartado 64, ✆ (266) 55 01 00, hortadamoura @hotmail.com, Fax (66) 55 01 08, 🍽, « Num estilo regional alentejano em pleno campo », 🏊, ℘ – 🖂 📺 🅿 – 🔒 25/180. 🅰🅴 ⓞ ⓜⓞ 𝗩𝗜𝗦𝗔. ℘ rest
Refeição lista 5600 a 6100 – **24 qto** ⇌ 16000/18000, 1 apartamento.

MONTALEGRE 5470 Vila Real 940 G 6.
🛈 Av. D. Nuno Álvarez Pereira (Câmara Municipal) ✆ (276) 51 02 00 Fax (276) 51 02 01.
Lisboa 449 – Braga 92 – Orense/Ourense 72 – Porto 141 – Vila Real 91.

Quality Inn Montalegre, Rua do Avelar 2 ✆ (276) 51 02 20, Fax (276) 51 02 29, 🎾, 🏊 – 🛗 🖂 📺 ♿ 🚗 🅿. 𝗩𝗜𝗦𝗔. ℘
Refeição lista aprox. 4400 – **42 qto** ⇌ 14000/17000.

MONTARGIL 7425 Portalegre 940 O 5 – 4 587 h.
Lisboa 131 – Portalegre 104 – Santarém 72.

Barragem, Estrada N 2, ✉ 7425-999, ✆ (242) 90 41 75, Fax (242) 90 42 55, ≼, 🍽, « Junto ao barragem », 🏊, ℘ – 🖂 📺 🅿 – 🔒 25/180. 🅰🅴 ⓞ ⓜⓞ 𝗩𝗜𝗦𝗔. ℘
A Panela : Refeição lista 2850 a 5500 – **18 qto** ⇌ 12000/15000, 3 suites.

MONTE DO FARO Viana do Castelo – ver Valença do Minho.

MONTE ESTORIL Lisboa – ver Estoril.

MONTE GORDO Faro – ver Vila Real de Santo António.

MONTE REAL 2425 Leiria 940 **M 3** – 2 549 h. alt. 50 – Termas.
  🛈 Largo Manuel da Silva Pereira (Parque Municipal) ℘ (244) 61 21 67.
  Lisboa 147 – Leiria 16 – Santarém 97.

  🏠 **D. Afonso**, Rua Dr. Oliveira Salazar, ⌧ 2425-044, ℘ (244) 61 12 38, Fax (244) 61 13 22,
  ⛶, ⚒ – |≢|, ▬ rest, TV ⇌ – ♟ 25/600. AE MC VISA. ✂
  fechado janeiro-março – **Refeição** 2500 – **74 qto** ⊆ 11000/12000 – PA 5000.

  🏠 **Flora**, Rua Duarte Pacheco ℘ (244) 61 21 21, Fax (244) 81 50 99 – |≢| TV P. MC VISA.
  ✂ qto
  abril-outubro – **Refeição** 3000 – **35 qto** ⊆ 6000/7000 – PA 5000.

  🏠 **Santa Rita**, Rua de Leiria 35, ⌧ 2425-039, ℘ (244) 61 21 47, Fax (244) 61 21 72, ⛶
  – TV P. VISA. ✂
  15 abril-15 novembro – **Refeição** 2000 – **42 qto** ⊆ 5000/9000.

  🏠 **Colmeia**, Estrada da Base Aérea 5 ℘ (244) 61 25 33, Fax (244) 61 19 30 – |≢|, ▬ rest,
  TV P. ✂
  maio-outubro – **Refeição** 2000 – **46 qto** ⊆ 6000/8000 – PA 4000.

  em Ortigosa na estrada N 109 - Sudeste : 4 km – ⌧ 2425 Monte Real :

  ✕✕ **Saloon**, ℘ (244) 61 34 38, Fax (244) 61 37 03, 🍴, « Rest. típico. Decoração rústica »
  – P. AE ① MC VISA. ✂
  Refeição lista 3495 a 4945.

MONTE-SÃO PEDRO DA TORRE Viana do Castelo – ver Valença do Minho.

MONTEMOR-O-NOVO 7050 Évora 940 **Q 5** – 6 660 h. alt. 240.
  Lisboa 112 – Badajoz 129 – Évora 30.

  ✕ **Sampaio**, Rua Bento Gonçalves 2 ℘ (266) 822 37, Fax (266) 801 95, « Decoração rústica
  regional » – ▬. AE ① MC VISA JCB. ✂
  fechado 3ª feira – **Refeição** lista 3850 a 4200.

  ✕ **Bar Alentejano**, Av. Sacadura Cabral 25 ℘ (266) 822 24 – ▬. AE MC VISA
  fechado do 1 ao 15 de setembro, domingo noite e 2ª feira – **Refeição** lista aprox. 4200.

  ✕ **O Bacalhau**, Av. Gago Coutinho 17-A ℘ (266) 89 67 65, Fax (266) 89 15 06 – ▬. AE
  ① MC VISA. ✂
  fechado 4ª feira – Refeição lista 2800 a 3900.

MONTEMOR-O-VELHO 3140 Coimbra 940 **L 3** – 2 355 h.
  Ver : Castelo★ (❆★).
  Lisboa 206 – Aveiro 61 – Coimbra 29 – Figueira da Foz 16 – Leiria 77.

  🏠 **Abade João** sem rest, Rua dos Combatentes da Grande Guerra 15, ⌧ 3140, ℘ (239)
  68 94 58, Fax (239) 68 94 68, ≤ – |≢| TV P. AE MC VISA. ✂
  ⊆ 700 – **14 qto** 5500/8500.

  ✕ **Ramalhão**, Rua Tenente Valadim 24, ⌧ 3140-000, ℘ (239) 68 94 35, « Decoração
  rústica » – AE MC VISA. ✂
  fechado outubro, domingo noite e 2ª feira – **Refeição** lista 3650 a 4150
  Espec. Ensopado de enguias. Açorda de bacalhau com línguas do mesmo panadinhas. Arroz
  malandrinho de galinha vadia.

MONTIJO 2870 Setúbal 940 **P 3** – 20 399 h.
  Lisboa 40 – Setúbal 24 – Vendas Novas 45.

  🏨 **Sol Inn Montijo Parque H.**, Av. João XXIII-193 ℘ (21) 232 66 00, hotel.montijo@m
  ail.telepac.pt, Fax (21) 231 52 61 – |≢| ▬ TV 🅿 ⇌ – ♟ 25/180. AE ① MC VISA
  JCB. ✂
  Refeição 2500 – **84 qto** ⊆ 11800/13800.

NAZARÉ 2450 Leiria 940 **N 2** – 13 162 h. – Praia.
  Ver : Sítio★★ - O Sítio ≤★ B - Farol : sítio marinho★★ – Igreja da Misericórdia (miradouro★)
  BB.
  🛈 Av. da República ⌧ 2450-101 ℘ (262) 56 11 94 Fax (262) 55 00 19.
  Lisboa 123 ② – Coimbra 103 ① – Leiria 32 ①
                             Plano página seguinte

  🏨 **Praia**, Av. Vieira Guimarães 39, ⌧ 2450-110, ℘ (262) 56 14 23, hotel.praia@clix.pt,
  Fax (262) 56 14 36 – |≢| ▬ TV ⇌. AE ① MC VISA JCB   A f
  Refeição 2500 – **40 qto** ⊆ 18000/22000 – PA 5000.

NAZARÉ

Abel da Silva (Rua)	**B** 3
Açougue (Trav. do)	**A** 4
Adrião Batalha (Rua)	**A** 6
Azevedo e Sousa (Rua)	**B** 7
Carvalho Laranjo (Rua)	**A** 9
Dom F. Roupinho (Rua)	**B** 10
Dr Rui Rosa (Rua)	**A** 12
Gil Vicente (Rua)	**A** 13
M. de Albuquerque (Rua)	**A** 15
M. de Arriaga (Praça)	**A** 16
República (Avenida da)	**A**
Sousa Oliveira (Praça)	**A** 18
Sub-Vila (Rua)	**A**
Vieira Guimarães (Avenida)	**A**
28 de Maio (Rua)	**B** 19

🏨 **Miramar** sem rest, Rua Abel da Silva 36 - Pederneira, ✉ 2450-060, ℘ (262) 55 00 00, Fax (262) 55 00 01, 🏊 – 📶 ▤ 📺 🚗. AE MC VISA. ℅
fechado 15 dias em dezembro – **38 qto** ☷ 12000/16000, 3 apartamentos. **B** t

🏨 **Maré**, Rua Mouzinho de Albuquerque 8, ✉ 2450-901, ℘ (262) 56 12 26, hotel.mare @mail.telepac.pt, Fax (262) 56 17 50 – 📶 ▤ 📺. AE ① MC VISA JCB. ℅
Refeição 1900 – **36 qto** ☷ 13650/17500. **A** r

🏨 **Da Nazaré**, Largo Afonso Zuquete, ✉ 2450-139, ℘ (262) 56 90 30, Fax (262) 56 90 38, ≤ – 📶 ▤ 📺. AE ① MC VISA JCB. ℅
Refeição 2000 – **52 qto** ☷ 13800/14400 – PA 4000. **A** z

🏨 **Ribamar**, Rua Gomes Freire 9, ✉ 2450-222, ℘ (262) 55 11 58, Fax (262) 56 22 24, ≤, « Decoração regional » – 📺. AE ① MC VISA JCB. ℅ **A** b
fechado do 15 ao 25 de dezembro – **Refeição** lista aprox. 4150 – **25 qto** ☷ 12300/19000.

⚓ **A Cubata** sem rest, Av. da República 6, ✉ 2450, ℘ (262) 56 17 06, Fax (262) 56 17 00 – 📺. AE MC VISA. ℅ **A** n
22 qto ☷ 10000/15000.

✕✕ Mar Bravo com qto, Praça Sousa Oliveira 67-A, ✉ 2450-159, ℘ (262) 55 11 80, Fax (262) 55 39 79, ≤, 🍴 – 📶 ▤ 📺. **A** s
Refeição - peixes e mariscos – **16 qto**.

✕ **Beira Mar** com qto, Av. da República 40, ✉ 2450-103, ℘ (262) 56 13 58 – 📺. AE ① MC VISA JCB **A** h
março-novembro – **Refeição** lista 1950 a 3950 – **15 qto** ☷ 9500/14000.

Reisen Sie nicht heute mit einer Karte von gestern.

NELAS 3520 Viseu 940 K 6 – 3 453 h.

🛈 Largo Dr. Veiga Simão ✆ (232) 94 43 48.
Lisboa 277 – Coimbra 81 – Viseu 19.

XX **Bem Haja,** Rua da Restauração 5 ✆ (232) 94 49 03, bemhaja@clix.pt, Fax (232) 94 49 03, « Decoração rústica » – 🍽. AE MC VISA. ⌘
fechado 4ª feira – Refeição lista 3500 a 5400.

XX **Os Antónios,** Largo Vasco da Gama ✆ (232) 94 95 15, Fax (232) 94 94 91 – 🍽. AE ⓞ MC VISA. ⌘
fechado 3ª feira – Refeição lista 2460 a 3810.

ÓBIDOS 2510 Leiria 940 N 2 – 825 h. alt. 75.

Ver : A Cidadela medieval★★ (Rua Direita★, Praça de Santa Maria★, Igreja de Santa Maria : interior★, Túmulo★) - Murallas★★ (≤★★).
🛈 Rua Direita ✆ (262) 95 92 31 Fax (262) 95 50 14.
Lisboa 92 – Leiria 66 – Santarém 56.

🏛 **Pousada do Castelo** ♨, Paço Real, ✉ 2510-999, ✆ (262) 95 91 05, enatur@mail.telepac.pt, Fax (262) 95 91 48, « Belas instalações nas muralhas do castelo. Mobiliário de estilo » – 📺. AE ⓞ MC VISA. ⌘
Refeição lista 4900 a 6150 – **9 qto** ⌨ 33200/35300.

🏛 **Estalagem do Convento** ♨, Rua D. João d'Ornelas, ✉ 2510-074, ✆ (262) 95 92 16, estconventhotel@mail.telepac.pt, Fax (262) 95 91 59, « Decoração estilo antigo » – 📺. AE ⓞ MC VISA JCB.
Refeição (fechado domingo) - só jantar - 3600 – **31 qto** ⌨ 13900/16200.

🏛 **Albergaria Josefa d'Óbidos,** Rua D. João d'Ornelas, ✉ 2510-130, ✆ (262) 95 92 28, Fax (262) 95 95 33 – 📶 🍽 📺. AE ⓞ MC VISA JCB. ⌘
Refeição (fechado janeiro) 2200 – **34 qto** ⌨ 10500/12500.

🏛 **Louro** ♨ sem rest, Canastra, ✉ 2510-042, ✆ (262) 95 51 00, Fax (262) 95 51 01, ⌇ – 📺 🅿. AE ⓞ MC VISA. ⌘
20 qto ⌨ 6000/8000.

🏛 **Albergaria Rainha Santa Isabel** ♨ sem rest, Rua Direita ✆ (262) 95 93 23, arsi o@oeste.online.pt, Fax (262) 95 91 15 – 📶 🍽 📺 – 🛁 25/60. AE ⓞ MC VISA JCB. ⌘
20 qto ⌨ 11500/14500.

XX **A Ilustre Casa de Ramiro,** Rua Porta do Vale, ✉ 2510-084, ✆ (262) 95 91 94 – 🍽. AE ⓞ MC VISA. ⌘
fechado 5 janeiro-6 fevereiro e 5ª feira – Refeição lista 4800 a 6050.

X **Alcaide,** Rua Direita ✆ (262) 95 92 20, Fax (262) 95 92 20, ≤, 🌿 – AE ⓞ MC VISA
fechado novembro e 2ª feira – Refeição lista 3400 a 4300.

na estrada de Caldas da Rainha – ✉ 2510 Óbidos :

🏛 **Mansão da Torre** ♨, Nordeste : 2,5 km, ✉ 2510-216, ✆ (262) 95 92 47, Fax (262) 95 90 51, 🏊, ⌇, 🎾, ⌘ – 📶 🍽 📺 🅿 – 🛁 25/400
41 qto.

XX **D. João V,** Largo da Igreja do Senhor da Pedra - Nordeste : 1 km ✆ (262) 95 91 34, Fax (262) 95 96 86 – 🅿.

ao Noroeste : 3 km e desvio particular 0,5 km – ✉ 2510 Óbidos :

⛺ **Casal do Pinhão** ♨ sem rest, Bairro da Senhora da Luz ✆ (262) 95 90 78, casalpinhao@clix.pt, Fax (262) 95 90 78, « Em pleno campo », ⌇ – 🅿. VISA. ⌘
8 qto ⌨ 14000/16000, 2 apartamentos.

OEIRAS 2780 Lisboa 940 P 2 – 40 149 h. – Praia.

🛈 Jardim Municipal de Santo Amaro de Oeiras ✆ (21) 442 39 46 e Fundição de Oeiras ✆ (21) 440 85 87 Fax (21) 440 85 11.
Lisboa 18 – Cascais 8 – Sintra 16.

em Santo Amaro de Oeiras – ✉ 2780 Oeiras :

X Solar do Marquês, Largo da Boavista 4 ✆ (21) 441 84 80 – 🍽.

X **Patrício,** Rua Mestre de Avis 4-B, ✉ 2780-230, ✆ (21) 443 17 86 – 🍽. AE ⓞ MC VISA. ⌘
fechado 15 agosto-15 setembro, 4ª feira noite e 5ª feira – Refeição lista aprox. 3000.

X **Saisa,** Praia ✆ (21) 443 06 34, ≤, 🌿 – AE ⓞ MC VISA JCB. ⌘
fechado 2ª feira – Refeição - peixes e mariscos - lista 3300 a 5200.

na autoestrada A 5 *Nordeste : 4 km –* ✉ *2780-826 Oeiras :*

🏨 **Ibis Lisboa-Oeiras** sem rest, Área de Serviço ☎ (21) 421 62 15, h1634@accor-hote
ls.com, Fax (21) 421 70 39 – 🖥 📺 ♿ 🅿 – 🏊 25. AE ① ◎ VISA. ✂
⊇ 800 – **61 qto** 8700.

OLHÃO 8700 Faro 𝟿𝟦𝟢 U 6 – 14 653 h. – *Praia.*

Lisboa 299 – Faro *9 – Beja 142 – Portimão 74.*

⚓ **Boémia** sem rest, Rua da Cerca 20, ✉ 8700-387, ☎ (289) 71 45 13, *Fax (289) 71 45 13*
– 🖥 📺. AE VISA. ✂
⊇ 850 – **15 qto** 6000/8000.

OLIVEIRA DE AZEMÉIS 3720 Aveiro 𝟿𝟦𝟢 J 4 – 9 210 h.

Excurs. : Arouca (Museu de Arte Sacra : quadros primitivos★) 33 km a Nordeste.
🛈 Praça José da Costa ☎ (256) 67 44 63.
Lisboa 275 – Aveiro 38 – Coimbra 76 – Porto 40 – Viseu 98.

🏨 **Dighton**, Rua Dr. Albino dos Reis, ✉ 3720-241, ☎ (256) 68 21 91, *hotel.dighton@m
ail.telepac.pt, Fax (256) 68 22 48* – 🛗 🖥 📺 ♿ 🚗 – 🏊 25/200. AE ① ◎ VISA. ✂
Refeição 3100 a 5000 – **99 qto** ⊇ 10000/12000, 1 suite.

✕✕ **Diplomata**, Rua Dr. Simões dos Reis 125 ☎ (256) 68 25 90, *fiamino-ribeiro@clix.pt,*
🚭 *Fax (256) 67 41 38* – 🖥. AE ① ◎ VISA. ✂
fechado do 15 ao 31 de agosto e domingo noite – Refeição lista 3400 a 4400.

✕ O Camponês com snack-bar, Rua Dr. Albino dos Reis ☎ (256) 68 21 55.

pela estrada de Carregosa *Nordeste : 2 km –* ✉ *3720 Oliveira de Azeméis :*

🏨 Estalagem São Miguel ⚓, Parque de la Salette, ✉ 3721-909, ☎ (256) 68 10 49,
Fax (256) 68 51 41, ≤ vila, vale e montanha, « Num parque », ⊼ – 🖥 📺 🅿
14 qto.

pela antiga estrada N 1 *Norte : 2 km e desvio a direita 1 km –* ✉ *3720-514 Oliveira de Azeméis :*

🏨 **Albergaria do Campo** ⚓ sem rest, Rua de S. Miguel ☎ (256) 68 27 45,
Fax (256) 68 23 85 – 🖥 📺 ♿ 🅿 AE ① ◎ VISA. ✂
14 qto ⊇ 8000/10000.

OLIVEIRA DO BAIRRO 3770 Aveiro 𝟿𝟦𝟢 K 4 – 4 351 h.

🛈 Estrada N 235 ☎ (234) 74 75 50.
Lisboa 233 – Aveiro 23 – Coimbra 40 – Porto 88.

🏨 Paraíso, Estrada N 235, ✉ 3770-909, ☎ (234) 74 78 65, *Fax (234) 74 73 56,* ≤ – 🛗 🖥
📺 🅿.
30 qto.

🏨 **A Estância,** Estrada N 235 - Noroeste : 1,5 km ☎ (234) 74 71 15, *Fax (234) 74 83 62*
– 📺 🅿. AE ◎ VISA. ✂
Refeição 1000 – **15 qto** ⊇ 4000/8000.

OLIVEIRA DO HOSPITAL 3400 Coimbra 𝟿𝟦𝟢 K 6 – 2 318 h. alt. 500.

Ver : Igreja Matriz★ (estátua★, retábulo★).
🛈 Casa da Cultura ☎ (238) 60 92 69 *Fax (238) 60 92 69.*
Lisboa 284 – Coimbra 82 – Guarda 88.

🏨 **São Paulo,** Rua Dr. Antunes Varela 3, ✉ 3400-133, ☎ (238) 60 90 00,
Fax (238) 60 90 01, ≤ – 🛗 🖥 📺 🅿 – 🏊 25/80. ◎ VISA. ✂ rest
Refeição 2750 – **43 qto** ⊇ 8150/11000.

na Póvoa das Quartas *pela estrada N 17 - Este : 7 km –* ✉ *3404-909 Oliveira do Hospital :*

🏨 **Pousada de Santa Bárbara** ⚓, ☎ (238) 60 96 52, *enatur@mail.telepac.pt,*
Fax (238) 60 96 45, ≤ vale e Serra da Estrela, ⊼, ✕ – 📺. AE ① ◎ VISA JCB. ✂
Refeição lista 3400 a 4200 – **16 qto** ⊇ 19800/21400.

ORTIGOSA Leiria – ver Monte Real.

OURÉM 2490 Santarém 𝟿𝟦𝟢 N 4.

Lisboa 135 – Castelo Branco 139 – Leiria 23.

🏨 **Pousada Conde de Ourém** ⚓, Largo João Manso - zona do castelo, ✉ 2490-481,
☎ (249) 54 09 20, *enatur@mail.telepac.pt, Fax (249) 54 09 55,* ⊼ – 🛗 🖥 📺 🅿. AE ①
◎ VISA. ✂
Refeição lista aprox. 5500 – **30 qto** ⊇ 21400/23000.

OURIQUE 7670 Beja 940 T 5 – 6 134 h.
Lisboa 190 – Beja 60 – Faro 105 – Portimão 95 – Setúbal 158.

- **São Lourenço**, sem rest e sem 🍴, Estrada de Garvão ℰ (286) 51 27 60, Fax (286) 51 27 67, ≤ – 📺 🅿. ✖
  16 qto 3500/6000.

junto a Igreja da Senhora da Cola Sudoeste : 14 km – ✉ 7670 Ourique :

- **O Chaparrinho**, Castro da Cola ℰ (286) 51 61 53, ≤ – 🍴. AE ⓞ ⓜ VISA. ✖
  fechado 2ª feira noite e 3ª feira – **Refeição** lista 3900 a 4800.

OUTEIRO 5470 Vila Real 940 G 6.
Lisboa 431 – Braga 74 – Orense/Ourense 85 – Porto 123 – Vila Real 104.

- **Estalagem Vista Bela do Gerês**, Estrada N 308 - Este : 10 km ℰ (276) 56 01 20, Fax (276) 56 01 21, « Em plena montanha com ≤ montanhas e barragem de Paradela » – 📺 VISA. ✖
  Refeição 1200 – **14 qto** 🍴 12000 – PA 2100.

OUTEIRO DA CORTIÇADA Santarém – ver Rio Maior.

OVAR 3880 Aveiro 940 J 4 – 25 518 h. – Praia.
🛈 Rua Elias Garcia ℰ (256) 57 22 15 Fax (256) 58 30 23.
Lisboa 294 – Aveiro 36 – Porto 40.

- **Meia-Lua**, sem rest, Quinta das Luzes, ✉ 3884-909, ℰ (256) 57 50 31, Fax (256) 57 52 32, ≤, 🏊 – 🛗 🍴 📺 🚗 – 🅰 25/80. AE ⓞ ⓜ VISA JCB
  54 qto 🍴 10900/13900.

- **Albergaria São Cristóvão**, Rua Aquilino Ribeiro 1 ℰ (256) 57 51 05, Fax (256) 57 51 07 – 🛗, 🍴 rest, 📺 🚗 – 🅰 25/150. AE ⓞ ⓜ VISA. ✖ rest
  Refeição - só jantar - 3000 – **57 qto** 🍴 7000/9000.

PAÇO DE ARCOS Lisboa 940 P 2 – ✉ 2780 Oeiras – Praia.
Lisboa 20.

- **Sol Palmeiras**, Av. Marginal, ✉ 2780-650, ℰ (21) 446 83 00, ncaxias@esoterica.pt, Fax (21) 446 83 99, ≤, 🏊 – 🛗 🅿. – 🅰 25/35. AE ⓞ ⓜ VISA JCB
  Refeição - ver rest. **La Cocagne** – **35 suites** 🍴 26000/29000.

- **La Cocagne** - Hotel Sol Palmeiras, Av. Marginal, ✉ 2780-650, ℰ (21) 441 42 31, Fax (21) 441 42 55, ≤, 🌴, « Antiga mansão senhorial » – 🍴 🅿. AE ⓞ ⓜ VISA. ✖
  Refeição lista 5800 a 7900.

- **Os Arcos**, Rua Costa Pinto 47, ✉ 2780-582, ℰ (21) 443 33 74, Fax (21) 441 08 77 – 🍴. AE ⓞ ⓜ VISA JCB. ✖
  Refeição - peixes e mariscos - lista 4500 a 6400.

PADRÃO DE MOREIRA Porto 940 I 4 – 7 782 h. – ✉ 4470 Maia.
Lisboa 316 – Amarante 62 – Braga 44 – Porto 14.

- **Tourygalo da Maia**, Estrada N 13 ℰ (22) 944 90 58, Fax (22) 948 89 22 – 🍴 🅿. AE ⓞ ⓜ VISA. ✖
  Refeição lista aprox. 4450.

PALMEIRA 4700 Braga 940 H 4.
Lisboa 362 – Braga 7 – Porto 56 – Vigo 96.

- **Pedra Cavalgada**, Assento (Estrada N 101), ✉ 4700-675 Braga, ℰ (253) 62 65 96, Fax (253) 25 44 18, « Antiga casa de traça campestre com jardim » – 🅿. AE ⓞ ⓜ VISA. ✖
  fechado agosto e 3ª feira – **Refeição** lista aprox. 4500.

PALMELA 2950 Setúbal 940 Q 3 – 18 286 h.
Ver : Castelo★ (❊★), Igreja de São Pedro (azulejos★).
🛈 Castelo ℰ (21) 233 21 22 Fax (21) 233 33 42.
Lisboa 43 – Setúbal 8.

- **Pousada de Palmela**, Castelo de Palmela, ✉ 2950-997, ℰ (21) 235 12 26, enatur@mail.telepac.pt, Fax (21) 233 04 40, ≤, « Num convento do século XV, nas muralhas dum antigo castelo » – 🛗 🍴 📺 🅿. – 🅰 25/35. AE ⓞ ⓜ VISA. ✖
  Refeição lista 3550 a 6800 – **28 qto** 🍴 29800/31900.

PALMELA

- 🏨 **Varanda Azul,** Rua Hermenegildo Capelo 3, ✉ 2950-234, ℘ (21) 233 14 51, Fax (21) 233 14 54 – 🛗 ≣ 📺 🚗. 🆎 ① ⓜ️ 𝘝𝘐𝘚𝘈. ✄
  Refeição - ver rest. **Retiro Azul** – 17 qto ⌇ 9000/11000.

- 🍴🍴 **Retiro Azul** - *Hotel Varanda Azul,* Largo do Chafariz 3 ℘ (21) 235 00 21, Fax (21) 233 14 54 – ≣. 🆎 ⓜ️ 𝘝𝘐𝘚𝘈. ✄
  fechado 4ª feira – **Refeição** lista aprox. 4200.

em Quinta do Anjo *Oeste : 3,5 km* – ✉ 2950-701 Palmela :

- 🍴 **Alcanena** com buffet, Rua Venancio da Costa Lima 99 ℘ (21) 287 01 50 – ≣. 🆎 ⓜ️ 𝘝𝘐𝘚𝘈. ✄
  fechado 15 julho-15 agosto e 4ª feira – **Refeição** lista 2400 a 4800.

PARADELA *Vila Real* 940 G 6 – *214 h.* – ✉ 5470 Montalegre.
Ver : *Represa*★ *: sítio*★.
Lisboa 437 – *Braga 70* – *Porto 120* – *Vila Real 136.*

PARCHAL *Faro* – ver Portimão.

PAREDE *2775 Lisboa* 940 P 1 – *19 960 h.* – *Praia.*
Lisboa 21 – *Cascais 7* – *Sintra 15.*

- 🍴🍴 **Dom Pepe,** Rua Sampaio Bruno 4-1° ℘ (21) 457 06 36, Fax (21) 457 06 36, ≤ – ≣. 🆎 ① ⓜ️ 𝘝𝘐𝘚𝘈. ✄
  fechado 2ª feira – **Refeição** lista 5000 a 6100.

- 🍴🍴 **Toscano,** Travessa Barbosa de Magalhães 2 ℘ (21) 457 28 94, Fax (21) 457 28 94, ≤ – ≣. 🆎 ① ⓜ️ 𝘝𝘐𝘚𝘈. 𝘑𝘊𝘉. ✄
  fechado 3ª feira – **Refeição** lista 4580 a 6680.

PAREDES DE COURA *4940 Viana do Castelo* 940 G 4.
🅱 *Largo Visconde de Mozelos* ℘ (251) 78 35 92 *Fax* (251) 78 35 92.
Lisboa 427 – *Braga 59* – *Viana do Castelo 49.*

- 🍴 **O Conselheiro,** Largo Visconde de Moselos ℘ (251) 78 26 10, 🌤 – 🆎 ⓜ️ 𝘝𝘐𝘚𝘈. ✄
  Refeição lista aprox. 3500.

PAUL *Lisboa* – ver Torres Vedras.

PEDRA FURADA *Braga* 940 H 4 – ✉ 4750 Barcelos.
Lisboa 344 – *Braga 29* – *Porto 40* – *Viana do Castelo 36.*

- 🍴 **Pedra Furada,** Estrada N 306 ℘ (252) 95 11 44 – 🅿. 🆎 𝘝𝘐𝘚𝘈. ✄
  fechado do 22 ao 31 de agosto e 2ª feira noite – **Refeição** lista 2550 a 4550.

PEDRAS RUBRAS *Porto* – ver Maia.

PEDRAS SALGADAS *5450 Vila Real* 940 H 7 – *Termas.*
Lisboa 429 – *Braga 105* – *Bragança 126* – *Porto 129* – *Vila Real 36.*

- 🏨 **Avelames** ⚜, no Parque ℘ (259) 43 71 40, Fax (259) 43 71 41, « Num parque », 🏊,
  🎾, ✕ – 🛗 ≣ 📺 ♿ 🅿 – 🅰 25/450. 🆎 ① ⓜ️ 𝘝𝘐𝘚𝘈. ✄
  Refeição 4250 – **80 qto** ⌇ 14500/16450, 5 suites.

PEDREIRAS *2480 Leiria* 940 N 3.
Lisboa 113 – *Leiria 19* – *Santarém 78.*

na estrada N 109 *Sudoeste : 2 km* – ✉ 2480 Pedreiras :

- 🍴🍴 **D. Abade,** Santeira, ✉ 2480-112, ℘ (244) 47 01 47, clom-abade@dom-abade.com, Fax (244) 47 01 81 – ≣ 🅿. 🆎 ⓜ️ 𝘝𝘐𝘚𝘈. ✄
  fechado 15 dias em outubro ou novembro e 4ª feira – **Refeição** lista 2650 a 4100.

PEDRÓGÃO GRANDE *3270 Leiria* 940 M 5 – *2830 h.*
Lisboa 150 – *Castelo Branco 82* – *Coimbra 65* – *Leiria 90.*

ao Este : *3 km* – ✉ 3270 Pedrógão Grande :

- 🍴 **Lago Verde,** Vale de Góis ℘ (236) 48 62 40, Fax (236) 48 62 44, ≤, « Na margem do rio Zêzere » – ≣ 🅿. 🆎 𝘝𝘐𝘚𝘈. ✄
  fechado do 3 ao 12 de julho e 2ª feira salvo junho-setembro – **Refeição** lista 2460 a 4200.

PEGO 2200 Santarém 940 N 5 – 3 011 h.
Lisboa 152 – Castelo Branco 102 – Leiria 91.

na estrada N 118 Este : 2,5 km – ✉ 2205-380 Pego :

Abrantur ⌕, ✉ apartado 2, ✆ (241) 83 34 64, Fax (241) 83 32 87, ≤, ⌁, ❀ – ▯
▭ TV ♿ P – 🄰 25/200. AE ① ◐ VISA JCB. ❀
Refeição (fechado 3ª feira) lista aprox. 3200 – **54 qto** ⌁ 8000/12500.

PENAFIEL 4560 Porto 940 I 5 – 6 886 h. alt. 323.
Lisboa 352 – Porto 38 – Vila Real 69.

Pena H. sem rest, Parque do Sameiro ✆ (255) 71 14 20, Fax (255) 71 14 25, ⌁, ❀ –
▯ ▭ TV P – 🄰 25/250. AE ① ◐ VISA. ❀
50 qto ⌁ 7000/9000.

PENEDONO 3630 Viseu 940 J 7.
Lisboa 369 – Guarda 71 – Vila Real 77 – Viseu 67.

Estalagem de Penedono ⌕, ✉ 3630-246, ✆ (254) 50 91 20, penedono.inn@m
ail.telepac.pt, Fax (254) 50 91 29 – ▭ TV P. AE ◐ VISA. ❀
Refeição 3500 – **13 qto** ⌁ 11000/14000.

PENHAS DA SAÚDE Castelo Branco 940 L 7 – ✉ 6200 Covilhã – Desportos de inverno na Serra da Estrela : ⌁3.
Lisboa 311 – Castelo Branco 72 – Covilhã 10 – Guarda 55.

Serra da Estrela ⌕, alt. 1 550, ✉ apartado 314, ✆ (275) 31 03 00, Fax (275) 32 37 89,
≤, ❀ – ▭ rest, TV P
38 qto.

PENICHE 2520 Leiria 940 N 1 – 15 304 h. – Praia.
Ver : O Porto : regresso da pesca★.
Arred. : Cabo Carvoeiro★ – Papoa (❀★) – Remédios (Nossa Senhora dos Remédios : azulejos★) ❀★.
Excurs. : Ilha Berlenga★★ : passeio em barco★★★, passeio a pé★★ (sítio★, ≤★) 1 h. de barco.

⌁. para a Ilha da Berlenga (1º maio- 25 setembro) : Viamar, no porto de Peniche, ✆ (262) 78 38 47.
🄱 Rua Alexandre Herculano ✆ (262) 78 95 71 Fax (262) 78 95 71.
Lisboa 92 – Leiria 89 – Santarém 79.

Sol Inn Peniche ⌕, Estrada do Baleal ✆ (262) 78 04 00, solinnpeniche@nect.pt,
Fax (262) 78 38 15, ≤, ⌁, ⌁ – ▯ ▭ TV ♿ ⌁ P – 🄰 25/200. AE ① ◐ VISA. ❀ rest
Refeição 2500 – **100 qto** ⌁ 11500/13500, 2 suites.

Maciel sem rest, José Estêvão 38 ✆ (262) 78 46 85 – TV. AE ◐ VISA. ❀
11 qto ⌁ 7000/10000.

Mili, José Estêvão 45 ✆ (262) 78 22 78 – ▭.

PERNES 2035 Santarém 940 N 4 – 1 961 h.
Lisboa 106 – Abrantes 54 – Caldas da Rainha 72 – Fátima 35.

ao Nordeste na autoestrada A 1 – ✉ 2035 Pernes :

Do Prado, Área de Serviço de Santarém ✆ (243) 44 03 02, Fax (243) 44 03 40, ⌁, 🚗
– ▭ TV ♿ P – 🄰 25/40. AE ◐ VISA. ❀
Refeição 1850 – **30 qto** ⌁ 9800/11400.

PESO Viana do Castelo – ver Melgaço.

PESO DA RÉGUA 5050 Vila Real 940 I 6 – 9 291 h.
🄱 Rua da Ferreirinha ✆ (254) 31 28 46 Fax (254) 32 22 71.
Lisboa 379 – Braga 93 – Porto 102 – Vila Real 25 – Viseu 85.

Régua Douro, Largo da Estação da CP, ✉ 5050-237, ✆ (254) 32 07 00, hotelregua
douro@mail.telepac.pt, Fax (254) 32 07 09, ≤, 🍽, ⌁, ⌁ – ▯ ▭ TV ♿ 🚗 P –
🄰 25/200. AE ① ◐ VISA. ❀ rest
Refeição 3000 – **67 qto** ⌁ 14000, 10 suites – PA 6000.

PESO DA RÉGUA

- **Columbano** sem rest, Av. Sacadura Cabral ℘ (254) 32 07 10, *Fax (254) 32 07 19*, ≼,
  81 qto ㊂ 5500/7000.

- Império sem rest, Rua Vasques Osório 8 ℘ (254) 32 01 20, Fax *(254) 32 14 57* –
  33 qto.

PICO DO ARIEIRO Madeira – ver Madeira (Arquipélago da).

PINHANÇOS Guarda 940 K 6 – 1872 h. – ✉ 6270 Seia.
Lisboa 302 – Coimbra 102 – Guarda 63.

- **Santa Luzia**, Estrada N 17 - Este : 1 km, ✉ 6270-141, ℘ (238) 48 10 10, *restsanta luzia@netc.pt*, Fax (238) 48 80 06 –
  fechado 2ª feira – **Refeição** lista 1900 a 2850.

PINHÃO 5085 Vila Real 940 I 7 – 831 h. alt. 120.
Arred. : *Norte : Estrada de Sabrosa*★★ ≼★.
Lisboa 399 – Vila Real 30 – Viseu 100.

- **Vintage House**, Lugar da Ponte, ✉ 5085-034, ℘ (254) 73 02 30, *vintagehouse@mail.telepac.pt*, Fax *(254) 73 02 38*, « Belas instalações numa paragem de vinhedos junto ao Douro »,
  Refeição 4000 – **43 qto** ㊂ 22500/24500.

- **Douro**, Largo da Estação, ✉ 5085-037, ℘ (254) 73 24 04, Fax *(254) 73 24 04*, ≼ –
  qto,
  fechado 15 dias em dezembro – **Refeição** 2500 – **14 qto** ㊂ 6500/9000 – PA 5000.

POMBAL 3100 Leiria 940 M 4 – 4760 h.
🛈 Rua Eduardo Gomes ℘ (236) 21 32 30.
Lisboa 153 – Coimbra 43 – Leiria 28.

- **Do Cardal** sem rest, Largo do Cardal, ✉ 3100-440, ℘ (236) 21 82 06, Fax *(236) 21 81 36* – ⓘ 25/50.
  27 qto ㊂ 5500/8000.

- **Sra. de Belém** sem rest, Av. Heróis do Ultramar 185 (Urb. Sra. de Belém), ✉ 3100-462, ℘ (236) 21 81 85, Fax *(236) 21 55 33* –
  26 qto ㊂ 6000/8000.

na estrada N 1 Noroeste : 2 km – ✉ 3100 Pombal :

- **O Manjar do Marquês** com snack-bar, ℘ (236) 21 81 94, Fax *(236) 21 88 18* –
  Refeição lista aprox. 3300.

PONTE DA BARCA 4980 Viana do Castelo 940 G 4.
Arred. : *Bravães*★ *(Igreja de São Salvador*★ *: portal*★*) 3,5 km a Sudoeste*.
Excurs. : *Lindoso*★ *(espigueiros*★*) 29 km a Nordeste*.
🛈 Largo da Misericórdia ℘ (258) 45 28 99 Fax (258) 45 28 99.
Lisboa 412 – Braga 32 – Viana do Castelo 40.

- **San Fernando** sem rest, Rua de Santo António ℘ (258) 45 25 80, Fax *(258) 45 37 66* –
  24 qto ㊂ 4750/6200.

- **Os Poetas** sem rest, Jardim dos Poetas ℘ (258) 45 35 78, Fax *(258) 45 37 66*, ≼ –
  junho-setembro – **10 qto** ㊂ 7400/8400.

PONTE DE LIMA 4990 Viana do Castelo 940 G 4 – 2438 h. alt. 22.
Ver : *Ponte*★ *- Igreja-Museu dos Terceiros (talhas*★*)*.
Fertosa, Sul : 2 km ℘ (258) 74 34 15 Fax (258) 74 34 24.
🛈 Praça da República ℘ (258) 94 23 35 Fax (258) 94 23 35.
Lisboa 392 – Braga 33 – Porto 85 – Vigo 70.

- Império do Minho, Av. dos Plátanos ℘ (258) 74 15 10, Fax *(258) 94 25 67*, 🛆 – ⓘ 25
  50 qto.

- A Carvalheira, Antepaço - Arcozelo (Estrada N 202) ℘ (258) 74 23 16,

PONTE DE LIMA

ao Sudeste : 3,5 km – ⊠ 4990 Ponte de Lima :

XX **Madalena,** Monte de Santa Maria Madalena ℘ (258) 94 12 39, ≤ - 🅿. 🖭 ⓞ ⓜⓞ VISA. ⋙
fechado novembro e 4ª feira – **Refeição** lista 3500 a 5500.

PONTE DE SOR 7400 Portalegre 940 O 5.

Lisboa 173 – Abrantes 35 – Évora 98 – Fátima 99 – Portalegre 67.

🏨 **Sor,** Rua João Pedro de Andrade, ⊠ 7400-264, ℘ (242) 20 60 26, Fax (242) 20 60 28 – 🛗 🖨 📺 ♿ 🅿. – 🏋 25/50. 🖭 ⓜⓞ VISA. ⋙
Refeição (fechado domingo) lista 2230 a 4330 – **39 qto** ⊇ 7500/9500, 2 suites.

PORTAGEM Portalegre 940 N 7 – ⊠ 7330 Marvão.

Lisboa 246 – Cáceres 115 – Castelo de Vide 9 – Portalegre 17.

🏨 **Sever,** Estrada do Rio Sever, ⊠ 7330-347 Marvão, ℘ (245) 99 33 18, Fax (245) 99 34 12, 🍽, – 📺 🅿. 🖭 ⓞ ⓜⓞ VISA. ⋙
Refeição 2200 – **16 qto** ⊇ 6500/11000.

PORTALEGRE 7300 🅿 940 O 7 – 15 383 h. alt. 477.

Arred. : Pico São Mamede ※★ – Estrada★ escarpada de Portalegre a Castelo de Vide por Carreiras, Norte : 17 km.
🛈 Rossio (Palácio Póvoas) ℘ (245) 33 13 59 Fax (245) 30 01 20.
Lisboa 238 – Badajoz 74 – Cáceres 134 – Mérida 138 – Setúbal 199.

na estrada da Serra de São Mamede Nordeste : 4 km – ⊠ 7300-426 Portalegre :

🏨 **Estalagem Quinta da Saude** ≫, ℘ (245) 20 23 24, teresamoreira@clix.pt, Fax (245) 20 72 34, 🍽, 🏊, ⋙ – 🖨 📺 🅿. 🖭 VISA
Refeição 2500 – **12 qto** ⊇ 10000/12000.

PORTEL 7220 Évora 940 R 6 – 7 523 h.

Lisboa 176 – Beja 41 – Évora 42 – Faro 181 – Setúbal 144.

🏨 **Refúgio da Vila,** Largo Dr. Miguel Bombarda 8, ⊠ 7220-369, ℘ (266) 61 90 10, refugiodavila@iname.com, Fax (266) 61 90 11, « Casa senhorial do século XIX », 🏊, – 🛗 🖨 📺 🅿. – 🏋 25/120. 🖭 ⓞ ⓜⓞ VISA. ⋙
Adega do Refúgio : Refeição lista 4400 a 4800 – **30 qto** ⊇ 15900/18600.

PORTIMÃO 8500 Faro 940 U 4 – 21 196 h. – Praia.

Ver : ≤★ da ponte sobre o rio Arade X.
Arred. : Praia da Rocha★★ (miradouro★, enseadas★★) Z A.
🐴₁₈ 🐴₉ 🐴₉ Penina, por ③ : 5 km ℘ (282) 41 54 15 Fax (282) 41 50 00.
🛈 Av. Zeca Afonso ⊠ 8500-512 ℘ (282) 41 91 31 Fax (282) 43 01 31 e Av. Tomás Cabreira (Praia da Rocha) ℘ (282) 41 91 32.
Lisboa 290 ③ – Faro 62 ② – Lagos 18 ③

Plano página seguinte

🏨 **Nelinanda** sem rest, Rua Vicente Vaz das Vacas 22 ℘ (282) 41 78 39, Fax (282) 41 78 43 – 🛗 🖨 📺 ⓜⓞ VISA. ⋙   X d
28 qto ⊇ 6000/10000.

🏨 **Arabi** sem rest, Praça Manuel Teixeira Gomes 13 ℘ (282) 46 02 50, Fax (282) 46 02 69 – 📺. ⋙   X t
fechado do 15 ao 31 de dezembro – **17 qto** ⊇ 5000/10000.

X **O Bicho,** Largo Gil Eanes 12, ⊠ 8500-536, ℘ (282) 42 29 77, mpna@mail.pt, Fax (282) 48 45 60 – 🍽. 🖭 ⓞ ⓜⓞ VISA. ⋙   X c
fechado dezembro e domingo – **Refeição** - peixes e mariscos - lista 3050 a 5000.

em Parchal por ② : 2 km – ⊠ 8400 Lagoa :

X **O Buque,** Estrada N 125, ⊠ 8400-612, ℘ (282) 42 46 78 – 🍽. 🖭 ⓞ ⓜⓞ VISA. ⋙
fechado novembro e domingo – **Refeição** lista 3100 a 4500.

X **A Lanterna,** Estrada N 125 - cruzamento de Ferragudo ℘ (282) 41 44 29 – 🍽. ⓜⓞ VISA. ⋙
fechado 27 novembro-27 dezembro e domingo – **Refeição** - só jantar - lista 3240 a 4540.

140

PORTIMÃO

na Praia da Rocha Sul : 2,3 km – ⊠ 8500 Portimão :

Algarve Casino, Av. Tomás Cabreira ℘ (282) 41 50 01, h.algonve@mail.telepac.pt, Fax (282) 41 59 99, ≤ praia, ₤₅, ⊼ climatizada, ⚓, 🍴, ℅ – |≑| 🗐 TV & 🅿 – 🅰 25/340. 🅰🅴 ⓘ ⓂⓄ 🆅🅸🆂🅰. ℅ rest
Z y
Das Amendoeiras (só jantar) **Refeição** lista 3700 a 6600 - **Aladino** (só jantar) **Refeição** lista 4800 a 9450 - **Zodíaco** (só almoço, fechado janeiro-fevereiro) **Refeição** lista 4600 a 9300 – **193 qto** ⇌ 34000/44000, 16 suites.

Oriental, Av. Tomás Cabreira ℘ (282) 41 30 00, Fax (282) 41 34 13, ≤ praia, 🍴, ⊼, 🍴 – |≑| 🗐 TV – 🅰 25/120. 🅰🅴 ⓘ ⓂⓄ 🆅🅸🆂🅰.
Z c
Refeição 3500 – **85 apartamentos** ⇌ 27500/33300.

Bela Vista sem rest, Av. Tomás Cabreira ℘ (282) 45 04 80, Fax (282) 41 53 69, ≤ rochedos e mar, « Instalado numa antiga casa senhorial » – |≑| TV 🅿 🅰🅴 ⓘ ⓂⓄ 🆅🅸🆂🅰. ℅
Z u
14 qto ⇌ 22000/23000.

Avenida Praia sem rest, Av. Tomás Cabreira ℘ (282) 41 77 40, avenidapraiahotel@mail.telepac.pt, Fax (282) 41 77 42, ≤ – |≑| 🗐 TV. 🅰🅴 ⓘ ⓂⓄ 🆅🅸🆂🅰. ℅
Z s
março-novembro – **61 qto** ⇌ 16500/18500.

Albergaria Vila Lido sem rest, Av. Tomás Cabreira ℘ (282) 42 41 27, Fax (282) 42 42 46, ≤ – |≑| TV. ⓂⓄ 🆅🅸🆂🅰. ℅
Z w
março-15 novembro – **10 qto** ⇌ 13300/17800.

Toca sem rest, Rua Engenheiro Francisco Bívar ℘ (282) 41 89 04, Fax (282) 42 40 35 – TV 🅿. ℅
Z d
março-outubro – **15 qto** ⇌ 9700/10000.

Titanic, Rua Engenheiro Francisco Bívar ℘ (282) 42 23 71, Fax (282) 41 53 23 – 🗐. 🅰🅴 ⓘ ⓂⓄ 🆅🅸🆂🅰. ℅
Z n
fechado 27 novembro-27 dezembro – **Refeição** - só jantar - lista aprox. 4670.

na estrada de Alvor Y Oeste : 4 km – ⊠ 8500 Portimão :

Por-do-Sol, ℘ (282) 45 95 05, 🍴 – 🅿. 🅰🅴 ⓘ ⓂⓄ 🆅🅸🆂🅰. ℅
fechado 27 novembro-27 dezembro – **Refeição** lista aprox. 3780.

na Praia do Vau Sudoeste : 3 km – ⊠ 8500 Portimão :

Vau'Hotel, Encosta do Vau ℘ (282) 41 15 92, vauhotel@mail.telepac.pt, Fax (282) 41 15 94, ⊼ – |≑| 🗐 TV. 🅰🅴 ⓘ ⓂⓄ 🆅🅸🆂🅰. ℅
Refeição 2500 – **74 apartamentos** ⇌ 15200/24900 – PA 5000.

Rochavau sem rest, ℘ (282) 42 61 11, Fax (282) 42 61 13, ⊼ – |≑| 🗐 ⇌. 🅰🅴 ⓘ ⓂⓄ 🆅🅸🆂🅰. ℅
abril-outubro – **56 qto** ⇌ 11500/13500.

na Praia dos Três Irmãos Sudoeste : 4,5 km – ⊠ 8500 Portimão :

Carlton Alvor H. ⚶, ⊠ 8501-904, ℘ (282) 40 09 00, pestana.hotels@mail.telepac.pt, Fax (282) 40 09 99, ≤ praia e baía de Lagos, 🍴, ⊼ climatizada, ⚓, 🍴, ℅ – |≑| 🗐 TV 🅿 – 🅰 25/400. 🅰🅴 ⓘ ⓂⓄ 🆅🅸🆂🅰. ℅
Refeição 3000 - **O Almofariz** (só jantar) **Refeição** lista 3700 a 4000 - **Harira** (cozinha marroquina, só jantar, fechado domingo) **Refeição** lista 4100 a 5300 - **Sal e Pepe** (só jantar) **Refeição** lista 4700 a 5400 – **181 qto** ⇌ 40000/45000, 16 suites.

Delfim ⚶, ⊠ 8501-904, ℘ (282) 40 08 00, np85ut@mail.telepac.pt, Fax (282) 40 08 99, ≤ praia e baía de Lagos, ₤₅, ⊼, 🗺, ⚓, ℅ – |≑| 🗐 TV 🅿 🅰🅴 ⓘ ⓂⓄ 🆅🅸🆂🅰. ℅
Refeição 3750 – **312 qto** ⇌ 19400/24250, 13 suites.

O Búzio, Aldeamento da Prainha ℘ (282) 45 85 61, Fax (282) 45 95 69, ≤, 🍴 – 🅰🅴 ⓘ ⓂⓄ 🆅🅸🆂🅰. ℅
fechado novembro-janeiro – **Refeição** - só jantar - lista aprox. 4850.

na Praia de Alvor Sudoeste : 5 km – ⊠ 8500 Portimão :

D. João II ⚶, ⊠ 8501-904, ℘ (282) 40 07 00, pestana.hotels@mail.telepac.pt, Fax (282) 40 07 99, ≤ praia e baía de Lagos, ⊼ climatizada, 🍴 – |≑| 🗐 & 🅿. 🅰🅴 ⓘ ⓂⓄ 🆅🅸🆂🅰 🅹🅲🅱. ℅
Refeição 3500 – **228 qto** ⇌ 21600/26900, 19 suites – PA 7000.

na estrada N 125 por ③ : 5 km – ⊠ 8500 Portimão :

Le Méridien Penina ⚶, ⊠ apartado 146, ℘ (282) 42 02 00, meridienalg.sm@mail.telepac.pt, Fax (282) 42 03 00, ≤ golfe e campo, 🍴, ₤₅, ⊼, 🍴, ℅, 🎾 🎾 🎾 – |≑| 🗐 TV 🅿 – 🅰 25/125. 🅰🅴 ⓘ ⓂⓄ 🆅🅸🆂🅰. ℅
Sagres (só jantar buffet) **Refeição** 7000 - **Grill** (só jantar) **Refeição** lista 6700 a 8750 - **L'Arlecchino** (só jantar, fechado janeiro-abril, domingo e 2ª feira) **Refeição** lista aprox. 6500 – **179 qto** ⇌ 43000/52000, 17 suites.

PORTO

4000 🅿 940 I 3 – *302 472 h. alt. 90.*

Lisboa 310 ⑤ *– La Coruña/A Coruña 305* ① *– Madrid 591* ⑤.

POSTOS DE TURISMO

🛈 *Rua do Clube Fenianos 25* ✉ *4000-172,* ☏ *(22) 205 27 40, Fax (22) 332 33 03 e Praça D. João I-43,* ✉ *4000-295,* ☏ *(22) 205 75 14, Fax (22) 205 32 12.*

INFORMAÇÕES PRÁTICAS

A.C.P. *Rua Gonçalo Cristovão 2,* ✉ *4000-263,* ☏ *(22) 205 67 32, Fax (22) 205 66 98.*
🐏 *Miramar, por* ⑥ *: 9 km* ☏ *(22) 762 20 67.*
✈ *Francisco de Sà Carneiro, 17 km por* ①*,* ☏ *(22) 941 32 60 – T.A.P., Praça Mouzinho de Albuquerque 105* ✉ *4100-359,* ☏ *(22) 805 205 700, Fax (22) 600 55 55.*
🚗 ☏ *(22) 56 56 70.*

CURIOSIDADES

Ver : *Sítio*★★ *– Vista de Nossa Senhora da Serra do Pilar*★ EZ *– As Pontes (ponte Maria Pia*★ FZ*, ponte D. Luis I*★★ EZ*) – As Caves do vinho do Porto*★ *(Vila Nova de Gaia)* DEZ *O Velho Porto*★★ *: Sé (altar*★*) – Claustro (azulejos*★*)* EZ *– Casa da Misericórdia (quadro Fons Vitae*★*)* EZ **P** *– Palácio da Bolsa (Salão árabe*★*)* EZ *– Igreja de São Francisco*★★ *(decoração barroca*★★*, árvore de Jessé*★*)* EZ *– Cais da Ribeira*★ EZ *– Torre dos Clérigos*★ ⚜ ★ EY *– Museu Soares dos Reis (estátua O Desterrado*★*)* DY*.*

Outras curiosidades : *Fundação Eng° António de Almeida (colecção de moedas de ouro*★*)* BU **M¹** *– Igreja de Santa Clara*★ *(talhas douradas*★*)* EZ **R** *– Fundação de Serralves*★ *(Museu Nacional de Arte Moderna) : Jardim*★*, grades de ferro forjado*★ AU **M²**.

Porto Palácio, Av. da Boavista 1269, ✉ 4100-130, ℘ (22) 608 66 00, *email.pto.pal aciohotel@mail.telepac.pt, Fax (22) 609 14 67*, ≼, ⌧, ⌧ – ⌧ ▦ 🆃🆅 ⌧ ⌧ – ⌧ 25/300. 🅰🅴 ⓓ ⓜⓒ 🆅🅸🆂🅰 🅹🅲🅱 ⌧
Refeição 4500 – ⌧ 1700 – **234 qto** 27000/28500, 17 suites.
BU e

Le Meridien Park Atlantic, Av. da Boavista 1466, ✉ 4100-114, ℘ (22) 607 25 00, *meridien.porto@mail.telepac.pt, Fax (22) 600 20 31* – ⌧ ▦ 🆃🆅 ⌧ ⌧ – ⌧ 25/500. 🅰🅴 ⓓ ⓜⓒ 🆅🅸🆂🅰 🅹🅲🅱 ⌧ rest
Refeição lista 5150 a 7100 – **226 qto** ⌧ 31000/34000, 6 suites.
BU a

Ipanema Park H., Rua Serralves 124, ✉ 4150-702, ℘ (22) 610 41 74, *ipanema.par k@ipanema-park-hotel.pt, Fax (22) 610 28 09*, ≼, ⌧, ⌧ climatizada, ⌧ – ⌧ ▦ 🆃🆅 ⌧ ⌧ ⌧ – ⌧ 25/300. 🅰🅴 ⓓ ⓜⓒ 🆅🅸🆂🅰 ⌧
Refeição 3900 – **264 qto** ⌧ 22000/24000, 17 suites.
AV b

Infante de Sagres, Praça D. Filipa de Lencastre 62, ✉ 4050-259, ℘ (22) 339 85 00, *his. sales@mail.telepac.pt, Fax (22) 339 85 99*, « Bela decoração interior » – ⌧ ▦ 🆃🆅. 🅰🅴 ⓓ ⓜⓒ 🆅🅸🆂🅰 🅹🅲🅱 ⌧
Refeição lista 6500 a 8600 – **68 qto** ⌧ 28000/30500, 6 suites.
EY b

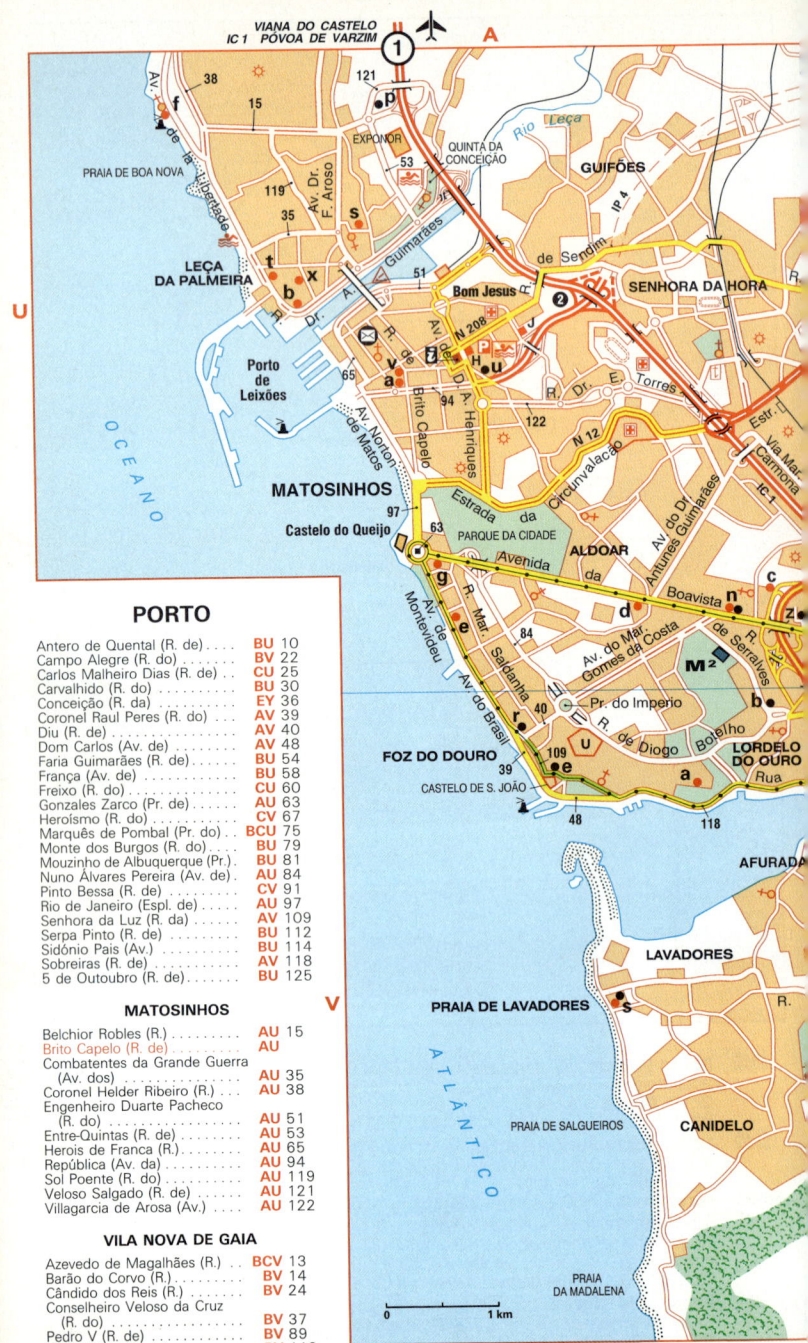

PORTO

Antero de Quental (R. de)	**BU** 10
Campo Alegre (R. do)	**BV** 22
Carlos Malheiro Dias (R. de)	**CU** 25
Carvalhido (R. do)	**BU** 30
Conceição (R. da)	**EY** 36
Coronel Raul Peres (R. do)	**AV** 39
Diu (R. de)	**AV** 40
Dom Carlos (Av. de)	**AV** 48
Faria Guimarães (R. de)	**BU** 54
França (Av. de)	**CU** 60
Freixo (R. do)	**AU** 63
Gonzales Zarco (Pr. de)	**CV** 67
Heroísmo (R. do)	
Marquês de Pombal (Pr. do)	**BCU** 75
Monte dos Burgos (R. do)	**BU** 79
Mouzinho de Albuquerque (Pr.)	**BU** 81
Nuno Álvares Pereira (Av. de)	**AU** 84
Pinto Bessa (R. de)	**CV** 91
Rio de Janeiro (Espl. de)	**AU** 97
Senhora da Luz (R. da)	**AV** 109
Serpa Pinto (R. de)	**BU** 112
Sidónio Pais (Av.)	**BU** 114
Sobreiras (R. de)	**AV** 118
5 de Outubro (R. de)	**BU** 125

MATOSINHOS

Belchior Robles (R.)	**AU** 15
Brito Capelo (R. de)	**AU**
Combatentes da Grande Guerra (Av. dos)	**AU** 35
Coronel Helder Ribeiro (R.)	**AU** 38
Engenheiro Duarte Pacheco (R. do)	**AU** 51
Entre-Quintas (R. de)	**AU** 53
Herois de Franca (R.)	**AU** 65
República (Av. da)	**AU** 94
Sol Poente (R. do)	**AU** 119
Veloso Salgado (R. de)	**AU** 121
Villagarcia de Arosa (Av.)	**AU** 122

VILA NOVA DE GAIA

Azevedo de Magalhães (R.)	**BCV** 13
Barão do Corvo (R.)	**BV** 14
Cândido dos Reis (R.)	**BV** 24
Conselheiro Veloso da Cruz (R. do)	**BV** 37
Pedro V (R. de)	**BV** 89
Serpa Pinto (R. de)	**BV** 112
Soares dos Reis (R.)	**BV** 117

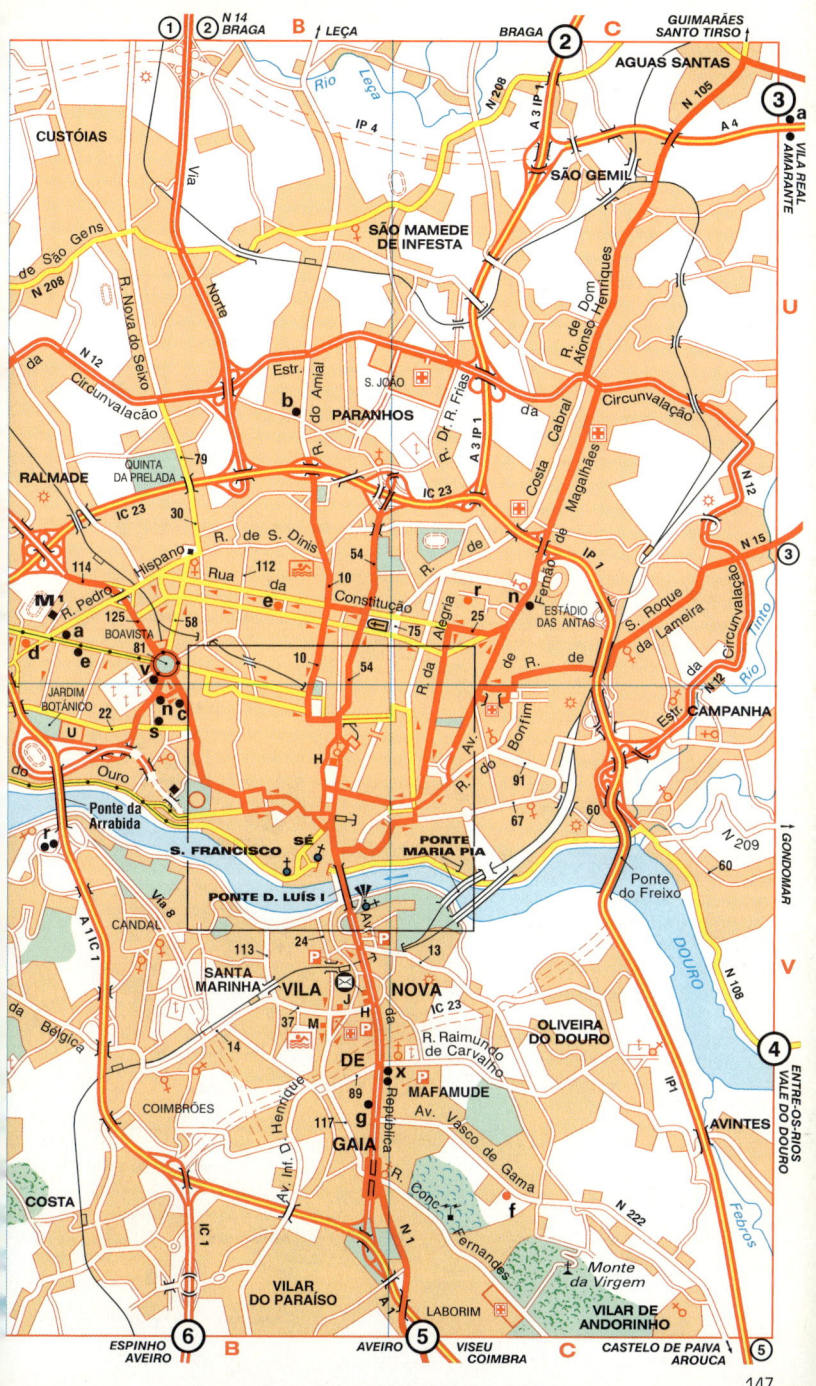

PORTO

Street	Ref
Alberto Aires Gouveia (R. de)	**DY** 3
Albuquerque (R. Af. de)	**DYZ** 4
Alferes Malheiro (R. do)	**EXY** 6
Almada (R. do)	**EXY**
Almeida Garrett (Pr. de)	**EY** 7
Antero de Quental (R. de)	**EX** 10
Augusto Rosa (R. de)	**FZ** 12
Belomonte (R. de)	**EZ** 16
Boa Hora (R. da)	**DXY** 18
Bonjardim (R. do)	**EXY** 19
Carmelitas (R. das)	**EY** 27
Carmo (R. do)	**DEY** 28
Cimo da Vila (R. de)	**EY** 31
Clérigos (R. dos)	**EY** 33
Coelho Neto (R. de)	**FY** 34
Dr António Emílio de Magalhães (R. do)	**EY** 42
Dr Magalhães Lemos (R. do)	**EY** 43
Dr. Tiogo de Almeida (R. do)	**DY** 45
Dom Afonso Henriques (Av.)	**EYZ** 46
Dona Filipa de Lencastre (Pr. de)	**EY** 49
Entreparedes (R. de)	**FY** 52
Faria Guimarães (R. de)	**EX** 54
Fernandes Tomás (R. de)	**EFY**
Flores (R. das)	**EYZ**
Fonseca Cardoso (R. de)	**EX** 57
Formosa (R.)	**EFY**
Gomes Teixeira (Pr. de)	**EY** 61
Guedes de Azevedo (R. de)	**FXY** 64
Heróis e Mártires de Angola (R. dos)	**EY** 66
Infante Dom Henrique (Pr. e R. do)	**EZ** 69
João das Regras (R. de)	**EX** 70
Lisboa (Pr. de)	**EY** 72
Loureiro (R. do)	**EY** 73
Mártires da Pátria (Campo dos)	**DEY** 76
Maternidade (R. da)	**DY** 78
Nova de São Crispim (R.)	**FX** 82
Oliveiras (R. das)	**EY** 85
Paraíso (R. do)	**EFX** 87
Passos Manuel (R. de)	**FY** 88
Piedade (R. da)	**DX** 90
Prov. Vicente José de Carvalho (R. do)	**DY** 93
Ribeira (Pr. da)	**EZ** 96
Sacadura Cabral (R.)	**DX** 99
Sá da Bandeira (R. de)	**FXY**
Santa Catarina (R. de)	**FY**
São Domingos (L. de)	**EZ** 100
São João (R. de)	**EZ** 102
São João Novo (Pr. de)	**DZ** 103
São Lázaro (Passeio de)	**FY** 105
Saraiva de Carvalho (R. de)	**EZ** 106
Sé (Terreiro da)	**EZ** 108
Soares dos Reis (L. de)	**FY** 115
Trindade (R. da)	**EY** 120
Vimara Peres (Av.)	**EZ** 123
Vitória (R. da)	**EYZ** 124
31 de Janeiro (R. de)	**EY** 126

Em certos restaurantes de grandes cidades, é muitas vezes difícil encontrar uma mesa livre.
É aconselhado reservar com antecedência.

149

PORTO

Tivoli Porto sem rest. com snack bar, Rua Afonso Lopes Vieira 66, ⊠ 4100-020, ℘ (22) 609 49 41, htporto@mail.telepac.pt, Fax (22) 606 74 52, ⌕ - |❄| ☰ TV ⇔ - 🏊 25/180. AE ⓞ ⓜ VISA
52 qto ⌑ 30000/34000, 6 suites.
AU z

Mercure Batalha, Praça da Batalha 116, ⊠ 4049-028, ℘ (22) 200 05 71, Fax (22) 200 24 68, ≼ - |❄| ☰ TV ⇔ - 🏊 25/100. AE ⓞ ⓜ VISA JCB. ✄
Refeição 3000 - **140 qto** ⌑ 19000/21000, 9 suites.
FY f

Dom Henrique, Rua Guedes de Azevedo 179, ⊠ 4049-009, ℘ (22) 340 16 16, d.he nrique@mail.telepac.pt, Fax (22) 340 16 15, ≼ - |❄| ☰ TV - 🏊 25/80. AE ⓞ ⓜ VISA JCB. ✄
Além Mar : Refeição lista 2900 a 4100 - **90 qto** ⌑ 20000/21500, 22 suites.
FX b

Ipanema Porto H., Rua Campo Alegre 156, ⊠ 4150-168, ℘ (22) 607 50 59, ipanema.po rto@ipanema-porto-hotel.pt, Fax (22) 606 33 39 - |❄| ☰ TV ℗ - 🏊 25/350. AE ⓞ ⓜ VISA JCB. ✄ rest - Refeição 2500 - **140 qto** ⌑ 15100/17100, 10 suites.
BV s

Vila Galé Porto, Av. Fernão de Magalhães 7, ⊠ 4300-190, ℘ (22) 519 18 00, Fax (22) 519 18 50, ≼ cidade e arredores, ⌘, ⌺ - |❄| ☰ TV ⇔ ℗ - 🏊 25/230. AE ⓞ ⓜ VISA. ✄ - Refeição 2500 - **288 qto** ⌑ 20000/22000, 4 suites.
FY z

Tuela Torre sem rest, Rua Gonçalo Sampaio 282, ⊠ 4150, ℘ (22) 607 18 00, tuela@mai l.telepac.pt, Fax (22) 607 18 10 - |❄| ☰ TV ⇔ ⇔ - 🏊 25/120. AE ⓞ ⓜ VISA. ✄
148 qto ⌑ 14000/14500.
BV n

Casa do Marechal, Av. da Boavista 2674, ⊠ 4100-119, ℘ (22) 610 47 02, Fax (22) 610 32 41, ⌂, « Bela moradia decorada com elegância », ⌘, ⇐ - ☰ TV ℗ - 🏊 25/30. AE ⓞ ⓜ VISA. ✄
fechado agosto - **Refeição** *(fechado sábado e domingo)* lista 6700 a 7000 - **5 qto** ⌑ 28000/30000.
AU n

Inca, Praça Coronel Pacheco 52, ⊠ 4050-453, ℘ (22) 208 41 51, hotel.inca@mail.tel epac.pt, Fax (22) 205 47 56 - |❄| ☰ TV - 🏊 25/35. AE ⓞ ⓜ VISA JCB. ✄
Refeição lista aprox. 4450 - **62 qto** ⌑ 14500/15800.
EY r

Beta-Porto, Rua do Amial 601, ⊠ 4200, ℘ (22) 832 50 45, hotelbeta@mail.telepac.pt, Fax (22) 832 52 20, ℗, ⌺ - |❄| ☰ TV ℗ - 🏊 25/100. AE ⓞ ⓜ VISA. ✄
Refeição 3100 - **120 qto** ⌑ 16350/19700, 6 suites.
BU b

Grande H. do Porto, Rua de Santa Catarina 197, ⊠ 4000-450, ℘ (22) 200 81 76, Fax (22) 205 10 61 - |❄| ☰ TV - 🏊 25/150. AE ⓞ ⓜ VISA. ✄
Refeição 3000 - **100 qto** ⌑ 15000/16500.
FY q

Douro sem rest, Rua da Meditação 71, ⊠ 4150-487, ℘ (22) 600 11 22, Fax (22) 600 10 90 - |❄| ☰ TV ⇔ - 🏊 25/30. AE ⓞ ⓜ VISA JCB. ✄
44 qto ⌑ 13500/15000, 1 suite.
BU v

Internacional, Rua do Almada 131, ⊠ 4050, ℘ (22) 200 50 32, Fax (22) 200 90 63 - |❄| ☰ TV - 🏊 25/45. AE ⓞ ⓜ VISA JCB. ✄
EY a
Refeição 2500 - *O Almada* (fechado domingo) **Refeição** lista 2700 a 3700 - **35 qto** ⌑ 12000/14000.

Albergaria Miradouro, Rua da Alegria 598, ⊠ 4000-037, ℘ (22) 537 07 17, alb.m iradouro@teleweb.pt, Fax (22) 537 02 06, ≼ cidade e arredores - |❄| ☰ TV ℗. AE ⓞ ⓜ VISA JCB. ✄ - Refeição - ver rest. **Portucale** - **30 qto** ⌑ 8000/13000.
FX d

Holiday Inn Garden Court sem rest, Praça da Batalha 127, ⊠ 4000, ℘ (22) 339 23 00, info@grupo-continental.com, Fax (22) 200 60 09 - |❄| ☰ TV - 🏊 25/60
118 qto.
FY e

Menfis sem rest, Rua da Firmeza 19, ⊠ 4000-227, ℘ (22) 518 00 03, Fax (22) 510 18 26 - |❄| ☰ TV ⇔. AE ⓜ VISA
24 qto ⌑ 9500/11000, 2 suites.
FY k

São José sem rest, Rua da Alegria 172, ⊠ 4000, ℘ (22) 208 02 61, Fax (22) 332 04 46 - |❄| ☰ TV ⇔. AE ⓞ ⓜ VISA. ✄
43 qto ⌑ 9950/11600.
FY a

Do Vice-Rei sem rest, Rua Júlio Dinis 779, ⊠ 4050-326, ℘ (22) 609 53 71, albergaria.vice rei@netc.pt, Fax (22) 609 26 97 - |❄| ☰ TV - 🏊 25/50. AE ⓞ ⓜ VISA. ✄
55 qto ⌑ 9000/11000.
BV c

Nave, Av. Fernão de Magalhães 247, ⊠ 4300-190, ℘ (22) 589 90 30, Fax (22) 589 90 39 - |❄| ☰ TV ⇔. AE ⓞ ⓜ VISA JCB. ✄
Refeição 2500 - **81 qto** ⌑ 9000/10500.
FXY m

Da Bolsa sem rest, Rua Ferreira Borges 101, ⊠ 4050-253, ℘ (22) 202 67 68, hoteld abolsa@mail.telepac.pt, Fax (22) 205 88 88 - |❄| ☰ TV ⇔. AE ⓞ ⓜ VISA. ✄
36 qto ⌑ 12500/15000.
EZ a

América sem rest, Rua Santa Catarina 1018, ⊠ 4000, ℘ (22) 339 29 30, Fax (22) 208 38 62 - |❄| ☰ TV ⇔. AE ⓞ ⓜ VISA
21 qto ⌑ 7500/9500.
FX g

PORTO

- 🏨 **Antas**, Rua Padre Manuel da Nóbrega 111, ⊠ 4300, ℘ (22) 502 50 00, Fax (22) 550 05 03 – 📳 🍽 📺 ⇔ – 🛁 25/50. 🆎 ⓞ 🆅🅸🆂🅰. ✂
  CU n
  Refeição 2500 – **30 qto** ⌒ 12000/13300 – PA 5000.

- 🏨 **Solar São Gabriel** sem rest, Rua da Alegria 98, ⊠ 4000-033, ℘ (22) 332 39 32, Fax (22) 332 39 57 – 📳 🍽 📺 ⇔. 🆎 ⓞ 🅼🅾 🆅🅸🆂🅰
  FY s
  28 qto ⌒ 6900/8400.

- 🏨 **Rex** sem rest, Praça da República 117, ⊠ 4050-497, ℘ (22) 207 45 90, Fax (22) 207 45 93, « Antiga moradia particular conservando os bonitos tectos originais » – 📳 📺 🅿. 🆎 ⓞ 🅼🅾 🆅🅸🆂🅰. ✂
  EX u
  21 qto ⌒ 7500/9000.

- 🏨 **Brasília** sem rest, Rua Álvares Cabral 221, ⊠ 4050-041, ℘ (22) 208 29 81, Fax (22) 200 65 10, « Antiga casa senhorial » – 🍽 📺. 🆎
  EX f
  12 qto ⌒ 6500/8000.

- 🏨 Malaposta sem rest, Rua da Conceição 80, ⊠ 4000, ℘ (22) 200 62 78, Fax (22) 200 62 95 – 📳 🍽 📺
  EY e
  37 qto.

- XXX **Churrascão do Mar**, Rua João Grave 134, ⊠ 4150-427, ℘ (22) 609 63 82, churrascaodomar@mail.telepac.pt, Fax (22) 600 43 37, « Antiga moradia senhorial » – 🍽 🅿. 🆎 ⓞ 🅼🅾 🆅🅸🆂🅰 🅹🅲🅱. ✂
  BU d
  fechado agosto e domingo – **Refeição** - peixes e mariscos - lista 4140 a 6140.

- XXX **Portucale** - Hotel Albergaria Miradouro, Rua da Alegria 598-13°, ⊠ 4000-037, ℘ (22) 537 07 17, rest.portucale@teleweb.pt, Fax (22) 537 02 06, ≤ cidade e arredores – 📳 🍽 🅿. 🆎 ⓞ 🅼🅾 🆅🅸🆂🅰 🅹🅲🅱. ✂
  FX d
  Refeição lista 5800 a 10400.

- XX **Bull Bear**, Av. da Boavista 3431, ⊠ 4100-017, ℘ (22) 610 76 69, Fax (22) 610 95 36 – 🍽. 🆎 ⓞ 🅼🅾 🆅🅸🆂🅰. ✂
  AU d
  fechado sábado meio-dia e domingo – **Refeição** lista aprox. 6500.

- XX **Lider**, Alameda Eça de Queiroz 126, ⊠ 4200, ℘ (22) 502 00 89, Fax (22) 502 70 02 – 🍽. 🆎 ⓞ 🅼🅾 🆅🅸🆂🅰. ✂
  CU r
  Refeição lista 4200 a 5300.

- XX **O Escondidinho**, Rua Passos Manuel 144, ⊠ 4000, ℘ (22) 200 10 79, Fax (22) 200 10 79, « Decoração regional » – 🍽. 🆎 ⓞ 🅼🅾 🆅🅸🆂🅰 🅹🅲🅱. ✂
  FY n
  fechado domingo – **Refeição** lista 4950 a 6750.

- XX **Churrascão Gaúcho**, Av. da Boavista 313, ⊠ 4050, ℘ (22) 609 17 38, churrascaodomar@mail.todopac.pt, Fax (22) 600 43 37 – 🍽. 🆎 ⓞ 🅼🅾 🆅🅸🆂🅰 🅹🅲🅱. ✂
  BU t
  fechado agosto e domingo – **Refeição** lista 2420 a 5520.

- XX **D. Tonho**, Cais da Ribeira 9, ⊠ 4050, ℘ (22) 200 43 07, porto@dtonho.com, Fax (22) 208 57 91 – 🍽. 🆎 ⓞ 🅼🅾 🆅🅸🆂🅰
  EZ e
  Refeição lista 4000 a 5850.

- XX **Chinês**, Av. Vimara Peres 38, ⊠ 4000, ℘ (22) 200 89 15, Fax (22) 200 90 82 – 🍽. 🆎 ⓞ 🅼🅾 🆅🅸🆂🅰 🅹🅲🅱. ✂
  EZ y
  Refeição - rest. chinês - lista 1900 a 3900.

- XX **King Long**, Largo Dr. Tito Fontes 115, ⊠ 4000, ℘ (22) 205 39 88, Fax (22) 606 64 44 – 🍽. 🆎 🅼🅾 🆅🅸🆂🅰. ✂
  EX p
  Refeição - rest. chinês - lista 2080 a 4000.

- XX **Mesa Antiga**, Rua de Santo Ildefonso 208, ⊠ 4000, ℘ (22) 200 64 32 – 🍽. 🆎 🅼🅾 🆅🅸🆂🅰. ✂
  FY x
  fechado do 1 ao 15 de outubro e domingo – **Refeição** lista aprox. 5200.

- XX Di Vino, Rua de Pinheiro Manso 364, ⊠ 4100, ℘ (22) 618 94 55, Fax (22) 617 56 09 – 🍽
  AU c

- X **Cosa Rio**, Rua de São Francisco 8, ⊠ 4050-548, ℘ (22) 200 07 12 – 🆅🅸🆂🅰. ✂
  EZ v
  fechado do 1 ao 15 de agosto, sábado meio-dia e domingo – **Refeição** lista 3300 a 5300.

- X **Aquário Marisqueiro**, Rua Rodrigues Sampaio 179, ⊠ 4000, ℘ (22) 200 22 31, Fax (22) 200 22 31 – 🍽. 🅼🅾 🆅🅸🆂🅰. ✂
  EY n
  fechado domingo – **Refeição** lista aprox. 4700.

- X **Dom Castro**, Rua do Bonjardim 1078, ⊠ 4000-122, ℘ (22) 205 11 19, « Taberna regional » – ✂
  FX t
  fechado agosto e domingo – **Refeição** lista aprox. 3200.

- X **Toscano**, Rua Dr. Carlos Cal Brandão 22, ⊠ 4050, ℘ (22) 609 24 30, Fax (22) 600 22 53 – 🍽. 🆎 ⓞ 🆅🅸🆂🅰. ✂
  DX f
  fechado outubro e domingo – **Refeição** - cozinha italiana - lista 3300 a 4800.

PORTO

em Águas Santas na autoestrada A 4 – ✉ 4445 Ermesinde :

🏨 **Pransor Águas Santas** sem rest. com self-service, Área de serviço de Águas Santas, direcção Amarante, ✉ 4470 apartado 1146 Maia, ✆ (22) 975 76 78, Fax (22) 975 76 83 – 🍽 TV & 🅿 AE ⦿ VISA. ※
750 – **13 qto** 6700/7800.
CU a

🏨 **Pransor Águas Santas** sem rest. com self-service, Área de serviço de Águas Santas, direcção Porto, ✉ 4470 apartado 1146 Maia, ✆ (22) 975 76 69, Fax (22) 975 76 73 – 🍽 TV & 🅿 AE ⦿ VISA. ※
750 – **30 qto** 6700/7800.
CU a

na Foz do Douro – ✉ 4100 Porto :

🏨 **Boa Vista**, Esplanada do Castelo 58 ✆ (22) 618 00 83, Fax (22) 617 38 18 – |‡| 🍽 TV – 🛁 25/55. AE ⦿ ⦿ VISA. ※
Refeição (fechado domingo) 2500 – **39 qto** ⇋ 13950/15550 – PA 5000.
AV e

🏨 **Portofoz** sem rest, Rua do Farol 155-3º ✆ (22) 617 23 57, Fax (22) 617 08 87 – |‡| TV. AE ⦿ ⦿ VISA JCB. ※
19 qto ⇋ 12000/13000.
AV r

※※※ **Don Manoel**, Av. Montevideu 384 ✆ (22) 617 01 79, Fax (22) 610 44 37, ≤, « Instalado num antigo palacete » – 🍽 🅿 AE ⦿ ⦿ VISA JCB. ※
fechado do 12 ao 26 de agosto e domingo – **Refeição** lista 7500 a 8900.
AU e

※※ **O Bule**, Rua do Timor 128 ✆ (22) 618 87 77, « Terraço junto do jardim », 🌿 – 🅿 AE ⦿ ⦿ VISA. ※ – fechado do 1 ao 15 de agosto – **Refeição** lista 4900 a 6650.
AU g

em Matosinhos – ✉ 4450 Matosinhos :

🏨 **Amadeos** sem rest, Rua Conde Alto Mearim 1229, ✉ 4450-036, ✆ (22) 939 97 00, hotelamadeos@email.pt, Fax (22) 939 97 19 – |‡| 🍽 TV & AE ⦿ ⦿ VISA JCB AU u
50 qto ⇋ 11500/13500.

※※ **Esplanada Marisqueira Antiga**, Rua Roberto Ivens 628 ✆ (22) 938 06 60, Fax (22) 937 89 12, Viveiro próprio – 🍽 AE ⦿ ⦿ VISA JCB
AU v
fechado 2ª feira – **Refeição** - peixes e mariscos - lista 4200 a 5200.

※ **O Gaveto** com snack-bar, Rua Roberto Ivens 826 ✆ (22) 937 87 96, gaveto@mail.pt, Fax (22) 938 38 12 – 🍽. AE ⦿ ⦿ VISA JCB
AU a
fechado 3ª feira – **Refeição** lista aprox. 5500.

※ **Marujo** com snack-bar, Rua Tomaz Ribeiro 284 ✆ (22) 938 37 32, Fax (22) 937 07 81 – 🍽. AE ⦿ ⦿ VISA. ※ – fechado 3ª feira – **Refeição** lista 3450 a 7700.
AU v

PORTO ALTO Santarém 940 P 3 – ✉ 2135 Samora Correia.
Lisboa 45 – Évora 109 – Santarém 53 – Setúbal 54.

🏨 **Albergaria S. Lourenço** sem rest, Estrada N 10/10-5 ✆ (263) 65 44 47, Fax (263) 65 46 94 – |‡| 🍽 TV & 🅿 AE ⦿ ⦿ VISA. ※ – **48 qto** ⇋ 9000/10500.

PORTO ANTIGO Viseu – ver Cinfães.

PORTO MONIZ Madeira – ver Madeira (Arquipélago da).

PORTO SANTO Madeira – ver Madeira (Arquipélago da).

PÓVOA DAS QUARTAS Coimbra – ver Oliveira do Hospital.

PÓVOA DE LANHOSO 4830 Braga 940 H 5.
Lisboa 375 – Braga 19 – Caldelas 24 – Guimarães 21 – Porto 68 – Viana do Castelo 69.

※ **El Gaucho**, Av. 25 de Abril 207-11º ✆ (253) 63 11 44, ≤, 🍴 – |‡|. AE ⦿ ⦿ VISA
fechado do 1 ao 15 de outubro e 3ª feira – **Refeição** lista 4100 a 5000.

PÓVOA DE VARZIM 4490 Porto 940 H 3 – 23 851 h. – Praia.
Ver : O bairro dos pescadores★ AZ.
Arred. : Rio Mau : Igreja de S. Cristóvão (capitéis★) por ② : 12 km.
🛈 Praça Marquês de Pombal ✆ (252) 29 81 20 Fax (252) 61 78 72.
Lisboa 348 ② – Braga 40 ① – Porto 31 ②.

Plano página seguinte

🏨 **Novotel Vermar**, Rua Alto de Martim Vaz ✆ (252) 29 89 00, h2124@accor-hotels.com, Fax (252) 29 89 01, ≤, 🏊, ※, – |‡| 🍽 TV 🛌 🅿 – 🛁 25/700. AE ⦿ ⦿ VISA. ※ rest AY s
Refeição 3100 – ⇋ 1300 – **196 qto** 14500, 12 suites.

PÓVOA DE VARZIM

A. da Silveira (R.) . . . . **BZ** 3	Dr Alberto Pimentel (R.) . . **BY** 24	Marquês de Pombal (Praça) . **BZ** 46
Alberto Sampaio (R.) . . . . . **BY** 4	Dr Armindo Graça (R. do) . **AY** 25	Mousinho
Alegre (Passeio) . . . . **AZ** 6	Dr D. Alves (Largo) . . . . . . **AZ** 26	de Albuquerque (Av.) . . **ABYZ** 47
Alegria (R.) . . . . **AZ** 7	Dr José Pontes (Largo) . . . **AY** 27	Pereira Azurar (R.) . . . . **BZ** 50
Almeida Brandão (R.) . . . . **AY** 8	Dr Josué Trocado (R.) . . . . **BY** 29	Ramalho Ortigão (R.) . . . . . **BY** 51
Casa dos Poveiros do Rio (R.) **AY** 13	Elísio da Nova (Largo) . . . . **BZ** 31	Rocha Peixoto (R.) . . . . **BZ** 53
Caverneira (R. da) . . . . **BZ** 14	Gomes de Amorim (R.) . . **ABYZ** 33	S. Pedro (R. de) . . . . **BZ** 55
Cidade do Porto (R.) . . . . . **BZ** 15	Igreja (R. da) . . . . **BZ** 34	Tenente Valadim (R.) . . . . . **AZ** 56
Comendador Francisco	Imprensa Regional (R. da) . **AY** 36	Varzim S. Clube (R. do) . . . **AY** 58
A. Quintas (R. do) . . . . . **BY** 18	José Malgueira (R.) . . . . . . **AZ** 40	Vasco de Gama (Av.) . . . . . **AY** 60
Cons. Abel Andrade (R.) . . **BY** 19	Junqueira (R. da) . . . . **BZ** 41	Visconde (R. do) . . . . **BZ** 61
Coronel Oudinot (R.) . . . . . **BZ** 21	Latino Coelho (R.) . . . . **AY** 43	5 de Outubro (Praça) . . . . . **AY** 63
Descobrimentos (Av. dos) . **AZ** 22	Manuel Silva (R.) . . . . **BZ** 44	31 de Janeiro (R.) . . . . **BZ** 65

PÓVOA DE VARZIM

- 🏨 **Luso-Brasileiro** sem rest, Rua dos Cafés 16, ℘ (252) 69 07 10, Fax (252) 69 07 19 – 🛗 ▤ 📺 – 🎿 25/50 AZ r
  62 qto.

- 🏨 **Costa Verde** sem rest, Av. Vasco da Gama 56, ℘ (252) 29 86 00, Fax (252) 29 86 09 – 🛗 📺, 🆎 ① ⓜ VISA. ※ AY e
  57 qto ⮂ 8800/11300.

- 🏨 **Gett** sem rest, Av. Mouzinho de Albuquerque 54, ℘ (252) 68 32 22, Fax (252) 61 72 95 – 🛗 📺. 🆎 ① ⓜ VISA JCB. ※ AZ n
  22 qto ⮂ 10000.

- 🏨 **Avô Velino** sem rest, Av. Vasco da Gama, ℘ (252) 68 16 28 – 📺 AY b
  10 qto.

- 🍴 **O Pátio**, Av. Vasco da Gama (Edifício Rio), ⌧ 4490-410, ℘ (252) 68 43 25 – ▤. 🆎 ① ⓜ VISA. ※ AY m
  Refeição lista 3500 a 4500.

pela estrada N 13 AY – ⌧ 4490 Póvoa de Varzim :

- 🏨 **Estalagem Santo André** 🌸, Aguçadoura - Norte : 5 km, ℘ (252) 61 56 66, Fax (252) 61 58 66, ≤, ⛱, – ▤ rest, 📺 🅿. 🆎 ① ⓜ VISA. ※
  Refeição 2600 – **46 qto** ⮂ 15500/17000, 4 suites.

- 🏨 **Torre Mar** sem rest, Norte : 2,3 km, ℘ (252) 29 86 70, hotel.torre.mar@mail.telepac.pt, Fax (252) 29 86 79 – 🛗 ▤ 📺 ⇌ 🅿. 🆎 ① ⓜ VISA. ※
  31 qto ⮂ 8100/11000.

- 🏨 **Contriz**, Norte : 9 km, ℘ (252) 60 10 19, Fax (252) 60 10 19 – 🛗, ▤ rest, 📺 🅿 – 🎿 25/300. 🆎 ① ⓜ VISA. ※
  Refeição (fechado janeiro e 2ª feira) 2800 – **21 qto** ⮂ 6500/8500, 2 suites.

- 🍴🍴 **O Marinheiro**, Norte : 2 km, ⌧ 4490-091, ℘ (252) 68 21 51, Fax (252) 68 21 52, « Imitação dum barco » – ▤ 🅿. 🆎 ① ⓜ VISA. ※
  Refeição - peixes e mariscos - lista 3700 a 5740.

PRAIA AZUL Lisboa – ver Silveira.

PRAIA GRANDE Lisboa – ver Colares.

PRAIA DA AGUDA Porto 940 I 4 – ⌧ 4405 Valadares – Praia.
Lisboa 303 – Porto 16.

- 🍴🍴 **Dulcemar,** Av. Gomes Guerra 960, ℘ (22) 762 40 77, Fax (22) 762 78 24 – ▤. 🆎 ① ⓜ VISA
  fechado 4ª feira – **Refeição** lista 3350 a 6400.

PRAIA DA AREIA BRANCA Lisboa 940 O 1 – ⌧ 2530 Lourinhã – Praia.
🛈 Praia da Areia Branca ℘ (261) 42 21 67 Fax (261) 41 20 82.
Lisboa 77 – Leiria 91 – Santarém 78.

- 🏨 Estalagem **Areia Branca** 🌸, ℘ (261) 41 24 91, Fax (261) 41 31 43, ≤, ⛱ – 🛗 📺 🅿 – 🎿 25/70 – **31 qto**.

- ⛱ **Dom Lourenço**, ℘ (261) 42 28 09, Fax (261) 47 11 82 – ▤ rest, 📺 🅿. 🆎 ⓜ VISA. ※
  Refeição (fechado do 1 ao 15 de maio e do 1 ao 15 de novembro) 2500 – **11 qto** ⮂ 5000/6500, 7 apartamentos – PA 4000.

PRAIA DA BARRA Aveiro – ver Aveiro.

PRAIA DA FALÉSIA Faro – ver Albufeira.

PRAIA DA GALÉ Faro – ver Albufeira.

PRAIA DA ROCHA Faro – ver Portimão.

PRAIA DA SALEMA Faro – ver Budens.

PRAIA DA VIEIRA Leiria 940 M 3 – ⌧ 2430 Marinha Grande – Praia.
Lisboa 152 – Coimbra 95 – Leiria 24.

- 🏨 **Cristal Vieira Praia**, Av. Marginal, ⌧ 2430-696, ℘ (244) 69 79 00, hoteiscristal@hoteiscristal.com, Fax (244) 69 52 11, ≤ – 🛗 ▤ 📺 ⇌ – 🎿 25/150. 🆎 ① ⓜ VISA JCB
  Refeição 2400 – **35 qto** ⮂ 11000/14000, 1 suite.

PRAIA DA VIEIRA

🏨 Ouro Verde 🍽 sem rest, Rua D. Dinis 📞 (244) 69 71 56, Fax (244) 69 59 31 – 📶 📺 🅿
32 qto.

🏨 Estrela do Mar sem rest, Rua José Loureiro Botas 18 📞 (244) 69 57 62, Fax (244) 69 54 04, ≤ – 📶 📺 ♿ – **24 qto.**

PRAIA DAS MAÇÁS Lisboa 940 P 1 – 606 h. – ✉ 2710 Sintra – Praia.
Lisboa 38 – Sintra 10.

🏨 **Océano**, Av. Eugenio Levy 52 📞 (21) 929 23 99, Fax (21) 929 21 23, ≤, 🍴 – 📺 🅿 AE ① ⓜ VISA. ℠ rest
fechado novembro – **Refeição** (fechado 3ª feira) lista 2950 a 6650 – **26 qto** ⌂ 20000/25000.

PRAIA DE ALVOR Faro – ver Portimão.

PRAIA DE DONA ANA Faro – ver Lagos.

PRAIA DE FARO Faro – ver Faro.

PRAIA DE LAVADORES Porto – ver Vila Nova de Gaia.

PRAIA DE OFIR Braga – ver Fão.

PRAIA DO CARVOEIRO Faro – ver Lagoa.

PRAIA DO GUINCHO Lisboa – ver Cascais.

PRAIA DO PROTO DE MÓS Faro – ver Lagos.

PRAIA DO PORTO NOVO Lisboa – ver Vimeiro (Termas do).

PRAIA DO VAU Faro – ver Portimão.

PRAIA DOS TRES IRMÃOS Faro – ver Portimão.

PRAZERES Madeira – ver Madeira (Arquipélago da).

QUARTEIRA 8125 Faro 940 U 5 – 8 905 h. – Praia.
⛳ Vila Sol (Vilamoura), Noroeste : 6 km 📞 (289) 30 05 05 – ⛳ ⛳ ⛳ Laguna Golf Cost (Vilamoura), Noroeste : 6 km 📞 (289) 31 01 80 – ⛳ Pinhal Golf Cost (Vilamoura), Noroeste : 6 km 📞 (289) 31 03 90 – ⛳ Old Cost (Vilamoura), Noroeste : 6 km 📞 (289) 31 03 41.
🛈 Praça do Mar 📞 (289) 38 92 09.
Lisboa 308 – Faro 22.

🏨 **Atis**, Av. Dr. Francisco Sá Carneiro 📞 (289) 38 97 71, Fax (289) 38 97 74, 🏊 – 📶 ☰ 📺. AE ① ⓜ VISA. ℠
Refeição 2000 – **89 qto** ⌂ 11000/14800 – PA 4000.

🏨 **Zodíaco**, Estrada de Almancil 📞 (289) 38 14 20, Fax (289) 38 14 25, 🏊, ℠ – 📶 ☰ 📺 🅿 AE ① ⓜ VISA. ℠
Refeição 1900 – **60 qto** ⌂ 14000.

🏨 **Claudiana** sem rest, Rua Torre de Água 📞 (289) 30 03 40, Fax (289) 30 03 41, 🏊 – 📺 ♿ 🅿 AE ① ⓜ VISA JCB. ℠
24 qto ⌂ 7500/11000.

✕ **Alphonso's**, Rua Abertura Mar 📞 (289) 31 46 14, 🍴 – ☰. AE ① ⓜ VISA. ℠
Refeição lista 2940 a 4750.

✕ Cataplana, Av. Infante de Sagres 107 📞 (289) 38 86 63, 🍴.

em Vilamoura – ✉ 8125 Quarteira :

🏨 **Vilamoura Marinotel** 🍽, Oeste : 3,5 km 📞 (289) 38 99 88, marinotel@mail.telepac.pt, Fax (289) 38 98 69, ≤, 🍴, 🧖, 🏊, 🏖, 🎾, ℠ – 📶 ☰ 📺 ♿ 🅿 – 🛎 25/1200. AE ① ⓜ VISA. ℠
Refeição 6000 - **Grill Sirius** (só jantar) **Refeição** lista 6500 a 8800 – **378 qto** ⌂ 45100/55650, 21 suites.

155

QUARTEIRA

- **Atlantis Vilamoura**, Oeste : 3 km ℰ (289) 38 99 77, hav.diretor@virtual-net.pt, Fax (289) 38 99 62, ≤, 🍴, « Relvado repousante com 🏊 », ▮⑥, 🎾 - ▮≡ 📺 ⚓
  🅿 - 🛁 25/350. 🆎 ⓞ ⓜⓔ 💳. ⅍
  Refeição 4000 − **290 qto** ⚏ 29400/39300, 20 suites.

- **Vila Galé Marina**, Oeste : 3 km, ✉ 8125-401, ℰ (289) 30 00 00, vilagalemarina@mail.telepac.pt, Fax (289) 30 00 50, ≤, 🍴, 🛋, 🏊, ▮⑥ - ▮≡ 📺 ⚓ ⇔ - 🛁 25/90. 🆎 ⓞ ⓜⓔ 💳. ⅍
  Refeição 3850 − **229 qto** ⚏ 25000/29250, 14 suites.

- **Dom Pedro Golf**, Oeste : 3 km, ✉ 8125-478, ℰ (289) 30 07 00, dp.marina@mail.telepac.pt, Fax (289) 30 07 01, ≤, 🍴, « Relvado repousante com 🏊 », 🎾 - ▮≡ 📺
  🅿 - 🛁 25/600. 🆎 ⓞ ⓜⓔ 💳 JCB. ⅍
  Refeição 3250 − **257 qto** ⚏ 30400/38000, 4 suites.

- **Dom Pedro Marina**, Oeste : 3,5 km, ✉ 8125-410, ℰ (289) 38 10 00, dp.marina@mail.telepac.pt, Fax (289) 38 10 01, ≤, 🍴, 🏊 - ▮≡ 📺 🅿 - 🛁 25/100. 🆎 ⓞ ⓜⓔ 💳. ⅍
  Refeição 3250 − **101 qto** ⚏ 30400/38000, 54 suites.

- Dom Miguel, Av. da Marina - Edifício Via Marina, Loja 11 - Oeste : 3 km ℰ (289) 30 18 21 − ≡
  Refeição - só jantar.

- Casa da Madeira, Edifício Delta Marina - Oeste : 2,5 km ℰ (289) 30 17 54, Fax (289) 30 17 54, 🍴 − ≡
  Refeição - só jantar.

QUATRO ÁGUAS Faro − ver Tavira.

QUELUZ 2745 Lisboa 𝟵𝟰𝟬 P 2 − 47 864 h. alt. 125.
   Ver : Palácio Nacional de Queluz★★ (sala do trono★) − Jardins do Palácio (escada dos Leões★).
   Lisboa 15 − Sintra 15.

- **Pousada de D. Maria I**, Largo do Palácio, ✉ 2745-191, ℰ (21) 435 61 58, enatur@mail.telepac.pt, Fax (21) 435 61 89, « Belo palacete » - ▮≡ 📺 ⚓ 🅿 - 🛁 25/60. 🆎 ⓞ ⓜⓔ 💳. ⅍
  Refeição - ver rest. **Cozinha Velha** − **24 qto** ⚏ 29800/31900, 2 suites.

- **Cozinha Velha** − Hotel Pousada de D. Maria I, Largo do Palácio, ✉ 2745-191, ℰ (21) 435 61 58, Fax (21) 435 61 89, 🍴, « Instalado nas antigas cozinhas do palácio » − ≡ 🅿. 🆎 ⓞ ⓜⓔ 💳. ⅍
  Refeição lista 5000 a 6500.

em Tercena Oeste : 4 km − ✉ 2745-659 Barcarena :

- **O Parreirinha**, Av. Santo António 5 ℰ (21) 437 93 11, Fax (21) 439 33 30 − ≡. 🆎 ⓜⓔ 💳. ⅍
  fechado agosto e domingo − Refeição lista aprox. 4700.

QUINTA DO ANJO Setúbal − ver Palmela.

QUINTA DO LAGO Faro − ver Almancil.

QUINTAS DO SIROL Leiria − ver Leiria.

REDONDO 7170 Évora 𝟵𝟰𝟬 Q 7 − 3 623 h. alt. 306.
   🛈 Praça da República ℰ (266) 98 92 10 Fax (266) 90 90 39.
   Lisboa 179 − Badajoz 69 − Estremoz 27 − Évora 34.

em Aldeia da Serra Norte : 10 km − ✉ 7170 Redondo :

- **Convento de São Paulo**, Estrada N 381, ✉ 7170-120, ℰ (266) 98 91 60, hotelconvspaulo@mail.telepac.pt, Fax (266) 99 91 04, ≤, « Antigo convento », 🏊, 🎾 - ▮≡ 📺 🅿 − 🛁 25/100. 🆎 ⓞ ⓜⓔ 💳. ⅍
  Refeição lista aprox. 4600 − **23 qto** ⚏ 31000/36000.

REGUENGOS DE MONSARAZ 7200 Évora 𝟵𝟰𝟬 Q 7 − 6 404 h.
   Lisboa 169 − Badajoz 94 − Beja 85 − Évora 39 − Portalegre 124.

ao Sudeste : 6 km − ✉ 7200 Reguengos de Monsaraz :

- **Herdade do Esporão**, ℰ (266) 50 92 80, enotur@esporao.com, Fax (266) 51 97 53, « Conjunto regional numa extensa área de vinhas com barragem ao fundo » − ≡ 🅿. 🆎 ⓞ ⓜⓔ 💳. ⅍ − fechado 25 dezembro-1 janeiro − Refeição - só almoço - lista 4850 a 6930.

RIBAMAR Lisboa 940 O 1 – ⊠ 2640 Mafra – Praia.
Lisboa 55 – Santarém 92 – Sintra 20 – Torres Vedras 22.

- ※ **Viveiros do Atlântico,** Estrada N 247, ⊠ 2640-027, ✆ (261) 86 03 00, viveiros.atlantico@mail.telepac.pt, Fax (261) 86 03 09, ≤, 🍴, Viveiro próprio – 🅿, 🆎 ①, ⓜⓞ 𝗩𝗜𝗦𝗔. ※
fechado outubro, 2ª feira noite e 3ª feira – **Refeição** - mariscos - lista aprox. 5200.

RIBEIRA BRAVA Madeira – ver Madeira (Arquipélago da).

RIBEIRA DE SÃO JOÃO Santarém – ver Rio Maior.

RIO DE MOINHOS Santarém 940 N 5 – 1 882 h. – ⊠ 2200 Abrantes.
Lisboa 137 – Portalegre 88 – Santarém 69.

- ※ **Cristina,** Estrada N 3 ✆ (241) 88 11 77, Fax (241) 88 13 43 – 🍽 🅿. 🆎 ⓜⓞ 𝗩𝗜𝗦𝗔. ※
fechado agosto e 2ª feira – **Refeição** lista 2800 a 4100.

RIO MAIOR 2040 Santarém 940 N 3 – 6 686 h.
Lisboa 77 – Leiria 50 – Santarém 31.

- 🏨 **R M** sem rest, Rua Dr. Francisco Barbosa ✆ (243) 99 60 87, Fax (243) 99 60 88 – 🛗 🍽 📺. ※
36 qto ⊑ 6000/9000.

- 🏨 **Casa do Foral** sem rest, Rua da Boavista 10 ✆ (243) 99 26 10, moinhoforal@hotmail.com, Fax (243) 99 26 11, « Casa de traça rústica com 🏊 » – 📺. 🆎 ① ⓜⓞ 𝗩𝗜𝗦𝗔
8 qto ⊑ 9500/11500.

- ※ **Adega da Raposa,** Travessa da Estalagem ✆ (243) 99 51 66 – 🍽. 🆎 ⓜⓞ 𝗩𝗜𝗦𝗔. ※
fechado do 1 ao 15 de agosto e domingo noite – **Refeição** lista aprox. 3800.

no Alto da Serra Noroeste : 4,5 km – ⊠ 2040 Rio Maior :

- ※ **Cantinho da Serra,** Antiga Estrada N 1, ⊠ 2040-200, ✆ (243) 99 13 67, Fax (243) 99 13 67, « Rest. típico » – 🍽. 🆎 ① ⓜⓞ 𝗩𝗜𝗦𝗔
fechado julho e 2ª feira – **Refeição** lista 3000 a 4500.

em Ribeira de São João Sudeste : 7,5 km – ⊠ 2040 Rio Maior :

- 🏨 **Quinta da Ferraria** ♨, Estrada N 114 ✆ (243) 94 50 01, Fax (243) 94 56 96, « Antigo moinho de água e museu rural », 🏊, 🎾 – 🍽 📺 🅿 – 🏛 25/200. 🆎 ① ⓜⓞ 𝗩𝗜𝗦𝗔. ※
Refeição 4000 – **12 qto** ⊑ 16100/19200, 2 apartamentos – PA 8000.

em Outeiro da Cortiçada Este : 14 km – ⊠ 2040 Rio Maior :

- 🏨 **Quinta da Cortiçada** ♨, ✆ (243) 47 00 00, Fax (243) 47 00 09, « Requintadas instalações numa bela quinta », 🏊, 🎾, ※ – 🍽 🅿 – 🏛 25/120. 🆎 ① ⓜⓞ 𝗩𝗜𝗦𝗔. ※
Refeição 4000 – **9 qto** ⊑ 19800/22200 – PA 8000.

RIO MAU Porto – ver Entre-os-Rios

ROMEU Bragança 940 H 8 – 936 h. – ⊠ 5370 Mirandela.
Lisboa 467 – Bragança 59 – Vila Real 85.

- ※ **Maria Rita,** Rua da Capela ✆ (278) 93 91 34, Fax (278) 93 91 34, « Decoração rústica regional » – 🍽. ⓜⓞ 𝗩𝗜𝗦𝗔 – fechado 2ª feira e 4ª feira ao jantar – **Refeição** lista 2450 a 3200.

SABROSA 5060 Vila Real 940 I 7.
Lisboa 419 – Braga 115 – Bragança 115 – Vila Real 20 – Viseu 114.

- 🏨 **Quality Inn Sabrosa,** Av. Dos Combatentes da Grande Guerra ✆ (259) 93 02 40, quality.douro@mail.telepac.pt, Fax (259) 93 02 60, 🏊, 🛗 🍽 📺 ♿ – 🏛 25/70. 🆎 ① ⓜⓞ 𝗩𝗜𝗦𝗔 𝗝𝗖𝗕. ※
Refeição lista aprox. 3200 – **49 qto** ⊑ 10500/13500, 1 suite.

SABUGO 2715 Lisboa 940 P 2.
Lisboa 26 – Sintra 14.

em Vale de Lobos Sudeste : 1,7 km – ⊠ 2715-415 Sabugo :

- 🏨 Vale de Lobos ♨, ✆ (21) 962 64 00, Fax (21) 962 64 15, ≤, 🎾, ※ – 🛗, 🍽 rest, 📺 🅿 – 🏛 25/400 – **52 qto.**

SAGRES Faro 940 U 3 – 2 032 h. – ⊠ 8650 Vila do Bispo – Praia.
Arred.: Ponta de Sagres★★★ Sudoeste : 1,5 km – Cabo de São Vicente★★★ (≤★★).
🛈 Rua Comandante Matoso ℘ (282) 62 48 73.
Lisboa 286 – Faro 113 – Lagos 33.

🏛 **Pousada do Infante**, ℘ (282) 62 42 22, enatur@mail.telepac.pt, Fax (282) 62 42 25, ≤ falésias e mar, 🌳, ⌇, ※ – ■ rest, 📺 🅿 – 🛋 25/40. AE ① ⓜ VISA. ⋙
Refeição lista 3400 a 6350 – **39 qto** ⌂ 25300/26900.

🏨 Aparthotel Navigator 🌀 sem rest, Rua Infante D. Henrique ℘ (282) 62 43 54, Fax (282) 62 43 60, ≤, ⌇ – |‡| ■ 📺 ⇔ 🅿
56 apartamentos.

🏨 **Baleeira** 🌀, ⊠ 8650-357, ℘ (282) 62 42 12, hotel.baleeira@mail.telepac.pt, Fax (282) 62 44 25, ≤ falésias e mar, 🌳, ⌇, ※ – ■ rest, 📺 🅿 AE ① ⓜ VISA. ⋙ rest
Refeição 3000 – **120 qto** ⌂ 17100/20900 – PA 6000.

🏠 **D. Henrique** sem rest, Praça da República ℘ (282) 62 00 00, Fax (282) 62 00 01 – 📺. ⓜ VISA. ⋙
18 qto ⌂ 14000/15500.

na estrada do Cabo São Vicente Noroeste : 5 km – ⊠ 8650 Vila do Bispo :

✕ **Fortaleza do Beliche** 🌀 com qto, ℘ (282) 62 41 24, Fax (282) 62 42 25, « Instalado numa fortaleza sobre uma falésia dominando o mar » – ■ qto,. AE ① ⓜ VISA. ⋙
fechado 20 novembro-20 janeiro – **Refeição** lista aprox. 3700 – **4 qto** ⌂ 14700/16300.

SANGALHOS Aveiro 940 K 4 – 4 067 h. – ⊠ 3780 Anadia.
Lisboa 234 – Aveiro 25 – Coimbra 32.

🏨 **Estalagem Sangalhos** 🌀, ℘ (234) 74 36 48, Fax (234) 74 32 74, ≤ vale e montanha, 🌳, ⌇, ※ – ■ 📺 ♿ 🅿 – 🛋 25/150. AE ① ⓜ VISA. ⋙
Refeição lista 2650 a 4800 – **32 qto** ⌂ 8500/12500.

SANTA BÁRBARA DE NEXE Faro – ver Faro.

SANTA CLARA-A-VELHA 7665 Beja 940 T 4.
Lisboa 219 – Beja 110 – Faro 92 – Portimão 56 – Sines 86.

na barragem de Santa Clara Este : 5,5 km – ⊠ 7665-879 Santa Clara-A-Velha :

🏛 **Pousada de Santa Clara** 🌀, ℘ (283) 88 22 50, enatur@mail.telepac.pt, Fax (283) 88 24 02, ≤ barragem e montanhas, 🌳, ⌇ – |‡| ■ 📺 ♿ 🅿. AE ① ⓜ. ⋙
Refeição lista aprox. 5100 – **18 qto** ⌂ 23500/25100, 1 suite.

SANTA LUZIA Viana do Castelo – ver Viana do Castelo.

SANTA MARIA DA FEIRA 4520 Aveiro 940 J 4 – 4 877 h. alt. 125.
Ver : Castelo★.
🛈 Rua dos Descobrimentos ℘ (256) 37 20 32 e Praça da República ℘ (256) 37 08 00 Fax (256) 37 08 01.
Lisboa 291 – Aveiro 47 – Coimbra 91 – *Porto* 31.

🏨 **Novacruz** sem rest, Rua S. Paulo da Cruz ℘ (256) 37 23 11, Fax (256) 37 23 16 – |‡| ■ 📺 ♿ 🅿 – 🛋 25/130. AE ① ⓜ VISA. ⋙
60 qto ⌂ 10500/12500, 5 suites.

pela estrada N 223 Oeste : 4 km – ⊠ 4520 Santa Maria da Feira :

🏠 **Ibis Porto Sul Europarque** 🌀, Europarque ℘ (256) 33 25 07, Fax (256) 33 25 09, ⌇ – |‡| 📺 ♿ 🅿 – 🛋 25/60. AE ① ⓜ VISA. ⋙ rest
Refeição 1350 – ⌂ 800 – **63 qto** 6700.

na estrada N 1 – ⊠ 4520 Santa Maria da Feira :

🏨 **Pedra Bela**, Nordeste : 5 km ℘ (256) 91 03 50, pedrabela@mail.telepac.pt, Fax (256) 91 03 51, 🛁, ⌇, ※ – |‡| 📺 ⇔ 🅿. AE ⓜ VISA
Refeição - ver rest. **Pedra Bela** – **50 qto** ⌂ 6500/8000.

✕ **Pedra Bela** - Hotel Pedra Bela, Nordeste : 5 km, ⊠ 4520-506, ℘ (256) 91 13 38, pedrabela@mail.telepac.pt, Fax (256) 91 03 51 – ■ 🅿. AE ① ⓜ VISA. ⋙
Refeição lista aprox. 3500.

✕ **Tigre** com snack-bar, Lugar de Albarrada - São João de Ver, Nordeste : 5,5 km ℘ (256) 31 22 04, Fax (256) 31 28 28 – ■ 🅿. AE ① ⓜ VISA. ⋙
Refeição - mariscos - lista 2400 a 4150.

SANTA MARTA DE PENAGUIÃO 5030 Vila Real 940 I 6.
Lisboa 400 – Peso da Régua 6 – Braga 95 – Porto 93 – Vila Real 17.

 Oásis, Estrada N 2 ☏ (254) 915 32 – TV
 12 qto.

SANTA MARTA DE PORTUZELO Viana do Castelo – ver Viana do Castelo.

SANTANA Madeira – ver Madeira (Arquipélago da).

SANTANA Setúbal – ver Sesimbra.

SANTARÉM 2000 P 940 O 3 – 28 547 h. alt. 103.
 Ver : Miradouro de São Bento★ ※★ B – Igreja de São João de Alporão (Museu Arqueológico★) B – Igreja da Graça★ B.
 Arred. : Alpiarça : Casa dos Pátudos★ (tapeçarias★, faianças e porcelanas★) 10 km por ②.
 ᴅ Campo Infante da Câmara (Casa do Campino) ✉ 2000-014 ☏ (243) 33 03 30 Fax (043) 33 03 40 e Rua Capelo Ivens 63 ✉ 2000-039 ☏ (243) 39 15 12 Fax (243) 33 36 43.
 Lisboa 78 ③ – Évora 115 ② – Faro 330 ② – Portalegre 158 ② – Setúbal 130 ③.

SANTARÉM

Alex. Herculano (Rua) .... **A** 3	G. de Azevedo (Rua)	Teixeira Guedes (Rua) .... **A** 18
Alf. de Santarém (Rua) .... **B** 4	João Afonso (Rua) ...... **A** 12	Tenente Valadim (Rua) .... **B** 19
Braamcamp Freire (Rua) .. **B** 6	Miguel Bombarda	Vasco da Gama (Rua) ..... **A** 21
Cândido dos Reis (Largo).. **A** 7	(Rua) .... **B** 13	Zeferino Brandão (Rua) ... **A** 22
Capelo Ivens (Rua) .... **AB** 9	Piedade (Largo da) ...... **A** 15	1º de Dezembro (Rua) .... **B** 24
	São Martinho (Rua de) ... **B** 16	5 de Outubro (Avenida) ... **B** 25
	Serpa Pinto (Rua) .... **AB**	31 de Janeiro .... **A** 27

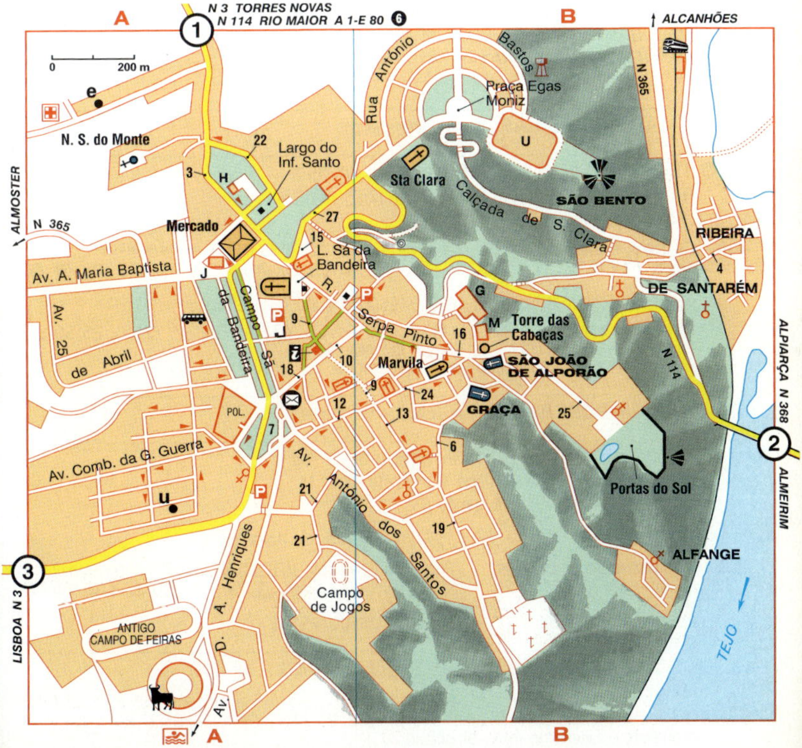

SANTARÉM

🏨 **Corinthia Santarém H.** 🐾, Av. Madre Andaluz, ✉ 2000-210, ☎ (243) 30 95 00, Fax (243) 30 95 09, « Terraço con relvado e ≤ vale e rio Tejo » – 🛗 🖥 📺 ♿ 🅿 – 🅰 25/90. 🆎 ⓞ 🆎 💳. ✂ por Av. D.A. Henriques A
Refeição 3000 – **102 qto** ⊇ 14000/16000, 4 suites – PA 5800.

🏨 **Alfageme** sem rest, Av. Bernardo Santareno 38, ✉ 2000-153, ☎ (243) 37 08 70, hotelalfageme@hotelalfageme.com, Fax (243) 37 08 50 – 🛗 🖥 📺 ♿ 🅿 – 🅰 25/200. ⓞ 🆎 💳. ✂
67 qto ⊇ 8990/11500. A e

🏨 **Victoria** sem rest, Rua 2º Visconde de Santarém 21 ☎ (243) 30 91 30, Fax (243) 32 82 02 – 🖥 📺. 🆎 💳. ✂ A u
23 qto ⊇ 6000/10000.

SANTIAGO DO CACÉM 7540 Setúbal 940 R 3 – 18 354 h. alt. 225.

Ver : Á saida sul da Vila ≤★.

🛈 Largo do Mercado ☎ (269) 82 66 96 Fax (269) 82 94 98.

Lisboa 146 – Setúbal 98.

🏨 **Pousada de Santiago,** Estrada de Lisboa, ✉ 7540-237, ☎ (269) 82 24 59, enatur@mail.telepac.pt, Fax (269) 82 24 59, 🍴, « Decoração regional », ⛱, 🎾, 📺 🅿 🆎 ⓞ 🆎 💳. ✂
Refeição lista 2990 a 5850 – **9 qto** ⊇ 14700/16300.

🏨 **Albergaria D. Nuno** sem rest, Av. D. Nuno Álvares Pereira 90, ✉ 7450-103, ☎ (269) 82 33 25, alb.d.nuno@mail.telepac.pt, Fax (269) 82 33 28, ≤, ⛱, – 🛗 🖥 📺 🅿 – 🅰 25/50. 🆎 ⓞ 🆎 💳. ✂
75 qto ⊇ 8600/12900.

We suggest :

for a successful tour, that you prepare it in advance.

***Michelin maps** and **guides** will give you much useful information on route planning, places of interest, accommodation, prices etc.*

SANTO AMARO DE OEIRAS Lisboa – ver Oeiras.

SANTO TIRSO 4780 Porto 940 H 4 – 11 708 h. alt. 75.

🛈 Praça 25 Abril ☎ (252) 83 04 00 Fax (252) 85 65 34.

Lisboa 345 – Braga 29 – Porto 28.

🏨 **Cidnay,** Praça do Município, ✉ 4784-909, ☎ (252) 85 93 00, hotel.cidnay@mail.telepac.pt, Fax (252) 85 93 20, ≤, 🍴, – 🛗 🖥 📺 ♿ 🚗 – 🅰 25/175. 🆎 ⓞ 🆎 💳. ✂
Refeição 3150 – **67 qto** ⊇ 16300/19600, 1 suite – PA 5700.

🍴 **São Rosendo,** Praça do Município 6, ✉ 4780-373, ☎ (252) 85 30 54, Fax (252) 85 30 54, 🍴 – 🖥. 🆎 ⓞ 🆎 💳. ✂
fechado 2ª feira – **Refeição** lista 1850 a 4000.

SÃO BENTO DA PORTA ABERTA Braga – ver Gerês.

SÃO BRÁS DE ALPORTEL 8150 Faro 940 U 6 – 2 763 h.

🛈 Rua Dr. Evaristo Souza Gago 1 ☎ (289) 84 22 11.

Lisboa 293 – Faro 17 – Portimão 63.

na estrada N 2 Norte : 2 km – ✉ 8150-054 São Brás de Alportel :

🏨 **Pousada de São Brás** 🐾, Poço dos Ferreiros ☎ (289) 84 23 05, enatur@mail.telepac.pt, Fax (289) 84 17 26, ≤ cidade, campo e colinas, ⛱, 🎾 – 🖥 📺 ♿ 🅿. 🆎 ⓞ 🆎 💳. ✂ rest
Refeição lista aprox. 4400 – **33 qto** ⊇ 23500/25100.

SÃO JOÃO DA MADEIRA 3700 Aveiro 940 J 4 – 18 452 h. alt. 205.

Lisboa 286 – Aveiro 46 – Porto 37.

🍴 O Executivo, Rua Oliveira Júnior 918 ☎ (256) 83 27 85, Fax (256) 83 27 86, « Instalado num belo palacete do início de século », 🚗 – 🖥 🅿.

SÃO JOÃO DO ESTORIL Lisboa – ver Estoril.

SÃO MARTINHO DO PORTO 2460 Leiria 940 N 2 – 2 318 h. – Praia.
Ver : ≤★.
ℹ Av. 25 de Abril ℘ (262) 98 91 10.
Lisboa 108 – Leiria 51 – Santarém 65.

- **Albergaria São Pedro** sem rest, Largo Vitorino Frois 7, ⊠ 2460-684, ℘ (262) 98 50 20, Fax (262) 98 50 11 – |⃰| TV. AE ◍ VISA. ℅
9 abril-setembro – **25 qto** ⊃ 14000/16000.

- **Concha** sem rest, Largo Vitorino Frois 21, ⊠ 2460-684, ℘ (262) 98 50 10, Fax (262) 98 50 11 – |⃰| ≡ TV – ♨ 25/50. AE ◍ VISA. ℅
31 qto ⊃ 14000/16000.

- **A Casa**, Av. Marginal, ⊠ 2460-684, ℘ (262) 98 96 33, niblle-justiniano@hotmail.com, ≤ – ≡. AE ◑ ◍ VISA JCB. ℅
Refeição lista 3455 a 4785.

SÃO PEDRO DE MOEL Leiria 940 M 2 – ⊠ 2430 Marinha Grande – Praia.
Lisboa 135 – Coimbra 79 – Leiria 22.

- **Mar e Sol**, Av. da Liberdade 1, ⊠ 2430-501, ℘ (244) 59 00 00, Fax (244) 59 00 19, ≤ – |⃰| ≡ TV – ♨ 25/180. AE ◑ ◍ VISA. ℅
Refeição (fechado outubro, novembro e 2ª feira) 3000 – **63 qto** ⊃ 10000/13000.

- **São Pedro**, Rua Dr. Adolfo Leitão 22, ⊠ 2430-511, ℘ (244) 59 91 20, Fax (244) 59 91 84 – ≡ TV ℗ – ♨ 25/300. AE ◑ ◍ VISA. ℅
Refeição 3000 – **50 qto** ⊃ 10000/12000.

- **Santa Rita** sem rest, Praceta Pinhal do Rei 1 ℘ (244) 59 94 98 – TV. ℅
7 qto ⊃ 10000/14000.

- **Brisamar**, Rua Dr. Nicolau Bettencourt 23, ⊠ 2430, ℘ (244) 59 92 50, brisamar.mail@clix.pt, Fax (244) 59 95 80 – ≡. AE ◍ VISA. ℅
fechado janeiro e 2ª feira – **Refeição** lista 3600 a 4430.

SÃO PEDRO DE SINTRA Lisboa – ver Sintra.

SÃO PEDRO DO SUL 3660 Viseu 940 J 5 – 2 464 h. alt. 169 – Termas.
ℹ Largo dos Correios ℘ (232) 71 13 20.
Lisboa 321 – Aveiro 76 – Viseu 22.

nas termas Sudoeste : 3 km – ⊠ 3660 São Pedro do Sul :

- **Do Parque** ⚘, ℘ (232) 72 34 61, hotel.parque@clix.pt, Fax (232) 72 30 47, ℅ – |⃰| TV ⇔ ℗ – ♨ 25/70. AE ◑ ◍ VISA. ℅
Refeição 1800 – **53 qto** ⊃ 8400/12600, 3 suites – PA 3600.

- **Grande H. Lisboa**, Estrada N 16 ℘ (232) 72 33 60, Fax (232) 72 33 61 – |⃰| ≡ TV ℗ – ♨ 25/140
142 qto.

- **Lafões** sem rest, Rua do Correio ℘ (232) 72 03 10 – |⃰| TV ⇔ ℗. ℅
março-novembro – **27 qto** ⊃ 9000/13000.

- **Adega da Ti Fernanda**, Av. da Estação ℘ (232) 71 24 68, 🏠, « Decoração rústica » – ℅
fechado novembro e 2ª feira – **Refeição** lista 2500 a 3800.

SÃO VICENTE Madeira – ver Madeira (Arquipélago da).

SEIA 6270 Guarda 940 K 6 – 7 971 h. alt. 532.
Arred.: Estrada★★ de Seia à Covilhã (≤★★, Torre★★, ≤★) 49 km.
ℹ Largo do Mercado ℘ (238) 32 22 72 Fax (238) 32 22 72.
Lisboa 303 – Guarda 69 – Viseu 45.

- **Camelo**, Av. 1º de Maio 16, ⊠ 6270-479, ℘ (238) 31 01 00, hotelcamelo@mail.telepac.pt, Fax (238) 31 01 01, ≤, ⌇, ℅ – |⃰| ≡ TV ℗ – ♨ 25/50. AE ◑ ◍ VISA. ℅
Refeição (fechado 2ª feira) 2200 – **79 qto** ⊃ 8800/12800, 5 suites.

- **Estalagem de Seia**, Av. Dr. Afonso Costa ℘ (238) 31 58 66, Fax (238) 31 55 38, ⌇ – |⃰| ≡ TV ℗ – ♨ 25/30. VISA. ℅
fechado do 15 ao 30 de agosto – **Refeição** lista 3600 a 4400 – **34 qto** ⊃ 11000/11500.

SEIA

na estrada N 339 *Este : 6 km –* ✉ *6270 Seia :*

🏠 **Albergaria Senhora do Espinheiro** 🚭 sem rest, ✆ (238) 31 20 73, Fax *(238) 31 20 73,* ≤ *vale* – 📺 🅿 AE ① ⓂⓈ VISA JCB. 🚭
24 qto ☕ 12000.

SEIXAS *Viana do Castelo – ver Caminha.*

SERRA DA ESTRELA *Castelo Branco* 940 **K y L 7** *– Desportos de inverno* ⛷3.
Ver : ★ *(Torre★★,* ❄★★*).*
Hotéis e restaurantes ver : **Covilhã, Penhas da Saúde.**

SERRA DE ÁGUA *Madeira – ver Madeira (Arquipélago da).*

SERRA D'EL-REI *2520 Leiria* 940 **N 2**.
Lisboa 95 – Leiria 86 – Santarém 82.

🍽 **Mar Azul** sem rest, Largo da Igreja, ✉ 2525-810, ✆ (262) 90 96 40, Fax *(262) 90 96 40*
– 📺 VISA. 🚭
fechado dezembro-janeiro – **10 qto** ☕ 5000/6500.

SERTÃ *6100 Castelo Branco* 940 **M 5** *– 5 247 h.*
Lisboa 248 – Castelo Branco 72 – Coimbra 86.

🏨 **Lar Verde** sem rest, Recta do Pinhal, ✉ 6100-751, ✆ (274) 60 35 84, Fax *(274) 60 30 95,* ≤, 🏊 – 🍴 📺 🅿 AE ① ⓂⓈ VISA. 🚭
22 qto ☕ 7000/9500.

🍴🍴 **Pontevelha,** Alameda da Carvalha, ✉ 6100-760, ✆ (274) 60 01 60, *gerencia@s-m.pt,*
Fax *(274) 60 01 69,* ≤ – 🍴. AE ① ⓂⓈ VISA JCB. 🚭
fechado 2ª feira – Refeição lista aprox. 3500.

🍴 **Santo Amaro,** Rua Bombeiros Voluntários, ✉ 6100-730, ✆ (274) 60 41 15, *gerencia@s-m.pt, Fax (274) 60 01 69* – 🍴. AE ① ⓂⓈ VISA JCB. 🚭
fechado 4ª feira – **Refeição** lista aprox. 3800.

SESIMBRA *2970 Setúbal* 940 **Q 2** *– 14 530 h. – Praia.*
Ver : *Porto★.*
Arred. : *Castelo* ≤★ *Noroeste : 6 km – Cabo Espichel★ (sítio★) Oeste : 15 km – Serra da Arrábida★ (Portinho de Arrábida★, Estrada de Escarpa★★) Este : 30 km.*
🛈 *Largo da Marinha 26-27* ✆ *(21) 223 57 43 Fax (21) 223 38 55.*
Lisboa 39 – Setúbal 26.

🏨🏨 **Do Mar** 🚭, Rua General Humberto Delgado 10 ✆ (21) 223 33 26, Fax *(21) 223 38 88,*
≤ mar, « Relvado com 🏊 rodeado de árvores », 🏖, 🎾 – 🍴 🍽 📺 ♿ 🅿 – 🅰 25/220.
AE ① ⓂⓈ VISA. 🚭
Refeição lista 4800 a 7900 – **168 qto** ☕ 23000/28000, 2 suites.

🏨🏨 **Villas de Sesimbra** 🚭, Altinho de São João, ✉ 2970-622, ✆ (21) 228 00 05, Fax *(21) 223 15 33,* ≤, 🏋, 🏊, 🏖 – 🍴 🍽 📺 ⟷ – 🅰 25/100. AE ① ⓂⓈ VISA. 🚭
Refeição 3000 – ☕ 1200 – **207 apartamentos** 14350.

🍴🍴 **Ribamar,** Av. dos Náufragos 29, ✉ 2970-637, ✆ (21) 223 48 53, *anthel@netc.pt,*
Fax *(21) 223 43 17,* 🌿 – 🍴. AE ⓂⓈ VISA. 🚭
Refeição - peixes e mariscos - lista 3300 a 5400.

🍴 **O Pirata,** Rua Heliodoro Salgado 3 ✆ (21) 223 04 01, ≤, 🌿 – AE ① ⓂⓈ VISA JCB
fechado dezembro e 4ª feira – **Refeição** lista aprox. 3800.

em Santana *Norte : 3,5 km –* ✉ *2970-592 Sesimbra :*

🍴🍴 **Angelus,** Praça Duques de Palmela ✆ (21) 268 13 40, Fax *(21) 223 43 17* – 🍴. AE ⓂⓈ
VISA. 🚭
Refeição lista 3150 a 5600.

Dieser Führer ist kein vollständiges Hotel- und Restaurantverzeichnis.
Um den Ansprüchen aller Touristen gerecht zu werden,
haben wir uns auf eine Auswahl in jeder Kategorie beschränkt.

SESMARIAS Faro – ver Albufeira.

SETÚBAL 2900 P 940 Q 3 – 89 106 h.

Ver : Castelo de São Felipe★ (✻★) por Rua São Filipe AZ – Igreja de Jesus★ (quadros★) AY.

Arred. : Serra da Arrábida★ (Estrada de Escarpa★★) por ② – Quinta da Bacalhoa★ : jardins (azulejos★) por ③ : 12 km.

⛴ para Tróia, Cais de Setúbal ℘ (265) 52 33 84.

🛈 Rua do Corpo Santo ✉ 2900-334 ℘ (265) 53 42 22 Fax (265) 53 44 02 e Travessa Frei Gaspar 10 ✉ 2900-388 ℘ (265) 52 42 84 – **A.C.P.** Av. Bento Gonçalves 18 - A ✉ 2910-431 ℘ (265) 53 22 92 Fax (265) 23 92 37.

Lisboa 45 ① – Badajoz 196 ① – Beja 143 ① – Évora 102 ① – Santarém 130 ①

Planos páginas seguintes

🏨 **Bonfim** sem rest, Av. Alexandre Herculano 58, ✉ 2900-206, ℘ (265) 53 41 11, hote l.bonfim@mail.telepac.pt, Fax (265) 53 48 58, ≼ – |≑| ≡ 📺 ⅄ – 🕿 25/130. 🆎 ① 🅜🅞 VISA. ⋦⋧
100 qto ⊑ 15800/18400. BY b

🏨 **Isidro**, Rua Professor Augusto Gomes 3, ✉ 2910-123, ℘ (265) 53 50 99, Fax (265) 53 51 18 – |≑| ≡ 📺 ⅄ 🚗 – 🕿 25/75. 🆎 ① 🅜🅞 VISA. ⋦⋧ por Av. Jaime Cortesão CZ
Refeição - ver rest. **Isidro** – ⊑ 1100 – **57 qto** 10000, 13 apartamentos.

🏨 **Albergaria Laitau** sem rest, Av. General Daniel de Sousa 89, ✉ 2900-345, ℘ (265) 534 031, Fax (265) 23 60 95 – |≑| ≡ 📺 🚗 – 🕿 25/200. 🆎 ① 🅜🅞 VISA AY b
41 qto ⊑ 8500/12000.

🏨 **Aranguês** sem rest, Rua José Pedro da Silva 15, ✉ 2910-575, ℘ (265) 52 51 71, Fax (265) 52 68 77, ℔, ⬛ – |≑| ≡ 📺 ⅄ 🚗. 🆎 ① 🅜🅞 VISA. ⋦⋧ CY a
48 qto ⊑ 12000/14600, 2 suites.

🏨 **Albergaria Solaris** sem rest, Praça Marquês de Pombal 12, ✉ 2900-562, ℘ (265) 54 17 70, albergaria.solaris@netc.pt, Fax (265) 52 20 70 – |≑| ≡ 📺. 🆎 ① 🅜🅞 VISA JCB. ⋦⋧ AZ c
34 qto ⊑ 8000/10000, 4 apartamentos.

🏨 **Mar e Sol** sem rest, Av. Luisa Todi 606-612, ✉ 2900-457, ℘ (265) 53 46 03, Fax (265) 53 20 36 – |≑| 📺 🚗 – 🕿 25/30. 🅜🅞 VISA. ⋦⋧ AZ r
71 qto ⊑ 6500/8500.

🏩 **Bocage** sem rest, Rua de São Cristóvão 14, ✉ 2900-611, ℘ (265) 54 30 80, Fax (265) 54 30 89 – ≡ 📺. 🆎 ① 🅜🅞 VISA. ⋦⋧ BZ e
38 qto ⊑ 7500/8500.

🏩 Setubalense sem rest, Rua do Major Afonso Pala 17-1º, ✉ 2900-099, ℘ (265) 52 57 90, Fax (265) 52 57 89 – 📺 BZ a
24 qto.

✗ **Isidro** - Hotel Isidro, Rua Professor Augusto Gomes 1, ✉ 2910-123, ℘ (265) 53 50 99, Fax (265) 53 51 18 – ≡ 🚗. 🆎 ① 🅜🅞 VISA. ⋦⋧ por Av. Jaime Cortesão CZ
Refeição lista 2470 a 3900.

✗ **El Toro**, Rua António José Baptista 111, ✉ 2910-401, ℘ (265) 52 49 95, 🍽 – 🆎 🅜🅞 VISA. CY m
fechado 15 setembro-14 outubro, 2ª feira noite e 3ª feira salvo junho-agosto – **Refeição** - cozinha espanhola, só jantar 6ª feira, sábado e domingo de junho-agosto - lista 3100 a 4950.

✗ **O Beco**, Rua da Misericórdia 24, ✉ 2900-502, ℘ (265) 52 46 17, Fax (265) 52 56 10 – ≡. 🆎 ① 🅜🅞 VISA BZ a
fechado do 1 ao 15 de maio, do 15 ao 30 de setembro, domingo noite e 3ª feira – **Refeição** lista 2950 a 4300.

✗ Casa do Hugo, Rua Barão do Vale 1, ✉ 2900, ℘ (265) 53 42 98 – ≡ BZ s

✗ **Novoreno**, Av. Luísa Todi 440, ✉ 2900-455, ℘ (265) 23 01 15, Fax (265) 52 92 93, 🍽 – ≡. 🆎 ① 🅜🅞 VISA. ⋦⋧ AZ t
Refeição - peixes - lista aprox. 4200.

na estrada N 10 por ① – ✉ 2910 Setúbal :

🏨 **Novotel Setúbal** ⚘, Monte Belo - 2,5 km, ✉ 2900-509, ℘ (265) 73 93 70, h1557@a ccor-hotels.com, Fax (265) 73 93 93, 🍽, ⬛, ✗ – |≑| ≡ 📺 ⅄ 🅿 – 🕿 25/300. 🆎 ① 🅜🅞 VISA. ⋦⋧ rest
Refeição lista 3600 a 4800 – ⊑ 1250 – **105 qto** 11800.

163

SETÚBAL

Alexandre Herculano (Av. de)	BY 3
Almirante Reis (Praça do)	AZ 4
Almocreves (Rua dos)	BZ 6
Álvaro Castelões (Rua)	BZ 7
António Girão (Rua)	BZ 9
Arronches Junqueiro (Rua)	BZ 12
Augusto Cardoso (Rua de)	BZ 13
Bela Vista (Travessa da)	AZ 15
Bocage (Praça do)	BZ 16
Bocage (Rua do)	BZ 18
Ciprestes (Estrada dos)	CY 19
Clube Naval (Rua)	AZ 20
Combatentes da Grande Guerra (Av. dos)	AZ 21
Defensores da República (Largo dos)	CZ 22
Dr António J. Granjo (Rua)	BZ 24
Dr Paula Borba (Rua)	BZ 25
Exército (Praça do)	BZ 27
José Filipe (Rua)	AZ 30
Machado dos Santos (Praça)	AZ 31
Major Afonso Pala (Rua do)	BZ 33
Mariano de Carvalho (Avenida)	BY 34
Marquês da Costa (Rua)	AZ 36
Marquês de Pombal (Praça)	AZ 37
Mirante (Rua do)	CY 38
Ocidental do Mercado (Rua)	AZ 39
Paulino de Oliveira (Rua de)	AZ 40
República de Guiné-Bissau (Av.)	BY 42
Santo António (Largo de)	BZ 43
Tenente Valadim (Rua)	AZ 44
Trabalhadores do Mar (Rua dos)	AZ 45
22 de Dezembro (Av.)	BY 46

Ibis Setúbal, Vale da Rosa - 5,5 km, ✉ 2914-518, ✆ (265) 77 22 00, Fax (265) 77 24 47, 🍴, ⏃, 🌳 – 📺 & 🅿 – 🔒 25/60. AE ⓞ ⓜ VISA. ❧ rest
Refeição 2000 – ☐ 800 – **102 qto** 7000.

no Castelo de São Filipe Oeste : 1,5 km – ✉ 2900 Setúbal :

Pousada de São Filipe ⚜, ✉ 2900-300, ✆ (265) 52 38 44, enatur@mail.telepac.pt, Fax (265) 53 25 38, ≤ Setúbal e Foz do Sado, 🍴, « Dentro das muralhas de uma antiga fortaleza. Decoração rústica » – 📺 🅿 – 🔒 25/35. AE ⓞ ⓜ VISA. ❧
Refeição lista 5300 a 7000 – **16 qto** ☐ 33000/35100. por Rua São Filipe AZ

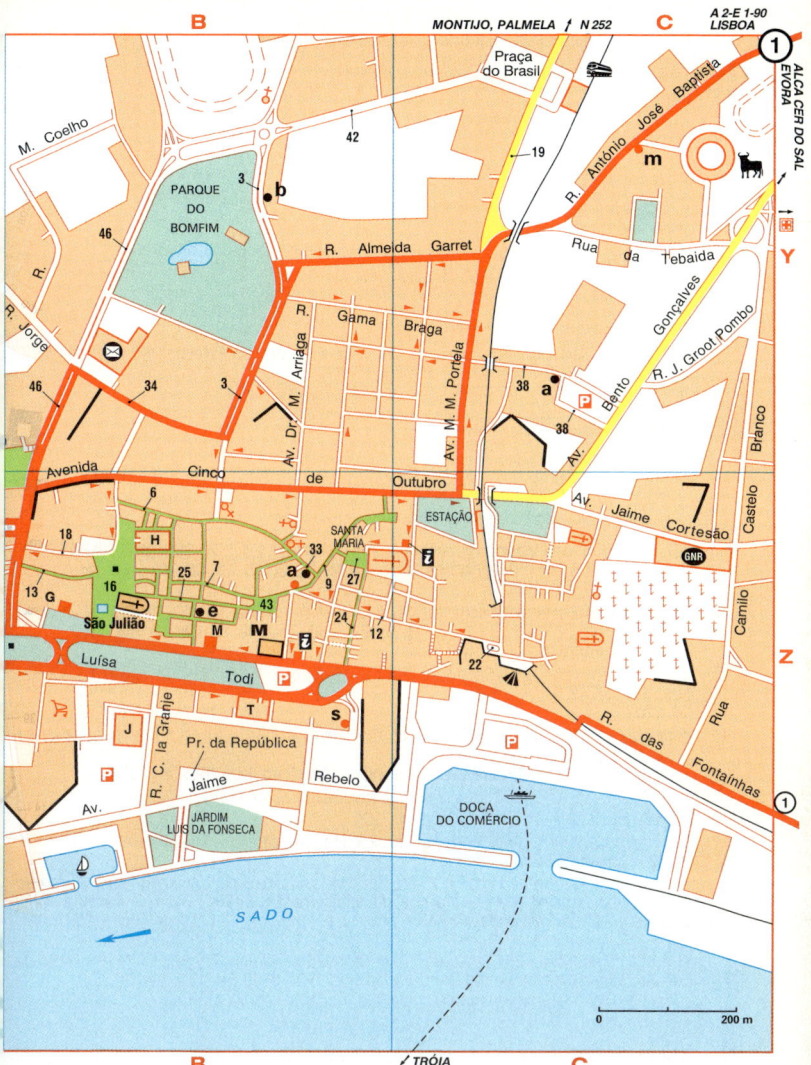

SEVER DO VOUGA 3740 Aveiro 940 J 4 - 2 598 h.
  Lisboa 278 – Aveiro 40 – Coimbra 80 – Porto 67 – Viseu 63.

  O Cortiço sem rest, Rua do Matadouro ℘ (234) 55 54 80, Fax (234) 55 54 82, ≼ – 🖥
  📺 🅿 🕔 🅼🅲 🆅🅸🆂🅰 ⌘
  19 qto ⌧ 5500/7000, 1 suite.

Reisen Sie nicht heute mit einer Karte von gestern.

SILVEIRA 2560 Lisboa 940 O 1.
Lisboa 64 – Leiria 118 – Santarém 90 – Setúbal 101.

na Praia Azul Oeste : 3 km – ✉ 2560-411 Silveira :

Praia Azul 🅢, ℘ (261) 93 01 00, htl.praiaazul@clix.pt, Fax (261) 93 01 39, ≼, 🝱 –
🍽 rest, TV ⇔ P. AE MC VISA. ✀
Refeição 2850 – ⊑ 1000 – **38 apartamentos** 10000/14000 – PA 5500.

SILVES 8300 Faro 940 U 4 – 11 020 h.
Ver : Castelo★ - Sé★.
Lisboa 265 – Faro 62 – Lagos 33.

Colina dos Mouros, Pocinho Santo ℘ (282) 44 04 20, Fax (282) 44 04 26, ≼, 🝱 – 🛗
🍽 TV ♿ P. – 🝮 25/100. AE MC VISA. ✀
Refeição 2400 – **57 qto** ⊑ 14250/15000 – PA 4400.

ao Nordeste : 6 km – ✉ 8300 Silves :

Quinta do Rio-Country Inn 🅢 sem rest, Sítio de São Estêvão, ✉ apartado 217,
℘ (282) 44 55 28, Fax (282) 44 55 28 – P. ✀
fechado do 15 ao 31 de dezembro – **6 qto** ⊑ 10000.

SINES 7520 Setúbal 940 S 3 – 9 314 h. – Praia.
Arred. : Santiago do Cacém ≼★.
🛈 Largo do Poeta Bocage (Castelo de Sines) ✉ 7520-152 ℘ (269) 63 44 72 Fax (269) 63 30 22.
Lisboa 165 – Beja 97 – Setúbal 117.

Albergaria Dom Vasco 🅢 sem rest, Rua do Parque, ✉ 7520-202, ℘ (269) 63 09 60,
Fax (269) 63 09 70, « Bela decoração » – 🛗 🍽 TV ♿. AE ① MC VISA JCB. ✀
27 qto ⊑ 12500/15000.

Aparthotel Sinerama sem rest, Rua Marquês de Pombal 110, ✉ 7520-227, ℘ (269) 86 25 20, Fax (269) 63 45 51, ≼ – 🛗 🍽 TV – 🝮 25/100. AE ① MC VISA. ✀
105 apartamentos ⊑ 13100/14000.

Veleiro sem rest, Rua Sacadura Cabral 19-A, ✉ 7520-239, ℘ (269) 63 47 52,
Fax (269) 63 48 03, ≼ – TV
14 qto.

O Migas, Rua Pero de Alenquer 17, ✉ 7520-157, ℘ (269) 63 67 67, Fax (269) 63 67 67
– 🍽. AE MC VISA
fechado do 1 ao 15 de outubro e domingo – **Refeição** lista 2850 a 4750.

SINTRA 2710 Lisboa 940 P 1 – 20 574 h. alt. 200.
Ver : Localidade★★★ - Palácio Real★★ (azulejos★★, tecto★★) Y – Museu de Arte Moderna★ Y M2 – Museu do Brinquedo★ Z 1.
Arred. : Sul : Parque da Pena★★ Z, Cruz Alta★★ Z, Castelo dos Mouros★ (≼★) Z, Palácio Nacional da Pena★★ ≼★★ – Parque de Monserrate★ Oeste : 3 km – Peninha ≼★★ Sudoeste : 10 km – Azenhas do Mar★ (sítio★) 16 km por ① – Cabo da Roca★ 16 km por ①.
🛈 Praça da República 23 ✉ 2710-616 ℘ (21) 923 11 57 Fax (21) 923 51 76 e Estação da C.P. Av. Miguel Bombarda ✉ 2710-590 ℘ (21) 924 16 23 Fax (21) 924 16 23.
Lisboa 28 ③ – Santarém 100 ③ – Setúbal 73 ③
Plano página seguinte

Tivoli Sintra, Praça da República, ✉ 2710-616, ℘ (21) 923 35 05, htsintra@mailtel epac.pt, Fax (21) 923 15 72, ≼ – 🛗 🍽 TV ♿ ⇔ P. – 🝮 25/200. AE ① MC VISA. ✀   Y d
Refeição 4100 – **76 qto** ⊑ 21000/25000.

Casa Miradouro 🅢 sem rest, Rua Sotto Mayor 55, ✉ 2710-801, ℘ (21) 923 59 00,
mail@casa-miradouro.com, Fax (21) 924 18 36, ≼, « Numa antiga casa senhorial » – AE ① MC VISA. ✀   Y k
fechado janeiro-23 fevereiro – **6 qto** ⊑ 19645/22455.

Lawrence's 🅢 com qto, Rua Consiglieri Pedroso 38, ✉ 2710-550, ℘ (21) 910 55 00,
laurences-hotel@email.com, Fax (21) 910 55 05, ≼, « Belo edifício com ambiente acolhedor » – 🛗 🍽 TV ♿. AE ① MC VISA. ✀   Z e
Refeição lista 6100 a 7400 – **16 qto** ⊑ 32000/42000.

Tacho Real, Rua da Ferreira 4 ℘ (21) 923 52 77, Fax (21) 923 09 69, 🍽 – AE MC VISA. ✀   Z a
fechado 4ª feira – **Refeição** lista aprox. 6000.

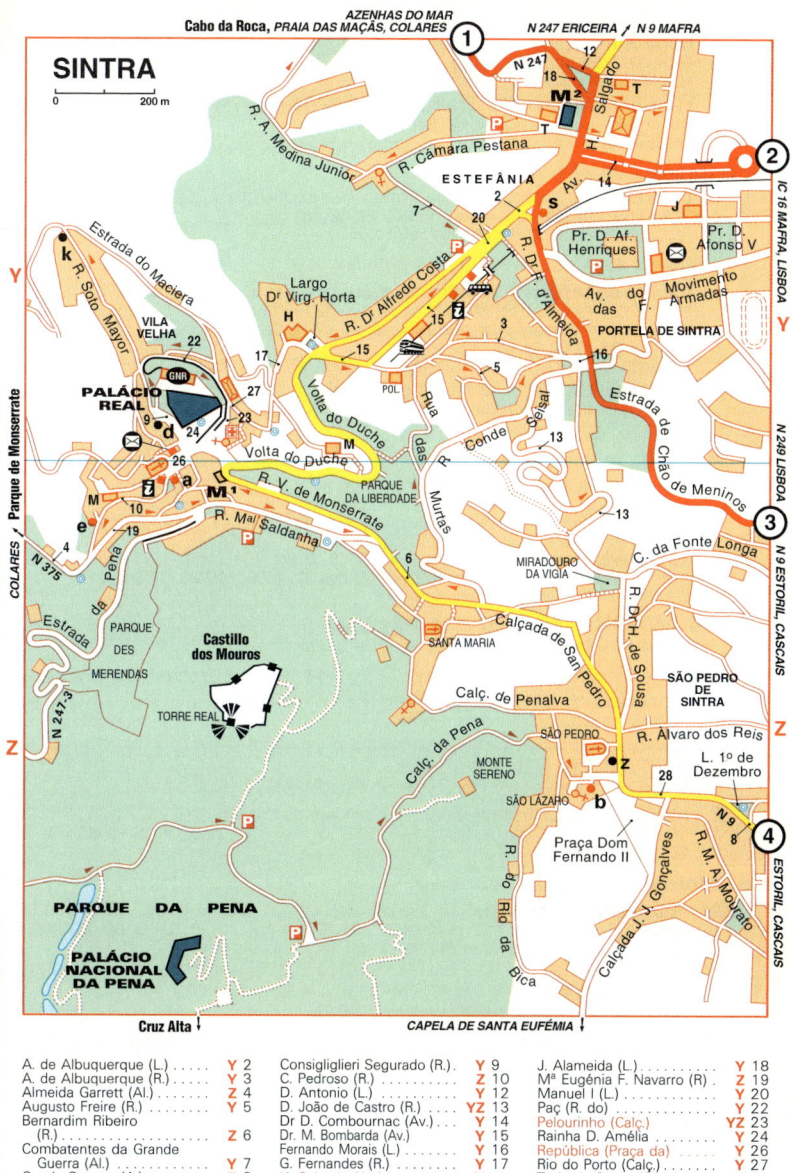

A. de Albuquerque (L.)	Y 2	Consigliglieri Segurado (R.)	Y 9	J. Alameida (L.)	Y 18
A. de Albuquerque (R.)	Y 3	C. Pedroso (R.)	Z 10	Mª Eugénia F. Navarro (R.)	Z 19
Almeida Garrett (Al.)	Z 4	D. Antonio (L.)	Y 12	Manuel I (L.)	Y 20
Augusto Freire (R.)	Y 5	D. João de Castro (R.)	YZ 13	Paç (R. do)	Y 22
Bernardim Ribeiro (R.)	Z 6	Dr D. Combournac (Av.)	Y 14	Pelourinho (Calç.)	YZ 23
Combatentes da Grande Guerra (Al.)	Y 7	Dr. M. Bombarda (Av.)	Y 15	Rainha D. Amélia	Y 24
		Fernando Morais (L)	Y 16	República (Praça da)	Y 26
Conde Sucena (A.)	Z 8	G. Fernandes (R.)	Y 17	Rio do Porto (Calç.)	Y 27
		H. Salgado (Av.)	Y	Tude de Sousa (R.)	Z 28

em São Pedro de Sintra – ✉ 2710 Sintra :

Estalagem Solar dos Mouros sem rest, Calçada de São Pedro 64 ✆ (21) 924 32 53, Fax (21) 923 32 16 – 📺 AE ① ◎◎ VISA JCB. ⚒ Z z
7 qto ⊇ 14000/16500, 1 suite.

SINTRA

- **Dona Aurora**, Rua 1º de Dezembro 18, ℘ (21) 923 55 81 – 🍽. AE ⓜ⊙ VISA. ⌘
  fechado 7 dias em dezembro, 7 dias em junho, 7 dias em agosto e domingo – **Refeição** lista aprox. 4500.   por L. 1º de Dezembro   Z

- **Cantinho de S. Pedro**, Praça D. Fernando II-18, ✉ 2710-483, ℘ (21) 923 02 67, *Fax (21) 923 03 17* – AE ⓘ ⓜ⊙ VISA. ⌘   Z b
  Refeição lista 3600 a 5540.

na Estefânia – ✉ 2710 Sintra :

- **Cintrália** com snack-bar, Largo Afonso de Albuquerque 2, ✉ 2710-519, ℘ (21) 924 22 99, *Fax (21) 923 23 19* – 🍽. AE ⓘ ⓜ⊙ VISA JCB. ⌘   Y s
  fechado 2ª feira – **Refeição** lista 3900 a 4300.

na estrada de Colares pela N 375 – ✉ 2710 Sintra :

- **Palácio de Seteais** ⑤, Rua Barbosa do Bocage 8 - Oeste : 1,5 km, ✉ 2710-517, ℘ (21) 923 32 00, *reservas.seteais@tivoli.pt*, *Fax (21) 923 42 77*, ≤ campos em redor, « Luxuosas instalações num palácio do século XVIII rodeado de jardins », ⚞ climatizada, ⌘ – 📶 📺 AE ⓘ ⓜ⊙ VISA. ⌘
  Refeição lista 6900 a 7800 – **29 qto** ⊑ 43000/47000, 1 suite.

- **Quinta da Capela** ⑤ sem rest, Oeste : 4,5 km ℘ (21) 929 01 70, *Fax (21) 929 34 25*, ≤, « Antiga quinta rodeada dum belo jardim », 𝕴, ⚞ – 🅿. AE ⓘ ⓜ⊙ VISA
  7 qto ⊑ 25000/28000, 2 suites.

na estrada da Lagoa Azul-Malveira por ④ : 7 km – ✉ Linhó 2710 Sintra :

- **Caesar Park Penha Longa** ⑤, ✉ 2714-511, ℘ (21) 924 90 11, *penhalongresor t@mail.telepac.pt*, *Fax (21) 924 90 07*, ≤ campo de golfe e Serra de Sintra, 🌳, « Numa bela reserva natural com históricos monumentos do século XV », 𝕴, ⚞, 🎾, ⌘, 🎿 🎿
  – 📶 🍽 📺 ♿ ⇔ 🅿. – 🏎 25/280. AE ⓘ ⓜ⊙ VISA. ⌘
  Jardim Primavera: **Refeição** lista 7450 a 9600 – *Midori* (rest. japonês, só jantar, fechado 2ª feira) **Refeição** lista 6400 a 8550 – **159 qto** ⊑ 45000/49000, 17 suites.

SOBRAL DE MONTE AGRAÇO 2590 Lisboa 940 O 2.

Lisboa 51 – Santarém 61 – Sintra 42 – Torres Vedras 17.

em Folgados na estrada N 248 - Sudeste : 1,5 km – ✉ 2590-273 Sobral de Monte Agraço :

- **O Folgado**, ℘ (261) 94 20 89, « Rest típico » – 🍽 🅿. ⌘
  fechado agosto, domingo noite e 2ª feira – **Refeição** - carnes na pedra - lista 2500 a 2950.

SOUSEL 7470 Portalegre 940 P 6 – 2 113 h.

Lisboa 185 – Badajoz 73 – Évora 63 – Portalegre 59.

- **Albergaria A Galinhola** sem rest, Rua Fonte do Concelho, ✉ 7470-232, ℘ (268) 55 46 44, *galinhola@mail.telepac.pt*, *Fax (268) 55 11 45*, ⚞ – 🍽 📺 🅿. AE ⓘ ⓜ⊙ VISA. ⌘
  16 qto ⊑ 9000/11000.

ao Sudoeste : 3,5 km – ✉ 7470 Sousel :

- **Pousada de São Miguel** ⑤, Estrada Particular ℘ (268) 55 00 50, *enatur@mail.te lepac.pt*, *Fax (268) 55 11 55*, ≤ oliveiras – 🍽 📺 🅿. – 🏎 25/40. AE ⓘ ⓜ⊙ VISA. ⌘
  Refeição lista aprox. 5750 – **28 qto** ⊑ 23500/25100, 4 suites.

TÁBUA 3420 Coimbra 940 K 5 – 2 416 h. alt. 225.

Lisboa 254 – Coimbra 52 – Viseu 47.

- **Turismo de Tábua** sem rest, Rua Profesor Dr. Caeiro da Mata, ✉ 3420-335, ℘ (235) 41 30 40, *Fax (235) 41 31 66*, ⚞ – 📶 🍽 📺 🅿. AE ⓘ ⓜ⊙ VISA. ⌘
  62 qto ⊑ 6000/9000, 12 suites.

TAVIRA 8800 Faro 940 U 7 – 8 892 h. – Praia.

Ver : *Localidade*★.

🛈 Rua da Galeria 9 ℘ (281) 32 25 11.
Lisboa 314 – Faro 30 – Huelva 72 – Lagos 111.

- **Quinta do Caracol** ⑤ sem rest, Bairro de São Pedro ℘ (281) 32 24 75, *Fax (281) 32 31 75*, « Bungalows num jardim com ⚞ », ⌘ – 🅿
  7 apartamentos.

- **Avenida**, Av. Dr. Mateus T. de Azevedo 6 ℘ (281) 32 11 13, 🌳 – 🍽. AE ⓘ ⓜ⊙ VISA. ⌘
  fechado maio e 3ª feira – **Refeição** lista 2500 a 3700.

- **París**, Rua Silvestre Falcão - lote 8 ℘ (281) 32 49 96, 🌳 – 🍽. AE. ⌘
  Refeição lista aprox. 3700.

em Quatro Águas Sul : 2 km – ⊠ 8800 Tavira :

- **Portas do Mar,** ☏ (281) 32 12 55, 🍽 – 🗏 P. AE ⓞ ⓜⓔ VISA. ⚙
  fechado 3ª feira (15 setembro-junho) – **Refeição** - peixes e mariscos - lista 2400 a 3650.

- **4 Águas,** ☏ (281) 32 53 29, quatroaguas@caminhoturis.pt, Fax (281) 32 53 96, 🍽 – 🗏 P. AE ⓞ ⓜⓔ VISA. ⚙
  fechado janeiro e 2ª feira – **Refeição** - peixes e mariscos - lista 3090 a 4830.

TERCENA Lisboa – ver Queluz.

TERRUGEM Portalegre 940 P 7 – 1384 h. – ⊠ 7350 Elvas.
Lisboa 193 – Badajoz 37 – Evora 73 – Portalegre 63 – Setubal 162.

- **A Bolota Castanha,** Quinta das Janelas Verdes ☏ (268) 65 61 18, Fax (268) 65 75 04, ≤ campo – 🗏 P. AE ⓜⓔ VISA. ⚙
  fechado 2ª feira – **Refeição** lista 6600 a 7200.

TOLEDO Lisboa 940 O 2 – ⊠ 2530 Lourinhã.
Lisboa 69 – Peniche 26 – Torres Vedras 14.

- **O Pão Saloio,** Rua Guerra Peninsular 27, ⊠ 2530-782, ☏ (261) 98 43 55, Fax (261) 98 47 32, « Rest. típico » – 🗏 P. ⚙
  fechado 15 abril-29 maio, 26 setembro-11 outubro e 2ª feira – **Refeição** - grelhados - lista 2700 a 4150.

TOMAR 2300 Santarém 940 N 4 – 14022 h. alt. 75.
Ver : Convento de Cristo★★ : igreja★ (charola dos Templários★★) edifícios conventuais★ (janela★★★) – Igreja de São João Baptista (portal★).
🅱 Av. Dr. Cândido Madureira ☏ (249) 32 24 27 Fax (249) 32 24 27.
Lisboa 145 – Leiria 45 – Santarém 65.

- **Dos Templários,** Largo Cândido dos Reis 1 ☏ (249) 32 17 30, hoteltemplarios@mail.telepac.pt, Fax (249) 32 21 91, ≤, 🏋, ⛱, 🏊, ⛳, ⚙ – 🛗 🗏 TV 🖶 P. – 🛎 25/600. AE ⓞ ⓜⓔ VISA. ⚙
  Refeição 3250 – **171 qto** ⊇ 16200/19400, 5 suites.

- **Estalagem de Santa Iria,** Parque do Mouchão ☏ (249) 31 33 26, Fax (249) 32 12 38, « Num parque » – TV P. – 🛎 25/70. AE ⓞ ⓜⓔ VISA. ⚙
  Refeição 2200 – **13 qto** ⊇ 14000/16500, 1 suite.

- **Sinagoga** sem rest, Rua Gil Avó 31 ☏ (249) 32 30 83, Fax (249) 32 21 96 – 🛗 🗏 TV. AE ⓜⓔ VISA
  23 qto ⊇ 6500/8800.

- **Trovador** sem rest, Rua 10 de Agosto de 1385 ☏ (249) 32 25 67, Fax (249) 32 21 94 – 🛗 🗏 TV. AE ⓞ ⓜⓔ VISA. ⚙
  30 qto ⊇ 8000/9000.

- **Cavaleiros de Cristo** sem rest, Rua Alexandre Herculano 7 ☏ (249) 32 12 03, Fax (249) 32 11 92 – 🛗 🗏 TV. AE ⓞ ⓜⓔ VISA. ⚙
  17 qto ⊇ 6000/9000.

- **Bela Vista,** Fonte do Choupo 6 - Ponte Velha ☏ (249) 31 28 70, 🍽 – ⚙
  fechado novembro-2 dezembro, 2ª feira noite e 3ª feira – **Refeição** lista aprox. 3500.

em Castelo de Bode Sudeste : 14 km – ⊠ 2300 Tomar :

- **Pousada de São Pedro** ⚐, ☏ (249) 38 11 59, enatur@mail.telepac.pt, Fax (249) 38 11 76 – 🗏 TV P. AE ⓞ ⓜⓔ VISA. ⚙
  Refeição lista 3600 a 5260 – **24 qto** ⊇ 23500/25100, 1 suite.

TONDELA 3460 Viseu 940 K 5 – 6962 h.
Lisboa 271 – Coimbra 72 – Viseu 24.

- **São José** sem rest, Av. Francisco Sá Carneiro ☏ (232) 81 34 51, Fax (232) 81 34 42, ≤, 🏊 – 🗏 TV P. – 🛎 25/200. AE ⓜⓔ VISA. ⚙
  19 qto ⊇ 6000/8000.

- **Tondela** sem rest, Rua Dr. Simões de Carvalho ☏ (232) 82 24 11 – P. ⚙
  26 qto ⊇ 4000/5500.

TORRÃO 7595 Setúbal 940 R 5.

Excurs.: *Viana do Alentejo (Igreja : portal★) 25 km a Nordeste.*
Lisboa 126 – Beja 51 – Évora 46 – Faro 168 – Setúbal 95.

ao Sudoeste pela estrada N 5 : 13,6 km – ✉ 7595 Torrão :

Pousada de Vale do Gaio ⚓, junto da Barragem Trigo de Morais ✆ (265) 66 96 10, enatur@mail.telepac.pt, Fax (265) 66 95 45, ≤, 🍽, 🏊, 🐎 – 📺 📺 🅿 AE ① ⓜ VISA JCB. ⚑ rest
Refeição 3650 – **14 qto** ⌥ 21400/23000.

TORRE DE MONCORVO 5160 Bragança 940 I 8 – 2 457 h. alt. 399.

Ver : ≤★ desde a Estrada N 220.
🛈 Rua Manuel Seixas ✆ (279) 25 22 89 Fax (279) 25 27 28.
Lisboa 403 – Bragança 98 – Vila Real 109.

Brasília sem rest, Estrada N 220 ✆ (279) 25 40 94, Fax (279) 25 42 55, 🏊 – 📶 📺 📺 🅿 AE ① ⓜ VISA
27 qto ⌥ 6500/10500, 2 suites.

TORREIRA Aveiro 940 J 3 – 2 308 h. – ✉ 3870 Murtosa – Praia.

🛈 Av. Hintze Ribeiro ✆ (234) 83 82 50.
Lisboa 290 – Aveiro 42 – Porto 54.

Estalagem Riabela ⚓, Estrada N 327 ✆ (234) 83 81 37, Fax (234) 83 81 47, ≤ ria de Aveiro, 🍽, 🏊, ⚑ – 📺 🅿 – 🚗 25/300. AE ① ⓜ VISA. ⚑
Refeição 2000 – **37 qto** ⌥ 8800/12500.

na estrada N 327 Sul : 5 km – ✉ 3870-301 Murtosa :

Pousada da Ria ⚓, Bico do Muranzel ✆ (234) 86 01 80, enatur@mail.telepac.pt, Fax (234) 83 83 33, ≤ ria de Aveiro, 🍽, 🏊, ⚑ – 📺 📺 🅿 AE ① ⓜ VISA. ⚑
Refeição lista aprox. 4400 – **18 qto** ⌥ 25300/26900.

TORRES NOVAS 2350 Santarém 940 N 4 – 14 267 h.

🛈 Largo dos Combatentes ✆ (249) 81 30 19 Fax (249) 81 16 96.
Lisboa 118 – Castelo Branco 138 – Leiria 52 – Portalegre 120 – Santarém 38.

Dos Cavaleiros sem rest. com snack-bar, Praça 5 de Outubro ✆ (249) 81 93 70, Fax (249) 81 20 52 – 📶 📺 ♿ AE ① ⓜ VISA
60 qto ⌥ 8000/12000.

Artur's, Av. de São José ✆ (249) 82 67 21, Fax (249) 82 67 21 – 📺 AE ① ⓜ VISA. ⚑
fechado 15 dias em agosto, domingo noite e 2ª feira – **Refeição** lista 3500 a 5300.

TORRES VEDRAS 2560 Lisboa 940 O 2 – 13 394 h. alt. 30 – Termas.

🛈 Rua 9 de Abril ✆ (261) 31 40 94 Fax (261) 33 66 65 e Choupal ✆ (261) 31 27 77.
Lisboa 52 – Santarém 74 – Sintra 62.

Império Jardim, Praça 25 de Abril, ✉ 2560-285, ✆ (261) 31 42 32, Fax (261) 32 19 01 – 📶 📺 🍽 – 🚗 25/180. AE ① ⓜ VISA. ⚑
Refeição 2300 – **47 qto** ⌥ 7500/9000.

Dos Arcos sem rest, Bairro Arenes (Estrada do Cadaval), ✉ 2560-648, ✆ (261) 31 24 89, rui.santos-426@clix.pt, Fax (261) 32 38 70 – 📶 📺 🍽 – 🚗 25/40. AE ① ⓜ VISA
28 qto ⌥ 5000/8000.

São Pedro sem rest, Rua Dias Neiva ✆ (261) 31 61 44, Fax (261) 31 33 41 – 📺 📺. ⚑
18 qto ⌥ 5000/7000.

Moderna sem rest e sem ⌥, Av. Tenente Valadim 18 ✆ (261) 31 41 46 – 📶 📺
14 qto.

em Paul pela estrada N 9 - Oeste : 3,5 km – ✉ 2560-232 Torres Vedras :

Moínho do Paúl, Av. da Lapa 13 ✆ (261) 32 36 96, Fax (261) 31 43 75 – 📺 🅿 AE ⓜ VISA. ⚑
fechado do 1 ao 15 de setembro e 5ª feira – **Refeição** lista 2550 a 3800.

TROFA 4785 Porto 940 H 4.
Lisboa 330 – Amarante 73 – Braga 26 – Porto 28.

na estrada N 104 Este : 3,5 km – ✉ 4785 Trofa :

※ **Acepa** com qto, Abelheira ℘ (252) 41 34 77, restaurante.cepa@clix.pt, Fax (252) 41 65 65, 🍴 – 🍽 rest, 📺 AE ⓂⓄ VISA
Refeição (fechado sábado e domingo noite) lista aprox. 4420 – 🛏 400 – **9 qto** 3500/4000.

na autoestrada A 3 Sul : 14 km – ✉ 4785 Trofa :

🏨 **Ibis Porto-Norte** sem rest, Área de Serviço Santo Tirso ℘ (22) 982 50 00, h1635@accor-hotels.com, Fax (22) 982 50 01 – 🍽 📺 ♿ 🅿 AE ⓄⒹ ⓂⓄ VISA
🛏 800 – **61 qto** 7100.

TUIDO-GANDRA Viana do Castelo – ver Valença do Minho.

TURCIFAL Lisboa 940 O 2 – ✉ 2560 Torres Vedras.
Lisboa 48 – Estoril 69 – Sintra 41 – Torres Vedras 9.

※ **Lampião,** junto à igreja ℘ (261) 95 11 42 – 🍽. 🚭
fechado 15 julho-15 agosto, 2ª feira noite e 3ª feira – **Refeição** lista 3600 a 4250.

VAGOS 3840 Aveiro 940 K 3 – 2 865 h.
Lisboa 233 – Aveiro 12 – Coimbra 43.

🏨 **Santiago** sem rest, Rua Padre Vicente Maria da Rocha 20, ✉ 3840-453, ℘ (234) 79 37 86, Fax (234) 79 37 86 – 📶 AE ⓄⒹ ⓂⓄ VISA. 🚭
21 qto 🛏 6000/8000.

※ A Marisqueira, Praça da República 54 ℘ (234) 79 15 75 – 🍽.

VALADO DOS FRADES 2450 Leiria 940 N 2.
Lisboa 119 – Leiria 39 – Santarém 74.

pela estrada de Alcobaça Sudeste : 2 km e desvío a esquerda 2 km – ✉ 2450 Valado dos Frades :

🏨 **Quinta do Pinheiro** 🌿, ℘ (262) 59 05 30, Fax (262) 59 05 39, ≤, « Em pleno campo » – 🍽 📺 🅿 – 🛎 25/180. AE ⓂⓄ VISA. 🚭
Refeição 2900 – **22 qto** 🛏 9500/15000.

VALE DA TELHA Faro – ver Aljezur.

VALE DE AREIA Faro – ver Ferragudo.

VALE DE LOBOS Lisboa – ver Sabugo.

VALE DO GARRÃO Faro – ver Almancil.

VALE DO LOBO Faro – ver Almancil.

VALE FORMOSO Faro – ver Almancil

VALENÇA DO MINHO 4930 Viana do Castelo 940 F 4 – 2 810 h. alt. 72.
Ver : Vila Fortificada★ (≤★).
Arred. : Monte do Faro★★ (❄★★) Este : 7 km e 10 mn. a pé.
🛈 Av. de Espanha ℘ (251) 82 33 74 Fax (251) 82 33 74.
Lisboa 440 – Braga 88 – Porto 122 – Viana do Castelo 52.

🏨 **Valença do Minho,** Av. Miguel Dantas ℘ (251) 82 41 44, Fax (251) 82 43 21, 🏊, 🚭 – 📶 🍽 📺 ⟺ 🅿 AE ⓄⒹ ⓂⓄ VISA. 🚭
Refeição 1100 – **33 qto** 🛏 6000/10000, 3 suites.

🏨 Lara, São Sebastião ℘ (251) 82 43 48, Fax (251) 82 43 58 – 📶 📺 – 🛎 25/70
Refeição - só jantar – **53 qto**, 1 suite.

🏨 **Val-Flores** sem rest, Esplanada ℘ (251) 82 41 06, Fax (251) 82 41 29 – 📶 📺. AE ⓄⒹ ⓂⓄ VISA. 🚭
31 qto 🛏 5800/8000.

171

VALENÇA DO MINHO

dentro das muralhas – ⊠ *4930 Valença do Minho :*

Pousada do São Teotónio ॐ, ℘ (251) 82 42 42, *enatur@mail.telepac.pt,*
Fax (251) 82 43 97, ≤ vale do Minho, Tuy e montanhas de Espanha, 🐢 – 🔲 TV. AE ①
MC VISA. ✂
Refeição lista 4050 a 6100 – **18 qto** ⊆ 21400/23000.

Bom Jesus, Largo do Bom Jesus ℘ (251) 82 20 88, 🌿 – AE MC VISA
Refeição lista 2500 a 3940.

Fortaleza, Rua Apolinário da Fonseca 5, ⊠ 4930-706, ℘ (251) 82 31 46,
Fax (251) 82 54 62, 🌿 – 🔲. AE VISA. ✂
fechado 10 janeiro-10 fevereiro e 3ª feira – **Refeição** lista 3000 a 4600.

em Tuido-Gandra *Sul : 3 km* – ⊠ *4930 Valença do Minho :*

Lido, Estrada N 13 ℘ (251) 82 52 90, *Fax (251) 82 52 98* – 🔲 P. AE ① MC VISA
JCB. ✂
fechado 3ª feira – **Refeição** lista aprox. 3500.

no Monte do Faro *Este : 7 km* – ⊠ *4930 Valença do Minho :*

Monte do Faro ॐ com qto, ℘ (251) 82 58 07, 🌿, « Num parque » – P. AE MC
VISA. ✂
fechado outubro – **Refeição** *(fechado 2ª feira)* lista 3100 a 5150 – **6 qto** ⊆ 8500.

em Monte-São Pedro da Torre *Sudoeste : 7 km* – ⊠ *4930 Valença do Minho :*

Padre Cruz sem rest, Estrada N 13 ℘ (251) 83 92 39, *Fax (251) 83 96 47* – TV P. ✂
31 qto ⊆ 4500/7000.

VIANA DO CASTELO 4900 P **940** G 3 – *13 157 h. – Praia.*
Ver : *O Bairro Antigo*★ B : *Praça da República*★ B – *Hospital da Misericórdia*★ B- *Museu
Municipal*★ *(azulejos*★★, *faianças portuguesas*★*)* A M.
Arred. : *Monte de Santa Luzia*★★, *Basílica de Santa Luzia* ※★★ *Norte : 6 km.*
🛈 *Rua do Hospital Velho* ⊠ *4900-540* ℘ *(258) 82 26 20 Fax (258) 82 78 73.*
Lisboa 388 ② – *Braga 53* ② – *Orense/Ourense 154* ③ – *Porto 74* ② – *Vigo 83* ③

Plano página seguinte

Estalagem Casa Melo Alvim ॐ, Av. Conde da Carreira 28, ⊠ 4900-343, ℘ (258)
80 82 00, *meloalvinhouse@noetenet.pt, Fax (258) 80 82 20,* « Conjunção de diferentes
estilos numa elegante casa senhorial » – 🏢 🔲 ⚒ P. – 🅜 25/80. AE MC VISA. ✂   A v
Refeição lista 5400 a 6000 – **17 qto** ⊆ 24500/30000, 3 suites.

Do Parque sem rest, Praça da Galiza ℘ (258) 82 86 05, *Fax (258) 82 86 12,* ≤, 🏊 –
🏢 🔲 TV P. – 🅜 25/180. AE ① MC VISA JCB. ✂   B h
124 qto ⊆ 16000/19500.

Viana Sol sem rest, Largo Vasco da Gama, ⊠ 4900-322, ℘ (258) 82 89 95,
Fax (258) 82 34 01, 🏋, 🔳 – 🏢 TV – 🅜 25/145. AE ① MC VISA. ✂   B f
65 qto ⊆ 10000/13500.

Rali sem rest, Av. Afonso III-180, ⊠ 4900-477, ℘ (258) 82 97 70, *hotelrali@clix.pt,*
Fax (258) 82 00 60, 🔳 – 🏢 🔲 TV P. – 🅜 25/50. AE ① MC VISA JCB. ✂   B d
38 qto ⊆ 10200/12500.

Calatrava sem rest, Rua M. Fiúza Júnior 157, ⊠ 4900-458, ℘ (258) 82 89 11,
Fax (258) 82 86 37 – TV. AE MC VISA JCB. ✂   B n
15 qto ⊆ 7500/12500.

Laranjeira sem rest, Rua General Luís do Rego 45 ℘ (258) 82 22 61, *Fax (258) 82 19 02*
– TV ⟵. AE ① MC VISA. ✂   B a
27 qto ⊆ 8500/10000.

Casa d'Armas, Largo 5 de Outubro 30 ℘ (258) 82 49 99 – 🔲. ① MC VISA. ✂   B t
fechado novembro e 4ª feira – **Refeição** lista 4750 a 7100.

Maria de Perre, Rua de Viana 118 ℘ (258) 82 24 10, « Ambiente acolhedor » – AE
① MC VISA. ✂   B c
fechado do 1 ao 17 de setembro, domingo noite e 2ª feira – **Refeição** lista 2200 a 4950.

Cozinha das Malheiras, Rua Gago Coutinho 19 ℘ (258) 82 36 80 – 🔲. AE ① MC
VISA JCB. ✂   B e
fechado 3ª feira – **Refeição** lista 2695 a 4875.

Verde Viana, Praça 1º de Maio ℘ (258) 82 99 32, *Fax (258) 80 06 49* – 🔲. AE ① MC
VISA JCB. ✂   B b
fechado 5ª feira noite – **Refeição** lista aprox. 3500.

Os 3 Potes, Beco dos Fornos 7, ⊠ 4900-523, ℘ (258) 82 99 28, *Fax (258) 82 52 50,*
« Decoração rústica regional » – 🔲. AE ① MC VISA JCB   B s
fechado 2ª feira salvo maio-setembro – **Refeição** lista 3150 a 4450.

VIANA DO CASTELO

Bandeira (Rua da)	**B**
Cândido dos Reis (Rua)	**B** 3
Capitão Gaspar de Castro (Rua)	**B** 4
Carmo (Rua do)	**B** 6
Combatentes da Grande Guerra (Av. dos)	**AB** 7
Conde da Carreira (Av. da)	**A** 9
Dom Afonso III (Av.)	**B** 10
Gago Coutinho (Rua de)	**B** 12
Humberto Delgado (Av.)	**A** 13
João Tomás da Costa (Largo)	**B** 15
Luís de Camões (Av.)	**B** 16
República (Praça da)	**B** 18
Sacadura Cabral (Rua)	**B** 19
Santa Luzia (Estrada)	**A** 21
São Pedro (Rua de)	**B** 22

em Santa Luzia Norte : 6 km - ✉ 4900 Viana do Castelo :

Pousada do Monte de Santa Luzia ⑤, ℰ (258) 82 88 89, enatur@mail.telepac.pt, Fax (258) 82 88 92, 😊, « Bela situação com ≤ mar, vale e estuário do Lima », 🗘, 🐎, ✕ – 🛉 📺 🄿 – 🛆 25/40. 🖭 ⓞ 🐠 🚾 . ⚯
Refeição lista 4300 a 7200 – **47 qto** 🖙 27300/28900, 1 suite.

em Santa Marta de Portuzelo por ① : 6,5 km - ✉ 4900 Viana do Castelo :

Camelo, Estrada N 202 ℰ (258) 83 05 17, Fax (258) 83 19 54 – 🗏 🄿. 🖭 🐠 🚾
fechado do 15 ao 31 de outubro e 2ª feira – **Refeição** lista 2050 a 4150.

VIDAGO 5425 Vila Real **940** H 7 – alt. 350 – Termas.

🗓 Largo Miguel Carvalho ℰ (276) 90 74 70.
Lisboa 447 – Braga 108 – Bragança 109 – Porto 140 – Vila Real 38.

Vidago Palace ⑤, ℰ (276) 99 09 00, Fax (276) 90 73 59, « Majestuoso edifício do princípio do século num frondoso parque », 🗘, 🐎, ✕, ⌔₉ – 🛉 🗏 📺 🄿 – 🛆 25/200. 🖭 ⓞ 🐠 🚾. ⚯
Refeição 5000 – **73 qto** 🖙 19500/22100, 9 suites – PA 8000.

VIEIRA DO MINHO 4850 Braga **940** H 5 – 2229 h. alt. 390.
Lisboa 402 – Braga 34 – Porto 84.

em Canicada Noroeste : 7 km - ✉ 4850 Vieira do Minho :

Pousada de São Bento ⑤, Estrada N 304 ℰ (253) 64 71 90, enatur@mail.telepac.pt, Fax (253) 64 78 67, ≤ Serra do Gerês e rio Cávado, 😊, 🗘, 🐎, ✕ – 🗏 📺 🄿. 🖭 ⓞ 🐠 🚾. ⚯
Refeição lista 3700 a 5500 – **29 qto** 🖙 23500/25100.

VILA BALEIRA Madeira – ver Madeira (Arquipélago da) : Porto Santo.

VILA DO CONDE 4480 Porto 940 H 3 – 22 259 h. – Praia.
Ver : Convento de Santa Clara★ (túmulos★).
🛈 Rua 25 de Abril 103 ℘ (252) 24 84 73 Fax (252) 24 84 22 e Rua 5 de Outubro (Centro de Artesanato) ℘ (252) 24 84 73.
Lisboa 342 – Braga 40 – Porto 28 – Viana do Castelo 42.

🏨 **Estalagem do Brasão** sem rest, Av. Dr. João Canavarro ℘ (252) 64 20 16, estalag embrasao@mail.telepac.pt, Fax (252) 64 20 28 – 🛗 🔲 📺 🅿 – 🔔 25/150. 🆎 ① ⓜ VISA. ⠀
26 qto ⊇ 10700/14900, 4 suites.

✕ **Le Villageois,** Praça da República 94, ⊠ 4480-715, ℘ (252) 63 11 19, Fax (252) 63 11 19, 🍽 – 🆎 ① ⓜ VISA. ⠀
fechado do 10 ao 25 de setembro e 2ª feira – **Refeição** lista 2450 a 4840.

em Azurara pela estrada N 13 - Sudeste : 1 km – ⊠ 4480 Vila do Conde :

🏨 **Motel Sant'Ana** 🌿, ℘ (252) 64 17 17, Fax (252) 64 26 93, ≤, 🔲 – 📺 🅿 🆎 ① ⓜ VISA. ⠀
Refeição 2600 – **35 qto** ⊇ 14900 – PA 5200.

VILA FRANCA DE XIRA 2600 Lisboa 940 P 3 – 19 823 h.
🛈 Av. Almirante Cândido dos Reis 147 ℘ (263) 27 60 53 Fax (263) 27 07 88
Lisboa 32 – Évora 111 – Santarém 49.

🏨 **Flora,** Rua Noel Perdigão 12, ⊠ 2600-218, ℘ (263) 27 12 72, Fax (263) 27 65 38 – 🛗 rest, 📺. 🆎 ① ⓜ VISA. ⠀
Refeição (fechado 15 agosto-15 setembro e domingo) lista 4000 a 5500 – **21 qto** ⊇ 8500/10000.

✕✕ **O Redondel,** Estrada de Lisboa (Praça de Touros) ℘ (263) 229 73, « Debaixo das bancadas da Praça de Touros » – 🛗 🅿. 🆎 ① ⓜ VISA. ⠀
fechado 2ª feira – **Refeição** lista 3400 a 5500.

✕ **O Forno,** Rua Dr. Miguel Bombarda 143 ℘ (263) 28 21 06 – 🛗. 🆎 ⓜ VISA JCB. ⠀
fechado 3ª feira – **Refeição** lista 3400 a 4800.

na estrada N 1 Norte : 2 km – ⊠ 2600-203 Vila Franca de Xira :

🏨 **Lezíria Parque,** ℘ (263) 27 66 70, hotelleziria@mail.telepac.pt, Fax (263) 27 69 90 – 🛗 🔲 📺 ♿ 🅿 – 🔔 25/500. 🆎 ① ⓜ VISA. ⠀
Refeição 2500 – **Aquárius :** Refeição lista 4400 a 7300 – **67 qto** ⊇ 13000/15000, 4 suites.

pela estrada do Miradouro de Monte Gordo – ⊠ 2600 Vila Franca de Xira :

🏨 **Quinta do Alto** 🌿 sem rest, Norte : 3,5 km ℘ (263) 27 68 50, Fax (263) 27 60 27, ≤, « Casa de campo senhorial rodeada duma quinta », 🛁, 🔲, 🏇, ✕ – 📺 🅿 🆎 VISA
10 qto ⊇ 18000/20500.

🏨 **Quinta de Santo André** 🌿 sem rest, Norte : 2,5 km ℘ (263) 27 21 43, Fax (263) 27 27 76, ≤, « Instalado numa quinta. Bela decoração interior », 🔲, 🏇 – 🅿. ⠀
4 qto ⊇ 7500/15000, 1 suite, 1 apartamento.

VILA FRESCA DE AZEITÃO Setúbal 940 Q 2 y 3 – ⊠ 2925 Azeitão.
Lisboa 34 – Sesimbra 14 – Setúbal 12.

🏨 **Club d'Azeitão** sem rest, Estrada N 10, ⊠ 2925-483, ℘ (21) 218 22 67, Fax (21) 219 16 29, « Antiga casa senhorial », 🔲, ✕ – 🛗 📺 🅿. 🆎 ① ⓜ VISA. ⠀
10 qto ⊇ 19800.

VILA NOVA DE CERVEIRA 4920 Viana do Castelo 940 G 3 – 1 034 h.
🛈 Rua Dr. António José Duro ℘ (251) 70 80 23 Fax (251) 70 80 23.
Lisboa 425 – Viana do Castelo 37 – Vigo 46.

🏨 **Pousada D. Diniz** 🌿, Praça da Liberdade, ⊠ 4920-296, ℘ (251) 70 81 20, enatur @mail.telepac.pt, Fax (251) 70 81 29, « Instalações dentro dum conjunto amuralhado » – 🛗 📺 – 🔔 25/50. 🆎 ① ⓜ VISA JCB. ⠀
Refeição lista 4570 a 6590 – **26 qto** ⊇ 21300/23400, 3 suites.

em Gondarém pela estrada N 13 - Sudoeste : 4 km – ⊠ 4920 Vila Nova de Cerveira :

🏨 **Estalagem da Boega** 🌿, Quinta do Outeiral ℘ (251) 790 05 00, Fax (251) 790 05 09, 🍽, « Antiga casa senhorial rodeada duma quinta », 🔲, 🏇, ✕ – 📺 🅿 – 🔔 25/60. 🆎 ① VISA. ⠀
Refeição (fechado domingo noite) - só buffet - 3000 – **26 qto** ⊇ 17500/19000, 2 suites – PA 6000.

VILA NOVA DE FAMALICÃO 4760 Braga 940 H 4 – 7 147 h. alt. 88.

🗓 Rua Adriano Pinto Basto 75 ☎ (252) 31 25 64 Fax (252) 32 37 51.
Lisboa 350 – Braga 18 – Porto 33.

- **Francesa** sem rest, Av. Marechal Humberto Delgado 227, ✉ 4760-012, ☎ (252) 31 12 41, Fax (252) 31 12 71 – 🛗 🍽 📺 AE MC VISA. ✀
  ☞ 300 – **38 qto** 5900/8500.

- **Iris**, Rua Adriano Pinto Basto ☎ (252) 300 02 00, Fax (252) 31 66 48 – 🍽. AE ① MC VISA. ✀
  fechado do 15 ao 30 de agosto, domingo e 2ª feira noite – **Refeição** lista aprox. 4800.

- **Tanoeiro**, Praça Dª Maria II-720 ☎ (252) 32 21 62, Fax (252) 31 71 01 – 🍽. AE MC VISA. ✀
  fechado domingo noite – Refeição lista 3850 a 4500.

na estrada N 206 Nordeste : 1,5 km – ✉ 4760 Vila Nova de Famalicão :

- **Moutados**, ✉ 4764-983, ☎ (252) 31 23 77, hotelmoutados@mail.telepac.pt, Fax (252) 31 18 81 – 🛗 🍽 📺 ♿ 🅿. 🛝 25/350. AE ① MC VISA. ✀
  Refeição - ver também rest. **Moutados de Baixo** - 3450 – **57 qto** ☞ 8700/11450 – PA 6200.

- **Moutados de Baixo** - Hotel Moutados, ✉ 4764-983, ☎ (252) 32 22 76, hotelmoutados@mail.telepac.pt, Fax (252) 31 18 81 – 🍽. 🅿. AE ① MC VISA. ✀
  fechado 2ª feira – **Refeição** lista 3100 a 4450.

na autoestrada A 7 Sudeste : 8,5 km – ✉ 4760 Vila Nova de Famalicão :

- **Pransor Ceide** sem rest. com self-service, Área de serviço de Ceide, direcção Guimarães ☎ (252) 32 78 00, Fax (252) 32 78 06 – 🛗 🍽 📺 ♿ 🅿. AE ① MC VISA. ✀
  ☞ 750 – **20 qto** 6700/7800.

- **Pransor Ceide** sem rest. com self-service, Área de Serviço de Ceide, direcção Famalicão ☎ (252) 32 78 02, Fax (252) 32 78 06 – 🛗 🍽 📺 ♿ 🅿. AE ① MC VISA. ✀
  ☞ 750 – **20 qto** 6700/7800.

Your recommendation is self-evident if you always walk into a hotel or a restaurant Guide in hand.

VILA NOVA DE GAIA 4400 Porto 940 I 4 – 63 177 h.

🗓 Av. Diogo Leite 242 ✉ 4400 ☎ (22) 370 37 35 Fax (22) 375 19 02.
Lisboa 316 – Porto 3.

ver plano de Porto aglomeração

- **Holiday Inn Porto**, Av. da República 2038, ✉ 4430, ☎ (22) 379 60 51, holiday.inn.prt@mail.telepac.pt, Fax (22) 379 24 35, ≤, 🛁 – 🛗 🍽 📺 ⇔ – 🛝 25/200. AE ① MC VISA. ✀
  BV g
  Refeição 2500 – ☞ 1200 – **90 qto** 17000, 2 suites – PA 6000.

- **Quinta S. Salvador** 🐕, Rua Silva Tapada 200, ✉ 4430, ☎ (22) 370 25 75, Fax (22) 370 36 21, ≤, « Antiga casa senhorial » – 🍽 📺 🅿 – 🛝 25/100. AE MC VISA. ✀
  CV e
  Refeição 2300 – **7 qto** ☞ 15500/17000 – PA 4600.

- **Cervantes** sem rest, Av. da República 1559, ✉ 4430, ☎ (22) 374 59 10, Fax (22) 374 59 11 – 🛗 🍽 📺 – 🛝 25. AE ① MC VISA JCB. ✀
  BCV x
  53 qto ☞ 10100/12300.

- **Davilina** sem rest, Av. da República 1571, ✉ 4430-205, ☎ (22) 375 75 96, Fax (22) 375 75 71 – 🛗 📺. AE ① MC VISA. ✀
  BCV x
  28 qto ☞ 5500/6500.

- **Boucinha**, Av. Vasco de Gama, ✉ 4430-341, ☎ (22) 782 77 64, info@boucinha.com, Fax (22) 782 78 15, « Instalado numa antiga quinta. Século XVIII », 🌳 – 🍽 🅿. AE ① MC VISA. ✀
  CV f
  fechado 2ª feira – **Refeição** lista 3500 a 5100.

junto a Autoestrada A 1 – ✉ 4400 Vila Nova de Gaia :

- **Novotel Porto Gaia**, Lugar das Chãs - Afurada, ✉ 4400-499, ☎ (22) 772 42 42, h1050@accor-hotels.com, Fax (22) 772 25 90, ≤, 🏊 – 🛗 🍽 📺 ♿ 🅿 – 🛝 25/200. AE ① MC VISA. ✀ rest
  BV r
  Refeição lista 3500 a 5200 – ☞ 1250 – **93 qto** 12500/13100.

- **Ibis Porto-Gaia**, Lugar das Chãs - Afurada, ✉ 4400-499, ☎ (22) 772 07 72, Fax (22) 772 07 88 – 🛗 🍽 📺 ♿ 🅿 – 🛝 25/80. AE ① MC VISA. ✀
  BV r
  Refeição lista aprox. 3300 – ☞ 800 – **108 qto** 9100.

VILA NOVA DE GAIA

na Praia de Lavadores Oeste : 7 km – ⊠ 4400 Vila Nova de Gaia :

🏨 **Casa Branca Praia** ⌖, Rua da Bélgica 86, ⊠ 4400-044, ℘ (22) 772 74 00, casa.branca@mail.telepac.pt, Fax (22) 781 36 91, ≤, « Ambiente acolhedor em elegantes instalações », ₣₆, 🔲, ✗ – 🛏 🍴 📺 ⇔ 🅿 – 🔒 25/150. 🆎 ① 🆗 VISA JCB
AV s
Refeição - ver rest. **Casa Branca** – 56 qto ⇌ 20000/23000.

🍴🍴 **Casa Branca** - Hotel Casa Branca Praia, Av. Beira Mar 413, ⊠ 4400-044, ℘ (22) 772 74 10, casa.branca@mail.telepac.pt, Fax (22) 781 36 91, ≤, « Colecção de estatuetas de terracota » – 🍴. 🆎 ① 🆗 VISA JCB. ✗
AV s
fechado 2ª feira – **Refeição** lista 4700 a 6500.

Quand les hôtels et les restaurants figurent en gros caractères,
c'est que les hôteliers ont donné tous leur prix
et se sont engagés à les appliquer aux touristes de passage
porteurs de notre ouvrage.
Ces prix établis en fin d'année 2000 sont cependant susceptibles
d'être modifiés si le coût de la vie subit des variations importantes.

VILA NOVA DE MILFONTES 7645 Beja **940** S 3 – 3 294 h. – Praia.

🛈 Rua António Mantas ℘ (283) 99 65 99.
Lisboa 185 – Beja 109 – Faro 169 – Lagos 93 – Setúbal 109 – Sines 41.

🏠 **Casa dos Arcos** sem rest, Rua do Cais ℘ (283) 99 62 64, Fax (283) 99 71 56 – 🍴 📺 🔒 🅿. ✗
18 qto ⇌ 10000.

VILA PRAIA DE ÂNCORA 4910 Viana do Castelo **940** G 3 – 3 801 h. – Termas - Praia.

🛈 Av. Dr. Ramos Pereira ℘ (258) 91 13 84 Fax (258) 91 13 84.
Lisboa 403 – Viana do Castelo 15 – Vigo 68.

🏨 **Meira,** Rua 5 de Outubro 56, ⊠ 4910-456, ℘ (258) 91 11 11, hotel.meira@mail.telepac.pt, Fax (258) 91 14 89, ⛴ – 🛏 🍴 📺 🔒 ⇔ – 🔒 25/250. 🆎 ① 🆗 VISA
fechado do 15 ao 30 de dezembro e do 15 ao 30 de outubro – **Refeição** 2500 – **52 qto** ⇌ 10000/17000, 3 suites.

🏩 **Albergaria Quim Barreiros** sem rest, Av. Dr. Ramos Pereira ℘ (258) 95 91 00, Fax (258) 95 91 09, ≤ – 🛏 🍴 📺. 🆎 ① 🆗 VISA. ✗
28 qto ⇌ 12500/14000.

VILA REAL 5000 🅿 **940** I 6 – 13 649 h. alt. 425.

Ver : Igreja de São Pedro (tecto★).
Arred. : Solar de Mateus★★ (fachada★★) Este : 3,5 Km **Z** – Estrada de Vila Real a Amarante ≤★ – Estrada de Vila Real a Mondim de Basto (descida escarpada★).
🛈 Av. Carvalho Araujo 94 ℘ (259) 32 28 19 Fax (259) 32 17 12 – **A.C.P.** Av. 1° de Maio 199 ⊠ 5000-651 ℘ (259) 37 56 50 Fax (259) 37 56 50.
Lisboa 400 ② – Braga 103 ② – Guarda 156 ② – Orense/Ourense 159 ① – Porto 119 ② – Viseu 108 ②

Plano página seguinte

🏨 **Mira Corgo,** Av. 1° de Maio 76 ℘ (259) 32 50 01, miracorgo@mail.telepac.pt, Fax (259) 32 50 06, ≤, 🔲 – 🛏 🍴 📺 ⇔ 🅿 – 🔒 25/200. 🆎 ① 🆗 VISA. ✗ **Z a**
Refeição 2800 – **144 qto** ⇌ 7900/11500, 22 suites.

🏩 **Cabanelas** sem rest, Rua D. Pedro de Castro ℘ (259) 32 31 53, Fax (259) 32 30 28 – 🛏 🍴 📺 ⇔. 🆎 ① 🆗 VISA JCB **Y b**
26 qto ⇌ 6500/10000.

🏠 **Real** sem rest, Rua Serpa Pinto 25, ⊠ 5000-653, ℘ (259) 32 58 79, cleal@utad.pt, Fax (259) 32 46 13 – 📺. ✗ **Y c**
13 qto ⇌ 4500/6500.

🍴🍴 Espadeiro, Av. Almeida Lucena ℘ (259) 32 23 02, Fax (259) 37 24 22, 🌳 – 🍴 **Y d**

junto a estrada IP 4 por ② : 12,5 km – ⊠ 5000 Vila Real :

🏩 **Quality Inn Casa da Campeã** ⌖, Vale de Campeã ℘ (259) 97 96 40, Fax (259) 97 97 60, 🌳, ⛴ – 🍴 rest, 📺 🔒 🅿. 🆎 ① 🆗 VISA. ✗
Refeição lista 3250 a 4550 – **34 qto** ⇌ 8000/12000, 2 suites.

VILA REAL

Alexandre Herculano (R.) ..	**Y**	2
Almeida Lucena (Av.)	**Y**	3
António de Azevedo (R.) ..	**Y**	4
Aureliano Barriga (Av.)	**Y**	5
Avelino Patena (R.)	**Y**	6
Bessa Monteiro (R.)	**Y**	7
Boavista (R.)	**Y**	8
Calvario (Rampa do)	**Y**	9
Camilo Castelo Branco (R.) .	**Z**	10
Cândido dos Reis (R.)	**Y**	12
Central (R.)	**Y**	
D. Margarida Chaves (R.) ..	**Y**	14
D. Pedro de Meneses (R.) .	**Y**	15
Gonçalo Cristóvão (R.)....	**Y**	18
Irmã Virtudes (R.)	**Z**	20
Isabel Carvalho (R.)	**Y**	21
S. Domingos (Tr.)	**Z**	24
Santo António (R. de)	**Y**	25
Sarg Belizário Augusto (R.)	**Y**	26
Serpa Pinto (R.)	**Z**	28
Teixeira de Sousa (R.)	**Y**	30
31 de Janeiro (R.)	**Y**	31

Los hoteles y restaurantes agradables se indican en la guía con un **símbolo rojo**. Ayúdenos señalándonos los establecimientos que, a su juicio, lo merecen.
La guía del próximo año será aún mejor.

VILA REAL DE SANTO ANTÓNIO 8900 Faro 940 U 7 – 10 950 h. – Praia.

🚢 para Ayamonte (Espanha), Av. da República 115 ℘ (281) 54 31 52.
🛈 Marginal (em Monte Gordo) ℘ (281) 54 44 95.
Lisboa 314 – Faro 53 – Huelva 50.

- **Guadiana** sem rest, Av. da República 94 ℘ (281) 51 14 82, Fax (281) 51 14 78 – 📺, AE ⓜ VISA. ⨯
  37 qto ☞ 14000/17500.

- **Apolo** sem rest, Av. dos Bombeiros Portugueses ℘ (281) 51 24 48, Fax (281) 51 24 50,
  ⨯ – 📺 🅿. AE ⓞ ⓜ VISA
  42 qto ☞ 18000/20000.

em Monte Gordo Oeste : 4 km – ✉ 8900-474 Vila Real de Santo António :

- **Casablanca**, Praçeta Casablanca ℘ (281) 51 14 44, Fax (281) 51 19 99, ⛱, ⨯ – 📺
  TV, AE ⓞ ⓜ VISA, ⨯
  Refeição - só jantar - 1990 – **42 qto** ☞ 17000/20000.

- **Paiva** sem rest, Rua Onze, ✉ 8900-474, ℘ (281) 51 11 87, Fax (281) 51 16 68 – TV.
  AE ⓞ ⓜ VISA, ⨯
  fechado dezembro e janeiro – **26 qto** ☞ 14000/17500.

- **Copacabana**, Av. Infante Dom Henrique 13 ℘ (281) 54 15 36, navotel@mail.telepac.pt,
  Fax (281) 51 08 79, 🍴 – 🔲. AE ⓞ ⓜ VISA, ⨯
  abril-outubro – **Refeição** - grelhados - lista 3300 a 4400.

- **Monte Gordo**, Rua Pedro Álvares Cabral 5 ℘ (281) 51 23 63, 🍴 – 🔲. AE ⓞ ⓜ
  VISA. ⨯
  Refeição lista aprox. 2500.

VILA VERDE 4730 Braga 940 H 4 – 2 690 h.

Lisboa 370 – Braga 14 – Porto 64 – Viana do Castelo 64.

- **Recreio** com snack-bar, Praça do Município 86-96, ✉ 4730-733, ℘ (253) 31 11 34,
  recreio@hotmail.com, Fax (253) 32 13 97 – 🔲. AE ⓜ VISA. ⨯
  fechado 4ª feira – Refeição lista 3600 a 4700.

VILA VIÇOSA 7160 Évora 940 P 7.

Ver : Localidade★ – Terreiro do Paço★ (Paço Ducal★, Museu dos Coches★ : cavalariças
reais★) – Porta dos Nós★.
Lisboa 185 – Badajoz 53 – Évora 56 – Portalegre 76.

- **Pousada de D. João IV** 🐚, Terreiro do Paço, ✉ 7160-251, ℘ (268) 98 07 42, enat
  ur@mail.telepac.pt, Fax (268) 98 07 47, « No real convento das Chagas de Cristo », ⛱,
  🚗 – 📺 🅿 – 🎿 25/50. AE ⓞ ⓜ VISA, ⨯
  Refeição lista 5200 a 6500 – **34 qto** ☞ 29800/31900, 2 suites.

VILAMOURA Faro – ver Quarteira.

VILAR DO PINHEIRO 4480 Porto 940 I 4.

Lisboa 330 – Braga 43 – Porto 17.

- **Rio de Janeiro**, Estrada N 13 - Noroeste : 1 km ℘ (22) 927 02 04, churrascaodoma
  r@mail.telepac.pt, Fax (22) 600 43 37 – 🔲 🅿. AE ⓞ ⓜ VISA. ⨯
  fechado 2ª feira – **Refeição** - rest. brasileiro - lista 2410 a 5520.

VILAR FORMOSO 6355 Guarda 940 K 9.

Lisboa 382 – Ciudad Rodrigo 29 – Guarda 43.

- **Lusitano**, Av. da Fronteira, ✉ 6355-286, ℘ (271) 51 35 03, hotellusitano@clix.pt,
  Fax (271) 51 33 38 – 📺 🔲 🚗 🅿 – 🎿 25/100. AE ⓞ ⓜ VISA. ⨯ rest
  Refeição 2500 – **30 qto** ☞ 10500/11700, 4 suites.

VIMEIRO (Termas do) Lisboa 940 O 2 – 1 146 h. alt. 25 – ✉ 2560 Torres Vedras – Termas.

🛈 Vimeiro Praia do Porto Novo, ℘ (261) 98 41 57 Fax (261) 98 46 21.
Lisboa 71 – Peniche 28 – Torres Vedras 12.

- **Das Termas** 🐚, Maceira ℘ (261) 98 00 50, Fax (261) 98 42 18, ⛱ de água termal, ⨯
  – 📺 TV 🅿. ⨯
  julho-setembro – **Refeição** 3600 – ☞ 750 – **83 qto** 8000/11000, 3 suites.

- **Rainha Santa** sem rest, Rua da Quinta 5 - Quinta da Piedade (Estrada de A. dos-
  Cunhados) ℘ (261) 98 42 34, Fax (261) 98 42 76 – TV 🅿. ⓜ VISA. ⨯
  fechado do 15 ao 30 de outubro – **19 qto** ☞ 5000/6500.

VIMEIRO (Termas do)

na Praia do Porto Novo Oeste : 4 km – ✉ 2560 Torres Vedras :

🏨 **Golf Mar** 🏊, ℘ (261) 98 41 57, Fax (261) 98 46 21, ≤, 🏊, 🏊, ✕, 🍴9 – 🛗 🖥 🅿 –
🎾 25/400. 🅰🅔 ① ⓜⓞ 𝐕𝐈𝐒𝐀. ✕
Refeição 3500 – **269 qto** 😐 13650/17850, 9 suites.

VISEU 3500 🅿 940 K 6 – 23 672 h. alt. 483.

Ver : Vila Velha★ : Adro da Sé★ Museu Grão Vasco★★ M (Trono da Graça★, primitivos★★)
– Sé★ (liernes★, retábulo★) – Igreja de São Bento (azulejos★).
🛈 Av. Carlos Gulbenkian ✉ 3510-055 ℘ (232) 42 09 50 Fax (232) 42 09 57 – **A.C.P.** Rua
da Paz 36 ✉ 3500-168 ℘ (232) 42 24 70 Fax (232) 42 24 37.
Lisboa 292 ④ – Aveiro 96 ① – Coimbra 92 ④ – Guarda 85 ② – Vila Real 108 ①

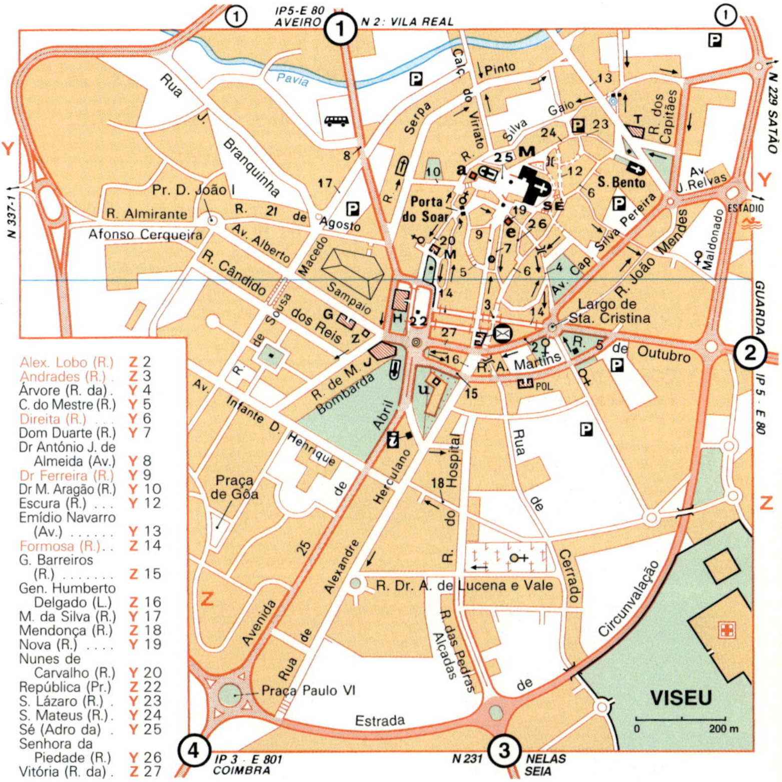

Alex. Lobo (R.) Z 2
Andrades (R.) Z 3
Árvore (R. da) Y 4
C. do Mestre (R.) Y 5
Direita (R.) Y 6
Dom Duarte (R.) Y 7
Dr António J. de
 Almeida (Av.) Y 8
Dr Ferreira (R.) Y 9
Dr M. Aragão (R.) Y 10
Escura (R.) Y 12
Emídio Navarro
 (Av.) Y 13
Formosa (R.) Z 14
G. Barreiros
 (R.) Z 15
Gen. Humberto
 Delgado (L.) Z 16
M. da Silva (R.) Y 17
Mendonça (R.) Z 18
Nova (R.) Y 19
Nunes de
 Carvalho (R.) Y 20
República (Pr.) Y 22
S. Lázaro (R.) Z 23
S. Mateus (R.) Y 24
Sé (Adro da) Y 25
Senhora da
 Piedade (R.) Y 26
Vitória (R. da) Z 27

🏨 **Montebelo** 🏊, Urb. Quinta do Bosque, ✉ 3510, ℘ (232) 420 00 00, hotelmontebe
lo@grupovisabeira.pt, Fax (232) 41 54 00, ≤, 🛁, 🏊, ✕ – 🛗 🖥 📺 & 🅿 – 🎾 25/250.
🅰🅔 ① ⓜⓞ 𝐕𝐈𝐒𝐀 𝐉𝐂𝐁. ✕ por Av. Infante D. Henrique Z
Refeição 3100 – 😐 650 – **92 qto** 16000/18000, 8 suites.

🏨 **Meliá Confort Grão Vasco**, Rua Gaspar Barreiros, ✉ 3510-032, ℘ (232) 42 35 11,
meliagraovasco@mail.telepac.pt, Fax (232) 42 64 44, 🌤, « Relvado com 🏊 » – 🛗 🖥 📺
🅿 – 🎾 25/180. 🅰🅔 ① ⓜⓞ 𝐕𝐈𝐒𝐀. ✕ rest Z u
Refeição lista 4150 a 5200 – **106 qto** 😐 14000/16000, 4 suites.

🏨 **Avenida** sem rest, Av. Alberto Sampaio 1, ✉ 3510-030, ℘ (232) 42 34 32,
Fax (232) 43 56 43 – 🛗 📺. 🅰🅔 ① ⓜⓞ 𝐕𝐈𝐒𝐀 Z z
30 qto 😐 7500/9800.

179

VISEU

XX **Muralha da Sé,** Adro da Sé 24, ✉ 3500-069, ☏ (232) 43 77 77, muralha.da.se@netc.pt
– 🍴. AE MC VISA. ✂
Y a
fechado do 5 ao 19 de fevereiro, do 1 ao 15 de outubro, domingo noite e 2ª feira –
Refeição lista 2900 a 4000.

X Retiro do Hilário, Rua Augusto Hilário 55 ☏ (232) 42 64 99, *Fax (232) 42 64 99*, Rest.
típico – 🍴
Y e
Refeição - fados ao jantar.

em Cabanões *por ③ : 3 km* – ✉ *3500 Viseu :*

🏨 **Príncipe Perfeito** ✾, Bairro da Misericórdia ☏ (232) 46 92 00, *hotelprincipeperfei
to@ip.pt, Fax (232) 46 92 10*, ≼ – 🛗 🍴 TV & P – 🅿 25/300. AE ① MC VISA. ✂
O Grifo : **Refeição** lista 3050 a 4450 – **38 qto** ⛳ 12000/14000, 5 suites.

X **Magalhães,** Urb. da Misericórdia Lote A-5 ☏ (232) 46 91 75, *Fax (232) 46 91 75* – 🍴.
AE ① MC VISA JCB. ✂
fechado 3ª feira – **Refeição** lista 2150 a 3550.

na estrada N 16 *por ② : 4 km* – ✉ *3500 Viseu :*

🏨 Onix, Via Caçador ☏ (232) 47 92 43, *Fax (232) 47 87 44*, ⛱ – 🛗 🍴 TV P – 🅿 25/300
75 qto.

XX **Quinta da Magarenha,** Via Caçador ☏ (232) 47 91 06, *Fax (232) 47 94 22* – 🍴 P.
AE ① MC VISA. ✂
fechado do 1 ao 15 de julho, domingo noite e 2ª feira – **Refeição** lista aprox. 3600.

na estrada N 2 *por ① : 4 km* – ✉ *3510-469 Viseu :*

🏨 **Ibis Viseu,** Vernum-Campo ☏ (232) 45 70 60, *h2166@accor-hotels.com,
Fax (232) 45 70 70*, 🍽 – 🍴 TV & P – 🅿 25/80. AE ① MC VISA JCB. ✂ rest
Refeição lista 2050 a 2900 – ⛳ 800 – **60 qto** 7650.

LÉXICO / LEXICON / LEXIQUE

NA ESTRADA / ON THE ROAD / SUR LA ROUTE

acender as luzes	switch on lights	allumer les veilleuses
à direita	to the right	à droite
à esquerda	to the left	à gauche
atenção ! perigo !	caution ! danger !	attention ! danger !
auto-estrada	motorway	autoroute
bifurcação	road fork	bifurcation
cruzamento perigoso	dangerous crossing	croisement dangereux
curva perigosa	dangerous bend	virage dangereux
dê passagem	yield right of way	cédez le passage
descida perigosa	dangerous descent	descente dangereuse
esperem	wait, halt	attendez
estacionamento proibido	no parking	stationnement interdit
estrada	road	route
estrada escarpada	coastal road	route en corniche
estrada interrompida	road closed	route coupée
estrada em mau estado	road in bad condition	route en mauvais état
estrada nacional	Primary road	route nationale
gelo	ice (on roads)	verglas
lentamente	slowly	lentement
neve	snow	neige
nevoeiro	fog	brouillard
obras	road works	travaux (routiers)
paragem obrigatória	compulsory stop	arrêt obligatoire
passagem de gado	cattle crossing	passage de troupeaux
Passagem de nível sem guarda	unattended level crossing	passage à niveau non gardé
peões	pedestrians	piétons
perigo !	danger !	danger !
perigoso atravessar	dangerous crossing	traversée dangereuse
piso escorregadio	slippery road	chaussée glissante
ponte estreita	narrow bridge	pont étroit
portagem	toll	péage
proibido	prohibited	interdit
proibido ultrapassar	no overtaking	défense de doubler
pronto socorro	first aid station	poste de secours
prudência	caution	prudence
queda de pedras	falling rocks	chute de pierres
rebanhos	cattle	troupeaux
saída de camiões	lorry exit	sortie de camions
sentido proibido	no entry	sens interdit
sentido único	one way	sens unique

PALAVRAS DE USO CORRENTE	COMMON WORDS	MOTS USUELS
abadia	abbey	abbaye
aberto	open	ouvert
abismo	gulf, abyss	gouffre
abóbada	vault, arch	voûte
Abril	April	avril
adega	cellar	chais, cave
agência de viagens	travel bureau	agence de voyages
Agosto	August	août
água potável	drinking water	eau potable
albergue	inn	auberge
aldeia	village	village
alfândega	customs	douane
almoço	lunch	déjeuner
andar	floor	étage
antigo	ancient	ancien
aqueduto	aqueduct	aqueduc
arquitectura	architecture	architecture
arredores	surroundings	environs
artificial	artificial	artificiel
árvore	tree	arbre
avenida	avenue	avenue
bagagem	luggage	bagages
baía	bay	baie
bairro	quarter, district	quartier
baixo-relevo	low relief	bas-relief
balaustrada	balustrade	balustrade
barco	boat	bateau
barragem	dam	barrage
beco	no through road	impasse
beira-mar	shore, strand	bord de mer
biblioteca	library	bibliothèque
bilhete postal	postcard	carte postale
bosque	wood	bois
botânica	botanical	botanique
cabeleireiro	hairdresser, barber	coiffeur
caça	hunting, shooting	chasse
cadeiras de coro	choir stalls	stalles
caixa	cash-desk	caisse
cama	bed	lit
campanário	belfry, steeple	clocher
campo	country, countryside	campagne
capela	chapel	chapelle
capitel	capital (of column)	chapiteau
casa	house	maison
cascata	waterfall	cascade
castelo	castle	château
casula	chasuble	chasuble
catedral	cathedral	cathédrale
centro urbano	town centre	centre ville
chave	key	clé
cidade	town	ville
cinzeiro	ash-tray	cendrier
claustro	cloisters	cloître
climatizada	heated	chauffée
(piscina)	(swimming pool)	(piscine)

climatizado	air conditioned	climatisé
colecção	collection	collection
colher	spoon	cuillère
colina	hill	colline
confluência	confluence	confluent
conforto	comfort	confort
conta	bill	note
convento	convent	couvent
copo	glass	verre
correios	post office	bureau de poste
cozinha	kitchen	cuisine
criado, empregado	waiter	garçon, serveur
crucifixo, cruz	crucifix, cross	crucifix, croix
cúpulo	dome, cupola	coupole, dôme
curiosidade	sight	curiosité
decoração	decoration	décoration
dentista	dentist	dentiste
descida	downward slope	descente
desporto	sport	sport
Dezembro	December	décembre
Domingo	Sunday	dimanche
edifício	building	édifice
encosta	hillside	versant
engomagem	pressing, ironing	repassage
envelopes	envelopes	enveloppes
episcopal	episcopal	épiscopal
equestre	equestrian	équestre
escada	stairs	escalier
escultura	carving	sculpture
esquadra de polícia	police headquarters	commissariat de police
estação	station	gare
estância balnear	seaside resort	station balnéaire
estátua	statue	statue
estilo	style	style
estuário	estuary	estuaire
faca	knife	couteau
fachada	façade	façade
faiança	china	faïence
falésia	cliff, c'face	falaise
farmácia	chemist	pharmacie
fechado	closed	fermé
2ª feira	Monday	lundi
3ª feira	Tuesday	mardi
4ª feira	Wednesday	mercredi
5ª feira	Thursday	jeudi
6ª feira	Friday	vendredi
ferro forjado	wrought iron	fer forgé
Fevereiro	February	février
floresta	forest	forêt
florido	in bloom	fleuri
folclore	folklore	folklore
fonte, nascente	source, stream	source
fortificação	fortification	fortification
fortaleza	fortress, fortified castle	forteresse, château fort
fósforos	matches	allumettes

foz	mouth	embouchure
fronteira	frontier	frontière
garagem	garage	garage
garfo	fork	fourchette
garganta	gorge	gorge
gasolina	petrol	essence
gorjeta	tip	pourboire
gracioso	charming	charmant
igreja	church	église
ilha	island	île
imagem	picture	image
informações	information	renseignements
instalação	arrangement	installation
interior	interior	intérieur
Inverno	winter	hiver
Janeiro	January	janvier
janela	window	fenêtre
jantar	dinner	dîner
jardim	garden	jardin
jornal	newspaper	journal
Julho	July	juillet
Junho	June	juin
lago, lagoa	lake, lagoon	lac, lagune
lavagem de roupa	laundry	blanchissage
local	site	site
localidade	locality	localité
loiça de barro, olaría	pottery	poterie
luxuoso	luxurious	luxueux
Maio	May	mai
mansão	manor	manoir
mar	sea	mer
Março	March	mars
marfim	ivory	ivoire
margem	shore (of lake), bank (of river)	rive, bord
mármore	marble	marbre
médico	doctor	médecin
medieval	mediaeval	médiéval
miradouro	belvedere	belvédère
mobiliário	furniture	ameublement
moinho	mill	moulin
montanha	mountain	montagne
mosteiro	monastery	monastère
muralha	walls	muraille
museu	museum	musée
Natal	Christmas	Noël
nave	nave	nef
Novembro	November	novembre
obra de arte	work of art	œuvre d'art
oceano	ocean	océan
oliveira	olive-tree	olivier
órgão	organ	orgue
orla	forest skirt	lisière
ourivesaria	goldsmith's work	orfèvrerie
Outono	autumn	automne
October	Outubro	octobre
ovelha	ewe	brebis

pagar	to pay	payer
paisagem	landscape	paysage
palácio, paço	palace	palais
palmar	palm grove	palmeraie
papel de carta	writing paper	papier à lettre
paragem	stopping place	arrêt
parque	park	parc
parque de estacionamento	car park	parc à voitures
partida	departure	départ
Páscoa	Easter	Pâques
passageiros	passengers	passagers
passeio	walk, promenade	promenade
pelourinho	pillory	pilori
percurso	course	parcours
perspectiva	perspective	perspective
pesca, pescador	fisher, fishing	pêche, pêcheur
pia baptismal	font	fonts baptismaux
pinhal	pine wood	pinède
pinheiro	pine-tree	pin
planície	plain	plaine
poço	well	puits
polícia	policeman	gendarme
ponte	bridge	pont
porcelana	porcelain	porcelaine
portal	doorway	portail
porteiro	porter	concierge
porto	harbour, port	port
povoação	market town	bourg
praça de touros	bull ring	arènes
praia	beach	plage
prato	plate	assiette
Primavera	spring (season)	printemps
proibido fumar	no smoking	défense de fumer
promontório	promontory	promontoire
púlpito	pulpit	chaire
quadro, pintura	painting	tableau, peinture
quarto	room	chambre
quinzena	fortnight	quinzaine
recepção	reception	réception
recife	reef	récif
registrado	registered	recommandé (objet)
relógio	clock	horloge
relvado	lawn	pelouse
renda	lace	dentelle
retábulo	altarpiece, retable	retable
retrato	portrait	portrait
rio	river	fleuve
rochoso	rocky	rocheux
rua	street	rue
ruinas	ruins	ruines
rústico	rustic, rural	rustique
Sábado	Saturday	samedi
sacristia	sacristy	sacristie
saída	departure	départ
saída de socorro	emergency exit	sortie de secours
sala capitular	chapterhouse	salle capitulaire
salão, sala	drawing room, sitting room	salon
santuário	shrine	sanctuaire
século	century	siècle

selo	stamp	timbre-poste
sepúlcro, túmulo	tomb	sépulcre, tombeau
serviço incluido	service included	service compris
serra	mountain range	chaîne de montagnes
Setembro	September	septembre
sob pena de multa	under penalty of fine	sous peine d'amende
solar	manor	manoir
tabacaria	tobacconist	bureau de tabac
talha	wood carving	bois sculpté
tapeçarias	tapestries	tapisseries
tecto	ceiling	plafond
telhado	roof	toit
termas	health resort, Spa	station thermale
terraço	terrace	terrasse
tesouro	treasure, treasury	trésor
toilette, casa de banho	toilets	toilettes
tríptico	triptych	triptyque
túmulo	tomb	tombe
vale	valley	val, vallée
ver	see	voir
Verão	summer	été
vila, aldeia	village	village
vinhas, vinhedos	vines, vineyard	vignes, vignoble
vista	view	vue
vitral	stained glass windows	verrière, vitrail
vivenda	residence	demeure

COMIDAS E BEBIDAS / FOOD AND DRINK / NOURRITURE ET BOISSONS

açafrão	saffron	safran
açúcar	sugar	sucre
água com gás	sparkling water	eau gazeuse
água mineral	mineral water	eau minérale
alcachofra	artichoke	artichaut
alface	lettuce	laitue
alfavaca	basil	basilic
alho	garlic	ail
amêijoas	clams	clovisses
ameixas	plums	prunes
amêndoas	almonds	amandes
anchovas	anchovies	anchois
arenques	herring	harengs
arroz	rice	riz
assado	roast	rôti
atum	tuna	thon
aves, criação	poultry	volaille
avestruz	ostrich	autruche
azeite	olive oil	huile d'olive
azeitonas	olives	olives
bacalhau fresco	cod	morue fraîche, cabillaud
bacalhau salgado	dried cod	morue salée
banana	banana	banane
bebidas	drinks	boissons
berbigão	cockles	coques
beringela	egg-plant	aubergine
besugo, dourada	sea bream	daurade
batatas	potatoes	pommes de terre

bolachas	cakes	gâteaux secs
boletus	cep	bolets, cèpes
bolos	pastries	pâtisseries
bucho, dobradinha	tripe	tripes
cabacinha	courgettes	courgettes
cabrito	kid	chevreau
café com leite	coffee with milk	café au lait
café simples	black coffee	café nature
caldo	clear soup	bouillon
camarões	shrimps	crevettes roses
camarões grandes	prawns	crevettes (bouquets)
canela	cinnamon	cannelle
capão	capon	chapon
caranguejo	small crabs	étrilles
cardos	cardoon	cardons
carne	meat	viande
carne de vitela	veal	veau
carneiro	mutton	mouton
carnes frias	cold meat	viandes froides
castanhas	chestnuts	châtaignes
cebola	onion	oignon
centola	spider crab	araignée de mer
cerejas	cherries	cerises
cerveja	beer	bière
charcutaria	cooked pork meats	charcuterie
cherne	grouper	mérou
chouriço	spiced sausages	saucisses au piment
cidra	cider	cidre
codorniz	quail	caille
cogumelos	mushrooms	champignons
coelho	rabbit	lapin
cominhos	caraway seed	cumins
cordeiro	lamb	agneau de lait
costeleta	chop, cutlet	côtelette
creme	custards, puddings	crème
couve	cabbage	chou
endívias	endive	endives
endro	dill	aneth
enguia	eel	anguille
entrada	hors d'œuvre	hors-d'œuvre
ervilhas	garden peas	petits pois
espargos	asparagus	asperges
espinafres	spinach	épinards
estragão	tarragon	estragon
esturgião	sturgeon	esturgeon
faisão	pheasant	faisan
favas	broad beans	fèves
feijão verde	French beans	haricots verts
fígado	liver	foie
figos	figs	figues
focinho	snout	museau
frango	chicken	poulet
fricassé	fricassée	fricassée
fruta	fruit	fruits
fruta em calda	fruit in syrup	fruits au sirop
galinhola	woodcock	bécasse
gamba	prawns	crevette géante
ganso	goose	oie

gelado	ice cream	glace
grão-de-bico	chick peas	pois chiches
grelhado	grilled	à la broche, grillé
guíndia	hot chilli pepper	piment
hortelã, menta	mint	menthe
javali	wild boar	sanglier
lagosta	craw fish	langouste
lagostins	crayfish	langoustines
lavagante	lobster	homard
lebre	hare	lièvre
legumes	vegetables	légumes
laranja	orange	orange
leitão assado	roast suckling pig	cochon de lait grillé
lentilhas	lentils	lentilles
limão	lemon	citron
língua	tongue	langue
linguado	sole	sole
lombo de porco	loin, chine	échine
lombo de vaca	fillet	filet
lota	eel-pout angler fish	lotte
lulas, chocos	squids	calmars
maçã	apple	pomme
manteiga	butter	beurre
mariscos	sea food	fruits de mer
massa folhada	puff pastry	pâte feuilletée
mel	honey	miel
melancia	water melon	pastèque
mexilhões	mussels	moules
miolos, mioleira	brains	cervelle
mízcalo	chanterelles	girolles
molho	sauce	sauce
morangos	strawberries	fraises
nata	cream	crème fraîche
omelete	omelette	omelette
oregão	oregano	marjolaine
ostras	oysters	huîtres
ovo cozido	hard boiled egg	œuf dur
ovo quente	soft boiled egg	œuf à la coque
ovos estrelados	fried eggs	œufs au plat
pão	bread	pain
pato	duck	canard
peixe	fish	poisson
pepino	cucumber, gherkin	concombre, cornichon
pêra	pear	poire
perceba	barnacles	pouce-pied
perú	turkey	dindon
pés de porco	pigs trotters	pieds de porc
pescada	hake	colin, merlan
pêssego	peach	pêche
pimenta	pepper	poivre
pimentão	paprika	paprika
pimento	pimento	poivron
pintada	guinea fowl	pintade
pombo, borracho	pigeon	palombe, pigeon
porco	pork	porc
porros	leeks	poireaux
pregado, rodovalho	turbot	turbot

presunto, fiambre	ham (raw or cooked)	jambon (cru ou cuit)
pudim de caramelo	cream caramel	flan, crème caramel
pularda	chicken	poularde
queijo	cheese	fromage
rabo	tail	queue
raia	skate	raie
rins	kidneys	rognons
robalo	bass	bar
sal	salt	sel
sala de jantar	dining room	salle à manger
salada	green salad	salade
salmão	salmon	saumon
salpicão	salami, sausage	saucisson
salsa	parsley	persil
salsichas	sausages	saucisses
sardinhas	sardines	sardines
sépia	cuttlefish	seiche
sopa	soup	potage, soupe
sobremesa	dessert	dessert
sumo de frutas	fruit juice	jus de fruits
tomates	tomatoes	tomates
tomilho	thyme	thym
torta, tarte	tart, pie	tarte, grand gâteau
trufas	truffle	truffes
truta	trout	truite
uva	grapes	raisin
vaca	beef	bœuf
vinagre	vinegar	vinaigre
vinho branco doce	sweet white wine	vin blanc doux
vinho branco seco	dry white wine	vin blanc sec
vinho « rosé »	« rosé » wine	vin rosé
vinho de marca	famous wine	grand vin
vinho tinto	red wine	vin rouge

MAPAS E GUIAS MICHELIN
MICHELIN MAPS AND GUIDES
CARTES ET GUIDES MICHELIN

MICHELIN - COMPANHIA LUSO PNEU, LDA
Av. Severiano Falcão, Nº 6/6A
Zona Industrial do Prior Velho
2686-402 PRIOR VELHO

Tél. : (21) 940 49 00 - Fax : (21) 941 12 90

Distâncias Algumas precisões

No texto de cada localidade encontrará a distância até às cidades dos arredores e à capital do país.

As distâncias deste quadro completam assim as que são dadas no texto de cada localidade. Utilize também as indicações quilométricas inscritas na orla das plantas.

A quilometragem é contada a partir do centro da localidade e pela estrada mais prática, ou seja, aquela que oferece as melhores condições de condução, mas que não é necessàriamente a mais curta.

Distances Commentary

The text on each town includes its distance from its immediate neighbours and from the capital.

The distances in the table completes that given under individual town headings in calculating total distances. Note also that some distances appear in the margins of town plans.

Distances are calculated from centres and along the best roads from a motoring point of view – not necessarily the shortest.

Distances Quelques précisions

Au texte de chaque localité vous trouverez la distance des villes environnantes et de sa capitale d'état.

Les distances intervilles de ce tableau complètent ainsi celles données au texte de chaque localité. Utilisez aussi les distances portées en bordure des plans.

Les distances sont comptées à partir du centre-ville et par la route la plus pratique, c'est-à-dire celle qui offre les meilleures conditions de roulage, mais qui n'est pas nécessairement la plus courte.

Distancias entre as cidades principais
Distances between major towns
Distances entre principales villes

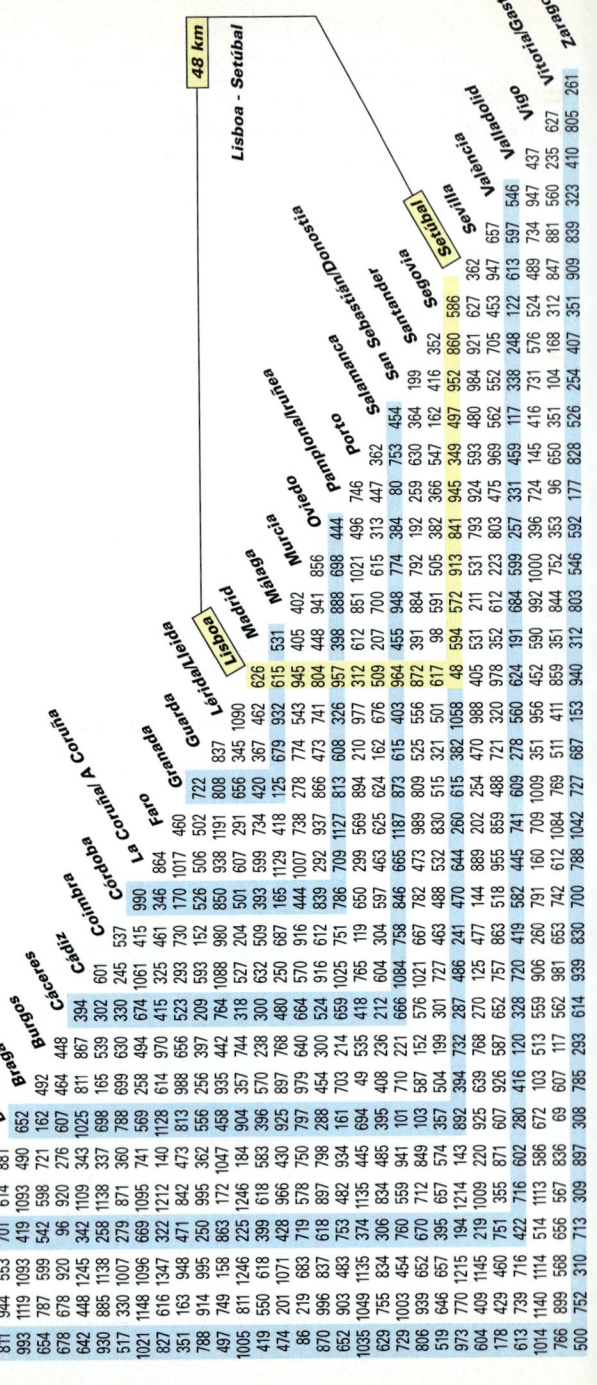

Lisboa - Setúbal: 48 km

	Alicante/Alacant	Almería	Andorra la Vella	Badajoz	Barcelona	Beja	Bilbao	Braga	Burgos	Cáceres	Cádiz	Coimbra	Córdoba	La Coruña/A Coruña	Faro	Granada	Guarda	Lérida/Lleida	Lisboa	Madrid	Málaga	Murcia	Oviedo	Pamplona/Iruñea	Porto	Salamanca	San Sebastián/Donostia	Santander	Segovia	Setúbal	Sevilla	Valladolid	Vigo	Vitoria/Gasteiz	Zaragoza
Alicante/Alacant	292																																		
Almería	637	889																																	
Andorra la Vella	777	626	1019																																
Badajoz	532	783	187	1019																															
Barcelona	822	628	1204	183	1203																														
Beja	811	944	553	701	614	881																													
Bilbao	993	1119	419	1093	490	652	492																												
Braga	654	787	542	419	1093	162	464	867	394																										
Burgos	678	920	96	542	721	607	811	539	302																										
Cáceres	642	448	342	258	276	162	165	699	302	601																									
Cádiz	930	1245	1109	1138	343	698	811	539	330	415	245																								
Coimbra	885	1138	258	1138	337	788	699	256	494	1061	523	537																							
Córdoba	517	330	1007	871	360	569	258	397	674	325	293	864																							
La Coruña/A Coruña	1021	1148	1096	669	1095	741	569	494	970	415	461	730	346																						
Faro	827	616	1347	322	1212	140	614	656	258	523	170	1017	864	460																					
Granada	351	163	948	471	842	473	988	397	813	152	293	506	502	722	837																				
Guarda	788	914	295	250	995	618	556	442	764	1088	938	1191	1017	808	345	1090																			
Lérida/Lleida	497	749	158	863	172	1047	362	256	397	318	209	980	501	607	938	502	462	626																	
Lisboa	1005	811	1246	225	1246	184	458	935	442	764	527	850	291	1191	656	808	345	615	531																
Madrid	419	550	618	399	618	583	396	904	357	744	318	204	501	607	938	473	367	945	405	402															
Málaga	201	1071	428	966	430	925	925	161	570	238	509	632	916	420	866	292	741	957	398	804	856														
Murcia	86	219	683	483	753	482	750	935	357	797	300	480	916	687	1025	420	473	398	888	448	698	444													
Oviedo	870	996	719	482	1048	583	583	288	744	318	214	570	612	165	473	292	125	679	312	851	941	1021	496												
Pamplona/Iruñea	903	483	837	478	618	396	454	557	640	570	659	1129	1127	125	813	932	543	945	612	700	313	362	746												
Porto	474	201	753	428	184	482	750	357	49	318	418	765	1007	278	894	543	977	405	312	615	615	447		362											
Salamanca	86	219	1135	719	966	396	445	535	325	238	119	418	569	738	420	937	957	462	398	851	774	1021	313	80	454										
San Sebastián/Donostia	652	996	1049	683	1135	578	798	454	604	765	761	650	463	813	473	866	326	398	612	615	700	259	80	753	199										
Santander	1035	837	1135	306	1135	288	454	300	235	119	304	597	625	894	866	292	608	957	851	207	615	630	259	192	364	416									
Segovia	629	755	1049	834	445	306	645	524	209	604	758	568	624	210	937	326	398	312	700	948	624	384	454	80	362	199									
Setúbal	729	1003	834	454	1135	485	395	300	221	1084	758	625	187	937	420	609	326	964	455	774	948	753	80	384		352									
Sevilla	806	939	760	670	834	941	101	710	666	758	1187	667	989	615	624	615	403	391	884	792	630	192	349	945	497	416									
Valladolid	519	646	652	939	559	941	712	849	712	576	1021	830	605	809	525	321	455	872	391	505	382	259	366	364	547	952	162								
Vigo	973	770	657	395	657	101	574	152	301	199	463	488	532	321	501	872	617	591	505	366	547	382	860	416											
Vitoria/Gasteiz	604	1215	194	1214	143	357	892	732	727	486	241	846	260	615	321	382	617	48	98	591	841	945	841	913	586	362									
Zaragoza	178	409	219	1145	1009	220	639	287	270	470	644	488	202	988	1058	594	531	211	627	349	352	480	352	223	223	191	978								
	178	429	460	219	1145	871	768	125	477	889	254	988	202	470	721	320	405	531	352	480	984	793	531	612	117	248	705	921	657						
Vigo	613	612	1140	716	460	602	607	639	270	757	863	955	741	718	278	488	352	455	223	562	257	803	223	562	248	122	453	947							
Vitoria/Gasteiz	1014	1140	1114	716	355	280	416	452	720	720	582	518	582	445	609	278	278	624	599	352	352	475	562	969	117	459	336	705	613	947	546	437			
Zaragoza	766	899	1110	514	602	672	103	120	328	906	260	709	351	956	590	452	624	191	599	624	191	992	145	396	416	731	338	248	524	734	489	947			
	500	752	310	1114	280	113	100	117	559	791	160	709	411	411	511	859	351	844	99	844	99	1000	724	416	145	731	524	122	248	881	598	881			
		713	328	713	308	897	308	293	614	939	830	727	153	687	803	940	687	803	940	312	803	752	353	650	96	351	104	168	312	881	235	560	560	323	261

ESTRADAS PRINCIPAIS

▬▬▬ Auto-estrada
IP1 N125 Número da estrada
╲ 12 ╱ Distancia em quilómetros

⌂ Estabelecimentos dirigidos pelo Estado : Pousada

MAIN ROADS

▬▬▬ Motorway
IP1 N125 Road number
╲ 12 ╱ Distance in kilometres

⌂ State operated hotels: Pousada

PRINCIPALES ROUTES

▬▬▬ Autoroute
IP1 N125 Numéro de route
╲ 12 ╱ Distance en kilomètres

⌂ Établissements dirigés par l'État : Pousada

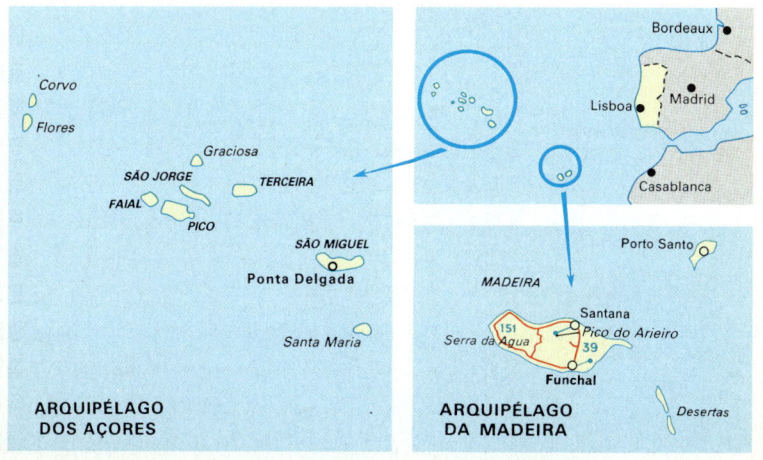

Indicativos telefónicos internacionais

para/to/en da/from/d'	AND	A	B	CH	CZ	D	DK	E	FIN	F	GB	GR
AND Andorra		0043	0032	0041	00420	0049	0045	0034	00358	0033	0044	0030
A Austria	00376		0032	0041	00420	0049	0045	0034	00358	0033	0044	0030
B Belgium	00376	0043		0041	00420	0049	0045	0034	00358	0033	0044	0030
CH Swizerland	00376	0043	0032		00420	0049	0045	0034	00358	0033	0044	0030
CZ Czech Republic.	00376	0043	0032	0041		0049	0045	0034	00358	0033	0044	0030
D Germany	00376	0043	0032	0041	00420		0045	0034	00358	0033	0044	0030
DK Denmark	00376	0043	0032	0041	00420	0049		0034	00358	0033	0044	0030
E Spain	00376	0043	0032	0041	00420	0049	0045		00358	0033	0044	0030
FIN Finland	00376	0043	0032	0041	00420	0049	0045	0034		0033	0044	0030
F France	00376	0043	0032	0041	00420	0049	0045	0034	00358		0044	0030
GB United Kingdom	00376	0043	0032	0041	00420	0049	0045	0034	00358	0033		0030
GR Greece	00376	0043	0032	0041	00420	0049	0045	0034	00358	0033	0044	
H Hungary	00376	0043	0032	0041	00420	0049	0045	0034	00358	0033	0044	0030
I Italy	00376	0043	0032	0041	00420	0049	0045	0034	00358	0033	0044	0030
IRL Ireland	00376	0043	0032	0041	00420	0049	0045	0034	00358	0033	0044	0030
J Japan	001376	00143	00132	00141	001420	00149	00145	00134	001358	00133	00144	00130
L Luxembourg	00376	0043	0032	0041	00420	0049	0045	0034	00358	0033	0044	0030
N Norway	00376	0043	0032	0041	00420	0049	0045	0034	00358	0033	0044	0030
NL Netherlands	00376	0043	0032	0041	00420	0049	0045	0034	00358	0033	0044	0030
PL Poland	00376	0043	0032	0041	00420	0049	0045	0034	00358	0033	0044	0030
P Portugal	00376	0043	0032	0041	00420	0049	0045	0034	00358	0033	0044	0030
RUS Russia	*	81043	81032	81041	810420	81049	81045	*	810358	81033	81044	*
S Sweden	009376	00943	00932	00941	009420	00949	00945	00934	009358	00933	00944	00930
USA	011376	01143	01132	01141	011420	01149	01145	01134	01358	01133	01144	01130

* *Não é possível a ligação automática*

Importante: para as chamadas internacionais, o (0) inicial do indicativo interurbano não se deve marcar (excepto nas ligações para Italia).

International dialling codes
Indicatifs téléphoniques internationaux

(H)	(I)	(IRL)	(J)	(L)	(N)	(NL)	(PL)	(P)	(RUS)	(S)	(USA)	
0036	0039	00353	0081	00352	0047	0031	0048	00351	007	0046	001	**Andorra AND**
0036	0039	00353	0081	00352	0047	0031	0048	00351	007	0046	001	**Austria A**
0036	0039	00353	0081	00352	0047	0031	0048	00351	007	0046	001	**Belgium B**
0036	0039	00353	0081	00352	0047	0031	0048	00351	007	0046	001	**Swizerland CH**
0036	0039	00353	0081	00352	0047	0031	0048	00351	007	0046	001	**Czech CZ Republic.**
0036	0039	00353	0081	00352	0047	0031	0048	00351	007	0046	001	**Germany D**
0036	0039	00353	0081	00352	0047	0031	0048	00351	007	0046	001	**Denmark DK**
0036	0039	00353	0081	00352	0047	0031	0048	00351	007	0046	001	**Spain E**
0036	0039	00353	0081	00352	0047	0031	0048	00351	007	0046	001	**Finland FIN**
0036	0039	00353	0081	00352	0047	0031	0048	00351	007	0046	001	**France F**
0036	0039	00353	0081	00352	0047	0031	0048	00351	007	0046	001	**United GB Kingdom**
0036	0039	00353	0081	00352	0047	0031	0048	00351	007	0046	001	**Greece GR**
	0039	00353	0081	00352	0047	0031	0048	00351	007	0046	001	**Hungary H**
0036		00353	0081	00352	0047	0031	0048	00351	*	0046	001	**Italy I**
0036	0039		0081	00352	0047	0031	0048	00351	007	0046	001	**Ireland IRL**
00136	00139	001353		001352	00147	00131	00148	001351	*	00146	0011	**Japan J**
0036	0039	00353	0081		0047	0031	0048	00351	007	0046	001	**Luxembourg L**
0036	0039	00353	0081	00352		0031	0048	00351	007	0046	001	**Norway N**
0036	0039	00353	0081	00352	0047		0048	00351	007	0046	001	**Netherlands NL**
0036	0039	00353	0081	00352	0047	0031		00351	007	0046	001	**Poland PL**
0036	0039	00353	0081	00352	0047	0031	0048		007	0046	001	**Portugal P**
81036	*	*	*	*	*	81031	81048	*		*	*	**Russia RUS**
00936	00939	009353	00981	009352	00947	00931	00948	009351	0097		0091	**Sweden S**
01136	01139	011353	01181	011352	01147	01131	01148	011351	*	01146		**USA**

Direct dialling not possible　　　　　　*Pas de sélection automatique*

Note: when making an international call, do not dial the first "0" of the city codes (except for calls to Italy).

Important : pour les communications internationales, le zéro (0) initial de l'indicatif interurbain n'est pas à composer (excepté pour les appels vers l'Italie).

Principais marcas de automóveis
Main car manufacturers
Principales marques automobiles

ALFA ROMEO MOCAR
Estrada Nacional 249/4
Abrunheira
2710 SINTRA
Tel. (21) 915 81 00
Fax (21) 915 81 19

**AUDI –
VOLKSWAGEN –
SKODA** SIVA
Quinta Mina
Casa S. Pedro Arneiro
2050 AZAMBUJA
Tel. (263) 400 00 00
Fax (263) 400 00 99

B.M.W. BAVIERA S.A.
Rua da Guiné
(Edifício Sábado Caetano)
2685 PRIOR VELHO
Tel. (21) 940 76 50
Fax (21) 940 76 65

CITROËN AUTOMÓVEIS CITROËN S.A.
Av. Praia da Vitória 9
1000-245 LISBOA
Tel. (21) 353 41 31
Fax (21) 354 01 67

DAIHATSU SOCIEDADE ELECTRO-
MECÂNICA DE
AUTOMÓVEIS, LDA.
Rua Nova de S. Mamede 7
1250-172 LISBOA
Tel. (21) 387 81 31
Fax (21) 387 65 15

FERRARI VIAUTO – AUTOMÓVEIS
E ACESSÓRIOS, LDA.
Rua Carvalho Araújo 72 A
1900-137 LISBOA
Tel. (21) 813 74 63
Fax (21) 815 30 93

**FIAT –
LANCIA** FIAT AUTO PORTUGUESA S.A.
Av. Eng. Duarte Pacheco 15
1070-100 LISBOA
Tel. (21) 388 51 51
Fax (21) 388 41 88

FORD FORD LUSITANIA
Rua Rosa Araújo 2
1250-195 LISBOA
Tel. (21) 353 91 41
Fax (21) 353 69 96

HONDA HONDA AUTOMÓVEL DE
PORTUGAL, S.A.
Abrunheira
2710 SINTRA
Tel. (21) 915 00 54
Fax (21) 925 88 87

**HYUNDAI-
NISSAN-
SUBARU** ENTREPOSTO DE LISBOA
Praça José Queiroz 1
1800 LISBOA
Tel. (21) 854 11 33
Fax (21) 854 11 89

JAGUAR JAGUAR AUTOMÓVEIS LDA.
Rua Monte dos Burgos
1062/1070
4250-314 PORTO
Tel. (22) 830 37 59
Fax (22) 610 38 57

LADA LADA-COMÉRCIO DE
AUTOMÓVEIS, LDA.
Rua do Progresso 145
4455-533 PERAFITA
Tel. (22) 996 12 03
Fax (22) 995 99 50

MAZDA MAZDA MOTOR DE
PORTUGAL
Rua do Espido 164 F
Edifício Via Norte
4470 MAIA
Tel. (22) 943 86 50
Fax (22) 943 86 60

**MERCEDES-
BENZ** MERCEDES BENZ
PORTUGAL-COMÉRCIO DE
AUTOMÓVEIS, S.A.
Abrunheira
2725 MEM-MARTINS
Tel. (21) 915 10 10
Fax (21) 915 10 73

MITSUBISHI MITSUBISHI MOTORS DE
PORTUGAL, S.A.
Estrada N 1, km 1
2600 VILA FRANCA DE XIRA
Tel. (263) 200 61 00
Fax (263) 200 62 32

OPEL OPEL PORTUGAL-
COMÉRCIO E INDÚSTRIAS
DE VEÍCULOS, S.A.
Quinta da Fonte
Edifício Fernão de
Magalhães-2º
Porto Salvo
2780 OEIRAS
Tel. (21) 440 75 00
Fax (21) 440 75 58

PEUGEOT PEUGEOT PORTUGAL
AUTOMÓVEIS, S.A.
Rua Quinta do Paizinho 5
2795-650 CARNAXIDE
Tel. (21) 416 66 11
Fax (21) 417 62 57

PORSCHE ENTREPOSTO LISBOA
Rua D. Estefânia 118 A
1000 LISBOA
Tel. (21) 352 32 71
Fax (21) 354 43 04

RENAULT RENAULT PORTUGUESA
Av. Marechal Gomes da
Costa 21
1800-255 LISBOA
Tel. (21) 836 10 00
Fax (21) 836 11 91

ROVER ROVER PORTUGAL-
VEÍCULOS E PEÇAS, LDA.
Rua Vasco da Gama 11
2685 SACAVÉM
Tel. (21) 940 60 00
Fax (21) 940 60 97

SAAB- CIMPOMÓVEL-VEÍCULOS
SUZUKI LIGEIROS. S.A.
Edifício Cimpomóvel
Estrada Nacional 10, km 11
2695-370 SANTA IRIA
DA AZÓIA
Tel. (21) 956 49 00
Fax (21) 959 30 70

SEAT SOC. HISPÂNICA DE
AUTOMÓVEIS, S.A.
Estrada Nacional 249/4,
km 5,9
Trajouce
2775 S. DOMINGOS DE RANA
Tel. (21) 445 56 60
Fax (21) 444 30 03

TOYOTA SALVADOR CAETANO
I.M.V.T. S.A.
Edifício Salvador Caetano
Rua Guiné
Prior Velho
2685 SACAVÉM
Tel. (21) 940 76 00
Fax (21) 940 76 12

VOLVO AUTO-SUECO LDA.
Rua José Estêvão 74 A
1150-203 LISBOA
Tel. (21) 353 95 91
Fax (21) 353 77 04

O EURO

Em 1999 implantou-se a moeda europeia comum : o EURO.
Onze países da União Europeia adoptaram desde já o EURO :
Alemanha, Áustria, Bélgica, Espanha, Finlândia, França, Irlanda,
Itália, Luxemburgo, Países Baixos e Portugal.
Nestes países os preços passam a ser indicados na moeda nacional e
em euros.
No entanto, já que as notas e moedas em euros só estarão em
circulação em 2002, os pagamentos em euros são unicamente
efectuados por cartão de crédito ou em cheque.
Nesta edição, optamos por expressar os preços na moeda nacional.
O seguinte quadro indica a paridade fixa entre o euro e as moedas
europeias.

THE EURO

1999 saw the launch of the European single currency: the EURO.
11 countries in the European Union are already using the EURO:
Austria, Belgium, Finland, France, Germany, Ireland, Italy,
Luxembourg, Netherlands, Portugal and Spain.
In each of these countries, prices will today be displayed in the local
currency and in Euros.
However, as Euro notes and coins will not be available until 2002,
payment in Euros is currently only possible by bank or credit cards.
We have therefore retained the local currency prices only for entries in
this year's guide.
The following table shows the fixed rates between the Euro and other
European currencies.

L'EURO

1999 a vu l'avènement de la monnaie européenne commune : l'EURO.
Onze pays de l'Union Européenne ont d'ores et déjà adopté l'EURO :
l'Allemagne, l'Autriche, la Belgique, l'Espagne, la Finlande, la France,
l'Irlande, l'Italie, le Luxembourg, les Pays-Bas et le Portugal.
Dans ces pays, les prix sont désormais affichés en monnaies nationales
et en euros.
Toutefois, les billets de banque et pièces en euros n'étant disponibles
qu'en 2002, seuls les réglements par chèques bancaires ou cartes de
crédit pourront être libellés en euros.
Dans cette édition, nous avons choisi de mentionner les prix dans la
monnaie nationale.
Le tableau ci-après indique la parité fixe entre l'euro et les devises
européennes.

1 € = 13,7603 ATS	A	1 ATS = 0,0726728 €
1 € = 40,3399 BEF	B	1 BEF = 0,0247893 €
1 € = 1,9583 DEM	D	1 DEM = 0,5112918 €
1 € = 166,386 ESP	E	1 ESP = 0,0060101 €
1 € = 6,55957 FRF	F	1 FRF = 0,152449 €
1 € = 5,94573 FIM	FIN	1 FIM = 0,1681879 €
1 € = 1936,27 ITL	I	1 ITL = 0,0005164 €
1 € = 0,787564 IEP	IRL	1 IEP = 1,269738 €
1 € = 40,3399 LUF	L	1 LUF = 0,0247893 €
1 € = 2,20371 NLG	NL	1 NLG = 0,4537802 €
1 € = 200,482 PTE	P	1 PTE = 0,0049879 €

Manufacture française des pneumatiques Michelin
Société en commandite par actions au capital de 2 000 000 000 de francs
Place des Carmes-Déchaux – 63 Clermont-Ferrand (France)
R.C.S. Clermont-Fd B 855 200 507

Michelin et Cie, propriétaires-éditeurs, 2001
Dépôt légal décembre 2000 – ISBN 2-06-000294-x

Todos os direitos reservados. Proibida a reprodução, total ou parcial, por qualquer meio ou processo, sem autorização prévia e por excrito do autor.

Made in France 11-00

Compogravure : MAURY Imprimeur, Malesherbes
Impression : KAPP-LAHURE-JOMBART à Évreux
Reliure : DIGUET-DENY à Breteuil-sur-Iton

Pages 50, 51, 52 : illustrations Narratif Système/Genclo.
Pages 96, 119, 144 : illustrations Rodolphe Corbel.
Pages 1 à 47 : illustrations Michelin.